U0053351

捷克史

波希米亞的傳奇

周力行——著

三民書局

增訂三版序

　　《捷克史》增訂三版，補述了 2015 年以來捷克在「重返歐洲」之後經歷的困頓紛擾與打造家園的實踐心力，並增列了捷克全境具代表性和趣味性的史蹟觀光景點，以饗讀友們之探索。

　　從「布拉格之春」的怒吼到「絲絨革命」的浪漫，捷克人民發出對自由民主的渴望，他們追求的是祖國的自由和回歸西方文明。在「重返歐洲」的進程，依舊荊棘滿布如昔，隨著國家守護神聖瓦茨拉夫 (St. Wenceslaus) 騎士團捍衛和平的精神以及聖沃普爾嘉 (Svatá Valburga) 救苦救難的贖世懿行，捷克人民面對滄桑巨變而不屈撓的奮鬥終必被流傳謳歌。

　　新冠病毒狂虐已逾一年，全球多重失序，歲月似乎戛然而止。今增訂《捷克史》三版之際，檢視中世紀後期的歐洲遭受一連串饑荒、瘟疫、暴動和戰爭之威脅長達數百年之久，當時捷克身置其中，猶發展其文化及政治達於巔峰。我心有戚戚，祈願衰亂之世早日結束，開啟「新世界」的來到。

　　謹以此書紀念耶穌會葉由根神父 (Rev. Fr. István Jáschko, S. J. 1911～2009) 和三民書局創辦人劉振強先生 (1932～2017)。

　　葉由根神父是我的匈牙利語啟蒙老師，讓我得緣於日後留學

匈牙利，並走訪捷克和斯洛伐克。劉老先生別具國際視野，擘劃「國別史叢書」平臺，讓我輩得以沉浸歷史文明之舞臺。

周力行

2022 年（辛丑）大寒於桃園龍潭

自　序

　　捷克首都布拉格素有「波希米亞王冠之地」的美名，古來由於夾處於日耳曼和拉丁兩種文化勢力，介乎傳統歐洲和斯拉夫世界之間，是「西方文明」與「東方蠻陌」之間的橋梁，地緣上註定成為區域衝突的焦點。歐洲的戰事少有不波及捷克的，布拉格幾經摧殘，但是都得以倖存下來。

　　捷克境內有數千座的城堡，從古羅馬式、哥德式、文藝復興風格到巴洛克式等中世紀建築風格滿布街道，有許多深具歷史意義的舊城區，為捷克贏得了「建築博物館之都」的美譽，近年來亦被列入聯合國世界文化遺產。

　　在文藝復興時期以前，波希米亞被描述為一個遙遠的、具有異國風味的地方。但是當文藝復興運動和工業革命席捲歐洲之際，捷克也隨著西歐的步調而脈動，在歷史的劇曲中譜出生動的樂章。

　　二十世紀在歷史浪潮的衝擊下，捷克被劃入「東歐」。雖經共產政權統治，但是捷克依舊是一個深具歷史內涵的國度。1989 年歷經一場絲絨革命，久經桎梏的生命再度燃起希望之火，隨著蘇聯的瓦解，終於步上完全民主制度。

　　回顧捷克的整個歷史，可以看到許多為了爭取民族生存、社會正義和民主自由而不屈不撓的滄桑史跡。這些血淚在今天逐漸

綻放異彩，欣欣向榮。深度走訪捷克，那種浪漫情懷一點兒都不遜於西歐國家。

　　本書在編排上依循歷史發展的軌跡與特點，但仍不免有所侷限，尚祈學界諸先進不吝賜教，以資修訂為荷。

周力行

2008 年 4 月於佛光大學

捷克史
波希米亞的傳奇

目 次 *Contents*

簡 介 | *Introduction*

捷克風情

第一節 歷史分期

捷克一詞通常包含了波希米亞 (Bohemia)、摩拉維亞 (Moravia) 和西里西亞 (Silesia) 三處，它的歷史依據曾經居住過的族群以及其組織政體而區分為幾個階段：

一、史前時代史 (700000 B.C.～400 B.C.)。

二、凱爾特人 (the Celts, 400 B.C.～8 B.C.)。

三、日耳曼民族 (8 B.C.～511 A.D.)、馬可曼尼人 (the Marcomannis) 和夸地人 (the Quadis)。

四、斯拉夫人：捷克人和摩拉維亞人（大約從 535 年以後）。

㈠薩摩 (Samo) 王國 (623～658)。

㈡摩拉維亞公國（八世紀末～833）。

㈢大摩拉維亞王國 (833～906)。

㈣波希米亞公國 (870～1085, 1092～1158, 1172～1198)。

　　㈤波希米亞王國 (1085～1092, 1158～1172, 1198～1918)：
自 1526 年以後，在哈布斯堡王朝統治之下。

　　㈥捷克斯洛伐克 (1918～1992)：捷克斯洛伐克共和國
(ČSSR)，從 1990 年以來是捷克斯洛伐克聯邦共和國 (ČSFR)。

　　㈦捷克共和國（1993 迄今）。

第二節　自然環境

　　捷克共和國地處中歐內陸，面積約 78,866 平方公里，分別與
東南方的斯洛伐克，南方的奧地利，西北方到西南方的德國，北
方與東北方的波蘭接壤。

　　捷克的地形有若四邊形盆地，西半部為群山環繞的波希米亞
高地 (Bohemian Massif, Českýmasív)；西南是波希米亞森林
(Bohemian Forest, Šumava)；東北部有蘇臺德 (Sudeten, Sudety) 山
系中之大山 (Giant Mountains, Krkonoše)，高 1,602 公尺，是捷克
的最高點；東部和東南部為海拔 500 至 800 公尺的波希米亞－摩
拉維亞高地 (Bohemian-Moravian Highlands, Českomoravská
Vysočina)。捷克整個地勢向北緩降形成一個平坦的低谷，平均海
拔 858 公尺。

　　捷克的山區風景宜人，吸引了很多旅人前往覽勝。它有許多
「喀斯特」地形 (karst regions) 形成的溶洞系統，其中世界著名的
澎克瓦石窟 (Punkva Caves, Punkevní jeskyně) 就在第二大城布爾
諾北方的澎克國家自然保護區 (Národní přírodní rezervace Vývěry

Punkvy) 裡面，那裡有澎克瓦河 (Punkva) 穿過地底，塌陷而形成了中歐地區最大的峽谷——瑪卡查峽谷 (Macocha Abyss, Propast Macocha)。

　　基本上捷克國土分為兩大個區塊，一是位於西半部的波希米亞高地，易北河 (Elbe, Labe) 和伏爾塔瓦河 (Vltava, Vltava) 流經其間；另一是位處東半部的西喀爾巴阡山地 (Outer Western Carpathians, Vnější Západní Karpaty)，由一系列東西走向的山脈所組成，其間主要的河川有摩拉瓦河 (Morava) 和奧得河 (Oder, Odra)。

　　捷克盆地與斯洛伐克山地之間的地帶稱為摩拉瓦河－奧得河走廊，自古以來即是南、北歐之間的交通要道。波希米亞－摩拉維亞高地是易北河和多瑙河 (Danube, Dunaj) 之間重要分水嶺的一部分。

　　伏爾塔瓦河是捷克境內最長的河流，發源於波希米亞森林，由南向北匯入易北河，流向北海，境內全長 430 公里，是捷克最重要的河流。

　　摩拉瓦河是多瑙河的支流，發源於捷克和波蘭邊界的蘇臺德山脈，是摩拉維亞的主要河流，因而得名。摩拉瓦河南流匯入多瑙河，終而流向黑海。

第三節　國徽與國旗

　　國徽分大小兩種。大國徽為方形盾徽，盾面分四部分：左上

圖 1：國徽

圖 2：國旗

方和右下方為紅底白色的雙尾獅，獅子頭戴金冠，爪為金黃色，前爪騰起，代表波希米亞；右上方為藍底紅白色相間的鷹，代表摩拉維亞；左下方為黃底頭戴金冠的黑鷹，爪為紅色，胸前繪有白色月牙，十字形和三葉形飾物分別位於月牙中央和兩端，代表西里西亞。捷克包括歷史上的波希米亞、摩拉維亞和西里西亞地區，這枚盾徽象徵了捷克的歷史淵源。小國徽為盾形，盾面為紅色，上有一頭戴著金冠、爪為金黃色、前爪騰起的雙尾獅。

　　至於國旗則呈長方形，由藍、白、紅三色組成。左側為藍色等腰三角形。右側是兩個相對的梯形，上白下紅。藍、白、紅三色是斯拉夫民族喜愛的傳統顏色。捷克把紅、白兩色作為國色，白色代表神聖和純潔，象徵著人民對和平與光明的追求；紅色表示勇敢和不畏困難的精神，象徵人民為國家的獨立、繁榮富強而

奉獻的鮮血；藍色來自原來的摩拉維亞和斯洛伐克省徽章的顏色。

第四節　國慶日與國歌

捷克斯洛伐克地區在第一次世界大戰結束之前，是奧匈帝國的一部分。波希米亞和摩拉維亞的捷克語地區一直在奧地利哈布斯堡王朝的統治之下，而斯洛伐克則屬匈牙利的一部分。

第一次世界大戰後奧匈帝國瓦解，1918 年 10 月 28 日捷克與斯洛伐克合併成立捷克斯洛伐克共和國，後來在 1993 年兩國分裂，各自獨立，捷克仍將此日定為國慶日。

捷克斯洛伐克成立以後，直到分裂為兩個國家之前，所採用之國歌 (*Kde domov můj & Nad Tatrou sa blýska*) 即為現今捷克與斯洛伐克兩國國歌的組合，兩者曲風完全不同，為當時所有國歌中曲風變化最大的一首。

捷克國歌「何處是故鄉」(*Kde domov můj*) 是法朗提雪克‧斯庫普 (František Škroup, 1801～1862) 和約瑟夫‧卡傑譚‧提爾 (Josef Kajetán Tyl, 1808～1856) 所譜寫的。原本是一部喜劇電影「提琴手」(*Fidlovačka*) 的配樂，1834 年 12 月 21 日在布拉格首演之後大受歡迎，並廣被流傳，被捷克人民視為在哈布斯堡王朝統治之下，代表奮鬥追求恢復主權的「非正式」國歌。

在 1918 年捷克斯洛伐克共和國創建之後，原曲的第一段詩文即成為國歌的前半段，而國歌的後半段是曲風迥異而且充滿了斯拉夫舞曲風格的斯洛伐克歌「電光閃耀塔特洛山」(*Nad Tatrou sa blýska*)。但是，隨著 1993 年捷克與斯洛伐克分家之後，原來的組合型國歌也就跟著拆夥了。

「何處是故鄉」的原文如下：

Kde domov můj? Kde domov můj?

Voda hučí po lučinách,

Bory šumí po skalinách, V sadě skví se jara květ,

Zemský ráj to na pohled!

A to je ta krásná země,

Země česká domov můj!

Země česká domov můj!

歌詞意思是：何處是故鄉？何處是故鄉？淙淙溪水潺流牧場，颯颯松濤響徹山崖。錦簇鮮花開滿園，這是人間樂土！錦繡山河，捷克故土，我的家園！捷克故土，我的家園！

圖 3：塔特洛山

第五節　重要節慶與民俗

　　捷克歷史悠久，傳統風俗多源於基督教化之前，多與鄉土農耕祭祀有關，特殊節日其原意或已流散更佚，然不失其風味。現時重大慶典多呈現其歷史發展之軌跡與遺緒。

一、聖若瑟日 (St. Joseph's Day, Den Svatého Josefa)

　　3 月 19 日聖若瑟節，是捷克非常重要的節慶紀念日。多年來，若瑟這個名字，是捷克男性名字中最常見的，可見其受重視的程度。曾有村莊一度規定每家必須至少有一人以若瑟為名。每年這天的歡慶活動在全國各地隆重地舉辦。

二、聖沃爾普嘉之夜 (Saint Walpurga's Eve)

　　聖沃爾普嘉之夜是廣泛流行於中歐和北歐的一個傳統春季節慶，也是基督教紀念聖徒沃爾普嘉 (Svatá Valburga, 710?～779?) 的一個節日，於每年的 4 月 30 日晚至 5 月 1 日舉辦，通常是以篝火晚會及舞蹈演出。在捷克的許多村莊裡仍保留著這個特別的風俗，象徵對冬天做最後的告別。

　　這個儀式可以追溯到古早以前的異教信仰，斯拉夫人膜拜象徵冬季和死亡的女神莫拉尼亞 (Morana)，相信女神的權力隨著天氣回暖而減弱。後來接受基督教化之後，視之為女巫，並認為這天是女巫燒毀基督教符號和讚頌魔鬼的日子。他們要還治其道，

點燃巨大的篝火以示遠離邪靈、避棄巫術。這個傳統習俗一直持續到今天。這一天舉國歡騰，慶祝活動通宵達旦地舉行。在布拉格，最大的慶祝活動通常是在佩特任山丘 (Petřín) 上，開闊之處擠滿了歡慶的人群，在那裡可以俯瞰整個城市。

三、愛情日

5 月 1 日愛情日，是專為紀念捷克浪漫派詩人卡雷爾‧馬哈 (Karel Hynek Mácha, 1810～1836) 和獻給情人們的日子。這一天在一般的小城鎮和村莊裡，人們摘取五朔節花柱把玩，晚上點燃篝火跳舞慶祝。在布拉格，有不少的夫婦和情侶前往佩特任公園 (Petřín Gardens, Petřínské sady) 的卡雷爾雕像前，獻上鮮花致意。春天的佩特任公園，櫻花盛開，詩情畫意。

四、斯拉夫先驅日 (The Day of Slavic Missionaries Cyril and Methodius, Den slovanských věrozvěstů Cyrila a Metoděje)

聖西里爾 (Svatí Konstantin Cyril, 826/827～869) 和聖默多狄 (Svatí Metoděj, 815/820～885) 兄弟倆是來自拜占庭 (Byzantium) 的教士，是捷克史上的重要人物。大摩拉維亞的拉斯吉斯拉夫親王 (Svatý Rostislav I, ? ～ 870; Svatý Rostislav z dynastie Mojmírovců, 846?～870) 向拜占庭請求派遣一位主教和導師來給他們解釋基督信仰，於是西里爾和默多狄大約在 863 年來到大摩拉維亞王國。二聖創造了「格拉哥里」字母，將《聖經》和儀軌典籍翻譯成古教會斯拉夫語，將基督教和古教會斯拉夫語推廣至

整個大摩拉維亞地區。

聖西里爾於 869 年在羅馬辭世，他的聖髑至今還保存在羅馬聖格來孟大殿 (Basilica of Saint Clement) 受人崇敬。兩位教士封聖之名最早出現於 1880 年 9 月 30 日，教宗利奧十三世 (Pope Leo XIII, 1810～1903) 授予「斯拉夫人的使徒」(Apostles of the Slavs, Apoštolové Slovanů) 之稱號，並定每年 7 月 5 日為他們的紀念日，紀念他們於 863 年的這一天來到大摩拉維亞南部維萊赫拉德 (Velehrad)。

五、胡斯殉教紀念日 (Anniversary of the Execution of Jan Hus, Den upálení mistra Jana Husa)

1415 年 7 月 6 日這一天，捷克史上重要的宗教思想家、哲學家、改革者約翰・胡斯被處以火刑。他的殉難激起了捷克人的民族主義，直接導致了胡斯戰爭的爆發，直到十五世紀才結束。

六、聖瑪爾定節 (St. Martin's Day, Den svatého Martina)

瑪爾定・都爾 (Sanctus Martinus Turonensis, 316～397) 出生於匈牙利，加入行伍後在法國服役。他在當地受洗成為基督徒，爾後退伍轉而隱修，多年後被選為都爾主教。

瑪爾定常被傳頌的事蹟是「割袍贈丐」。相傳他駐紮高盧時，在酷寒中遇上一名衣衫襤褸的乞丐而心生憐憫，就將自身袍子割下一半贈與乞丐。當晚他夢見耶穌身著那半件袍子，乃立志成為隱修士，最後去了高盧，在當地建立了第一個隱修院。

　　371 年，都爾主教過世，都爾市民前來請求瑪爾定接任。他原先不願，乃躲在附近鵝棚裡，不料鵝群聒噪曝露行蹤，不得已成為都爾主教。在擔任主教後依然住在都爾附近的隱修院，未改其原先的苦修生活。並且積極的進行傳教工作，曾經三度被教宗請去講道。

　　直至今日，在他被封聖的節慶日，瑪爾定鵝 (Martinsgans) 成為盛宴上代表性的應景食物。傳統上，盛宴恰逢聖誕節前四十天「四旬期」的開始。

　　在 11 月 11 日上午 11 時整，幾乎捷克所有的酒廠和餐廳供售當年秋收的第一批新鮮葡萄酒，叫做聖瑪爾定酒 (Svatomartinská vína)。酒商建議開春之前應享用這些酒的醇味，否則過時就不對味了。這個慶祝活動可以溯及皇帝若瑟夫二世 (Emperor Joseph II) 的時代，當時他准許在聖瑪爾定節這一天方可出售這批酒，也就是象徵收成結束、冬季開始的意思。

　　聖瑪爾定酒瓶上的 Svatomartinské víno 商標直到 1995 年才註冊登錄，2000 年這個招牌屬於捷克政府的葡萄酒基金，捷克境內任何符合規範的酒廠都可以用這個商標。葡萄酒特產有四種：白酒類的 Müller Thurgau 和 Veltlínské červené rané；紅酒類的 Modrý Portugal 和 Svatovavřinecké。年代新的酒，酒精含量低，通常大約是 12%，有著水果般的清新口感。在聖瑪爾定節品嚐這些新酒，配上聖瑪爾定鵝、鵝肝醬、填餡雞、聖瑪爾定蛋糕或特製的甜甜圈，是種幸福的享受。

　　在整個四旬期的四十天裡，教徒禁止食肉、娛樂、婚配等一

切喜慶活動。為此，人們趁四旬期到來之前盡情享受美食。

七、復活節 (Velikonoce)

　　在捷克許多慶祝復活節的紀念品，最著名的是復活節彩蛋
(Easter eggs, kraslice)，有手工彩繪或以其他方式裝飾的。復活節
前後的一段時期，會舉辦全國性的彩蛋大賽。

　　女孩們在復活節星期一 (Easter Monday, Velikonoční pondělí)
將彩蛋送給男孩們。捷克語彩蛋 kraslice 這個字是從 krásný 衍生
而來的，古語原意是紅色，現今是漂亮的意思。彩蛋繪飾是精美
絕倫的藝術，採用的原料也很多樣，像是蜂蠟、水彩、稻草灰、
洋蔥皮、圖片貼紙等，甚至還有被雕成如夢幻般的美麗圖案。最
常見的是幾何圖形，但也有彩色繽紛的花朵、樹葉或雪花圖案。

　　復活節前週四晚上，也就是耶穌受難日前夕，孩童們帶著特
製的木製搖鈴，成群結隊地遊走，象徵驅趕猶大身上的魔鬼。在
耶穌受難日早晨，孩童們再度群集上街，挨家挨戶討賞金，隨後
大夥兒一齊攤分所得。

　　復活節的另一個重要的象徵物品「柳鞭」(pomlázka)，是一
種用嫩貓柳枝 (pussy willow) 編織的鞭子，它代表的意義非常特
殊。捷克流傳一說，被柳鞭抽打會帶來健康和青春，因此在復活
節星期一的時候，報佳音的成年男子帶著孩童們走訪附近親朋鄰
居，通常婦女們守候家中，歡愉地讓男性訪友以柳鞭輕輕抽打小
腿或臀部，她們則還報以烈酒。此外也有男孩在女孩頭上澆水的
習俗，這類似於抽打祝福的象徵意義。當然，有些還會安排些遊

戲，讓來訪男孩繞著花園跑個幾圈去追逐女孩。這一切歡樂遊戲在中午漸告結束之後，下午還有得忙呢。女孩兒們忙著護理小腿，而男生則從酒醉忽悠中甦醒過來。

　　在從前，柳鞭也被農村婦女用來驅趕家畜或是教訓男人和孩子們。貼切地說來，若沒有柳鞭，就沒有了捷克復活節。柳鞭的枝越嫩，就越難編織，所以現在也有用單根枝條或以木勺子來替代的。

　　在復活節吃羊肉是傳統之一。然而在捷克，羊肉並不普遍，也非大多數人喜愛的食材。久而久之，吃羊肉的傳統就被象徵羊偶的薑餅給取代了。通常還有手工製的兔子、小雞等童趣擺飾來應景。

圖 4：羊偶薑餅

八、平安夜 (Christmas Eve, Štědrý den) 和聖誕節

聖誕節的最高潮就是平安夜。對捷克人來說，平安夜是聖誕假期中最愉快的一天。這是個慷慨分享豐盛食物的日子，傳統上在家裡擺滿食物，聖誕樹上裝飾著傳統聖誕飾品，並且準備一年中最豐盛的聖誕晚餐。

平安夜前的午餐比較簡單，各地的傳統不一。有些地方的人吃甜麵包，或者吃一種用穀物和蘑菇、洋蔥、大蒜和墨角蘭做成的叫作 staročeský kuba 的傳統飯食，或者另外一種稍微簡單叫作 hubník 的蘑菇飯。

吃聖誕晚餐可是有規矩的：傳統上大家要在第一顆星星出現的時候才能入座享用。不許背著門坐。禁止飲酒。期間不可離席，象徵明年聖誕節家人還可再度團聚；即便是餐後離席也要大家一齊，傳說擅自離桌的人來年會第一個逝去。每個人都要吃完自己餐盤內的食物，即便有剩餘的食物也要埋在樹旁，以保證來年水果豐收。桌腳要用繩子繫著，象徵在新的一年裡家園免遭宵小光顧。聖誕晚餐必備九道菜餚，包括鯉魚、馬鈴薯沙拉、湯、麵包和蜂蜜等。光就鯉魚的調理方式就有百種以上。

聖誕節在捷克是最盛大和最流行的節日。從聖誕節前四週——將臨期 (Adventus, Advent)，就開始了慶祝聖誕的序曲，亦可算是教會的新年。教會和教友家中會擺飾一個花環，裡面有四支蠟燭，每一個主日燃點一支蠟燭。

在捷克有慶祝聖尼古拉 (Svatý Mikuláš z Myry, 280?～352?)

的一個非常特別的傳統，這是聖誕節慶的一部分，當天會舉行彌撒，這個傳統也流傳到東歐其他地方。聖尼古拉被孩子們視同聖誕老人，據傳 12 月 6 日這一天聖尼古拉會帶著禮物去探望孩子們，直到聖誕節前才離去。聖尼古拉給唱詩的孩子們糖果和水果，而淘氣的只能得到煤炭和馬鈴薯。

聖尼古拉是米拉城（Myra，今土耳其境內）的主教，出生於小亞細亞，也就是土耳其南方帕塔拉 (Patara) 一個富裕的基督教家庭。父母去世之後，他將大部分的財產分贈窮人之後，就遠走巴勒斯坦朝聖去了。

尼古拉被選任主教有段不尋常的故事。米拉宗座主教去世之後，循例由其他主教們齊聚商議推舉接任的主教。就在秘密會議的一個夜晚，一位飽學識廣的老主教聽見空中傳來聲音告訴他，第二天晨禱時，第一個進教堂大門，名叫尼古拉的就是新主教。老主教半信半疑的，果然在次日晨禱時間，來了一位年輕人，相詢之下果然是尼古拉。老主教說：「尼古拉！神的僕人啊！正因為你的聖潔，你應該是這個地方的主教」，於是引領他，成為米拉城的主教。

還有許多關於他的傳說，最為人所樂道的是他經常隱名濟貧行善。在從前基督徒屢遭迫害的時代，他竭力相助，義行善舉得到後世的尊崇。他辭世之後，也有富人效法傳承善舉以彰顯其榮耀。聖尼古拉還是水手們航海的守護神，也是孩子們的保護者。

九、精靈和仙子

　　每個民族皆有其自己的童話和典型人物，捷克也不例外。在捷克童話故事中最有名的是叫做 vodník 或 hastrman 的水精靈。在任何大壩、池塘附近，甚至偏遠村莊都可以看到一個綠精靈騎鯰魚的形象。傳說中綠精靈有著綠色頭髮、鼓鼓的大眼、全身濕淋淋的。牠是個邪惡的精靈，經常用彩帶和鏡子誘惑少女入水，有時還化身各種動物誘捕倒霉人的靈魂。譬如牠可能變成一匹馬在池邊吃草，當人騎上去時，就縱身躍入水中溺斃那個人。所以在牠的水底王國裡幽禁了許多冤魂。

　　在捷克童話裡，還有多種妖怪。最典型的是一種毛茸茸，長著角、尾巴和蹄子的毛怪。牠遊走四方，喜和人交易，提供某種服務並限期回報，若無法兌現，罪人的靈魂即被帶走。這就是違背良心，「與魔鬼打交道，賣靈魂給魔鬼」說法的由來。因此地獄裡充滿邪惡和罪人的靈魂，牠們在大鍋烈火中無盡期地被烹煮折磨。

　　另外還有一個流傳了六百年關於珮兒雀塔‧羅森伯格 (Perchta z Rožmberka, 1429～1476) 的傳說，她身著白長裙，戴著高頂錐形帽，腰繫緞帶，徘徊遊蕩在契斯基克魯姆洛夫城堡 (hrad azámek Český Krumlov) 裡。

　　珮兒雀塔來自於波希米亞一個顯赫具影響力的貴族家庭，這個羅森伯格家族在布拉格王室具有舉足輕重的地位。她的先人維特一世 (Vítek I z Prčice, 1120?～1194)，曾任國王拉吉斯拉夫二世 (Vladislav II, 1110?～1174) 的總管，擁有契斯基克魯姆洛夫地區

(Český Krumlov) 偌大的產業，建了羅森伯格城堡 (hrad v Rožmberku)。羅森伯格城堡可以說是波希米亞最古老的城堡之一，以其家族徽章上的玫瑰花來命名，在捷克南方還經常看得到這個徽章圖案。羅森伯格捷克語就是玫瑰堡的意思。

珮兒雀塔的爺爺亨利三世 (Jindřich III z Rožmberka, 1361?～1412) 在國王瓦茨拉夫四世 (Wenceslaus IV, 1361～1419) 時代，曾領導貴族聯盟 (Union of Nobility) 爭取貴族的權益。她的父親烏爾里希二世 (Oldřich II z Rožmberka, 1403～1462) 也是貴族聯盟的一員，在胡斯戰爭期間支持波希米亞天主教貴族和神聖羅馬帝國皇帝西吉蒙德 (Sigismund, Holy Roman Emperor, 1368～1437)，趁著王室權力弱化之際，茁壯自己家族的力量。

珮兒雀塔·羅森伯格的少女時代不乏仰慕者的追求，可是父親硬是將她許配給一個才喪偶不久的庸俗貴族。她婚後遭到夫家及其前妻家人的排擠，精神飽受折磨。她日夜禱告上蒼，祈求有所改變，在一切努力皆枉然之際，曾寫信給哥哥說：「帶我離開這些邪惡的人吧！如果你從煉獄裡釋放靈魂，將會得到讚揚！」可見其內心痛苦之深。直到丈夫死去，她才回到娘家過著從前的生活，濟助窮困百姓。可是她再也沒有笑容，美麗的容貌不再，臉上刻鏤著盡是往事心酸。她消瘦的身影，一頭金髮披著一襲白紗，常漫步在城堡裡。

她去世後，故鄉的居民無不哀悼，甚至有傳言說，午夜時分偶爾會看見她的靈魂徘徊在家族城堡上，她也因此得到「白衣婦人」(Bílá paní) 的稱號。傳說，她面帶笑容的話就有好兆頭，要

是戴著黑手套，表情嚴肅，就預示災難或死亡將至。

十、捷克武裝部隊日 (Czech Army Day, Den ozbrojených sil)

　　除了前述的若干節日之外，還有較晚近才制定的捷克武裝部隊日。這是紀念 1918 年 6 月 30 日，捷克斯洛伐克第 21、22 步槍團在法國誓師效忠未來的共和國而參加戰役的日子。

　　捷克斯洛伐克軍團 (Československé legie) 是在第一次世界大戰期間，由一批居住在俄羅斯境內的捷克斯洛伐克僑民申請組建的志願軍，初於 1914 年 8 月 14 日在基輔成軍。8 月 21 日法國外籍兵團也在巴黎開始招募捷克斯洛伐克志願者。

　　1917 年 12 月，法國政府頒令成立一支捷克斯洛伐克部隊。1918 年 6 月 29 日，法國政府正式承認捷克和斯洛伐克享有獨立國家的權利。次日，捷克斯洛伐克軍團宣誓為爭取建國而奮鬥。終於，在第一次世界大戰結束後，捷克斯洛伐克共和國誕生了。

　　後來雖然 1993 年捷克和斯洛伐克各自獨立，但是在 2002 年，捷克總統命令將 6 月 30 日定為捷克的武裝部隊日。

第六節　文化藝術

　　隨著十八～十九世紀歐洲民族主義運動的勃興，波希米亞地區也開始在歷史學、文學、語言學、政治學、藝術創作等各領域上展現了捷克民族的獨特性。在這個時期各領域的菁英都懷抱著民族復興的情感與志向，矢志為實現此一共同的理想目標而奮鬥，

他們畢生的成就帶給人類社會的貢獻更是不同凡響。

一、史　哲

1.阿莫斯‧科門斯基

　　科門斯基 (Jan Amos Komenský, 1592～1670) 生於摩拉維亞，曾擔任摩拉維亞兄弟會牧師和首任主教的聖職。他甚早闡揚公共教育的理念，被推崇為現代教育之父。他首開先例以母語捷克文而非拉丁文來撰寫教科書，還支持終身學習，並鼓吹貧困兒童必須要有同等的受教機會。

　　宗教戰爭讓他失去了所有財產和著作。1627 年，當哈布斯堡天主教改革組織迫害波希米亞新教徒時，他帶領弟兄們流亡。在 1628 年，他出版了 《語言之門的解鎖》 (*Janua linguarum reserata, Dvéře jazyků otevřené*) 一書，聲名大噪。然而，隨著兄弟會的團結成為天主教反改革運動的重要目標，迫使他流亡海外。在避居波蘭萊許諾 (Leszno) 時，他還負責波希米亞和摩拉維亞的教堂。

　　1638 年，他應瑞典政府之邀，前往協助制定學校的管理計畫。除了教會的服事之外，他另外的興趣就是努力實踐深化人類的知識結構，熱衷奉獻心力於實踐教育的興趣和機會，因此他成為十七世紀全景運動的領導人之一，並熱心為瑞典、波蘭－立陶宛聯邦、外希凡尼亞、英格蘭、荷蘭和匈牙利等歐洲新教徒政府提供教育諮詢服務。

　　在十九世紀的捷克民族復興時期，科門斯基被視為捷克民族

的象徵。捷克政府將他的生日 3 月 28 日訂為教師節。2001 年於
布拉格成立的科門斯基大學 (Jan Amos Komenský University
Prague, Univerzita Jana Amose Komenskeho Praha, UJAK)，即以其
命名。捷克 200 克朗的鈔票上印有他的鑄像。

2.法朗提雪克‧帕拉茨基

　　有「民族之父」美譽的歷史學
家兼政治家帕拉茨基 (Frantšek
Palacký, 1798～1876)，是捷克民族
復興時期最有影響力的人。他的祖
先是波希米亞 「聯合弟兄會」
(Unitas Fratrum) 的成員，並在整個
宗教迫害期間祕密地維持著他們的
新教信仰，在他幼小的心靈深處誘
發民族情感的滋生。他在匈牙利求
學期間，見證了強大的馬札爾民族

圖 5：帕拉茨基

運動以及斯拉夫民族新生的民族意識產生了聯繫。他移居維也納
之後，花了三年的時間研究康德 (Immanuel Kant, 1724～1804) 的
歷史哲學，並發表了一些有關美學和文學的研究論文。繼而決定
轉向歷史研究，這是因為他意識到，唯有清晰地分析和呈現捷克
的史實，才能喚醒捷克的民族意識而免於滅絕。

　　1823 年，他移居布拉格，受到了資深捷克學者及捷克貴族愛
國成員的熱烈歡迎， 鼓舞著他全力投入學術活動和愛國活動。
1827 年，他成為波希米亞博物館雜誌的編輯，並完成了中世紀捷

克史冊的出版之後，被任命為波希米亞的官方歷史學家。他以這種身分經常發表有關美學和捷克語言的文章。

帕拉茨基撰寫《波希米亞歷史》(*Geschichte von Böhmen*)，將波希米亞的歷史延續到 1526 年哈布斯堡大公斐迪南一世繼任波希米亞國王，特別著重於捷克過去與日耳曼帝國主義和暴力的鬥爭史，撼動了捷克人民的民族意識，將胡斯的宗教改革運動詮釋為捷克奮力從中世紀羅馬─日耳曼精神文化的束縛中解放出來。

儘管帕拉茨基為了國家的復興而努力，但是他並未呼籲捷克實現政治獨立。對他來說，民族就是一個血緣關係，不需要組織成一個國家。他覺得像獨立的波希米亞這樣的小國家更易受其強鄰的擺布，因此期望於奧地利帝國的統一，並且認為它的存在是歐洲之所需。但是，於此同時，他還是在為聯邦的重組而奮力。

1848 年，捷克民族運動終於超越了文化上的努力，進入了政治舞臺。捷克自由主義者的政治訴求主要是實現憲法制度的建立，並在哈布斯堡帝國裡獲得捷克人民的政治自治。

帕拉茨基在 1848 年提交給克羅米日茲 (Kromeřiz) 議會的計畫，闡述了他對於奧地利聯邦制的概念──「奧斯拉夫主義」(Austro-Slavism)，要求在帝國中建立七個自治國家單位。雖然該計畫有些不夠實際，但是，它畢竟是邁向一個新的奧地利的起始點。

在 1848 年革命失敗之後，帕拉茨基轉趨低調。在 1860 年代，他慢慢轉向泛斯拉夫主義。1865 年他出版《奧地利國家構想》(*The idea of the Austrian state, Idea státu rakouského*) 一書，出於對捷克自治的熱情，他再次提出了聯邦制的新方案。但是，這

個希望在 1861 年帝國憲法「二月專利」公布之後消失了。帕拉茨基於 1876 年 5 月 26 日在布拉格去世。一直以來，帕拉茨基力圖證明國家間平等的思想是一項真正的歷史使命，也是振興奧地利多民族國家的一項原則。他積極捍衛自己的聯邦制觀念，反對集中制和二元觀念的擁護者。帕拉茨基一直是捷克民族運動的領導人物，他曾被稱為「國父」；也由於他在學術上的傑出成就，被尊為現代捷克史學的奠基者。

3.約瑟夫・榮曼

捷克詩人和語言學家約瑟夫・榮曼 (Josef Jungman, 1773～1847) 是十九世紀初捷克民族復興的主要人物之一，自幼成長於德語和捷克語的雙語家庭，這是他日後復興捷克語文有所成就的重要因素。榮曼除了與老師約瑟夫・杜布羅夫斯基 (Josef Dobrovský, 1753～1829) 大力倡導復興捷克語的書寫之外，他自己也熱衷於使用捷克語來創作，並且證明捷克語亦適用於複雜深奧的文辭表達，能夠充分詮釋世界文學名著。

從十三世紀末以來，波希米亞和摩拉維亞湧入了許多講德語的移民，以至於 1615 年的捷克制定了《語言法》，規範來到這裡，都必須講捷克語，否則就會被逐出。不幸的是，三十年戰爭 (Třicetiletá válka, 1618～1648) 在 1648 年結束，最終的勝利者是說德語的奧地利帝國，因此捷克地區在接下來的 150 年中，德語取代了捷克語，成為捷克的官方語言，捷克語反倒趨於弱勢。在榮曼的第一份教學工作中，他教捷克語，但由於當時捷克語不是一種公認的教育語言，因此他沒有獲得此項工作的報酬。

1805 年他出版了法國名作家弗朗索瓦‧赫內 (François-René, 1768～1848) 一本中篇小說 *Atala* 的譯本。那本小說對於早期的浪漫主義產生了巨大的影響。後來，他陸續發表了多位名家的譯著，其中約翰‧彌爾頓 (John Milton, 1608～1674) 史詩《失樂園》(*Paradise Lost, Ztracený ráj*) 的譯作，被稱為現代捷克文學的基石。

在隨後的幾年中，榮曼發表了一系列辯論性的著作，其中最著名的是《捷克語對話》(*Rozmlouvánío jazykučeském*)。另外，他還有個重要的著作是《捷克語－德語詞典》(Slovník česko-německý, Díly 1.–5.)，一套有五冊。他創作這套詞典，奠定了現代捷克語詞彙的基礎。為了讓詞彙有優雅的風格，以及擴增捷克語的詞彙，榮曼研讀史料文獻，考究古語，或者藉用其他的斯拉夫語詞來創造新詞彙。榮曼通曉德語、英語、法語、義大利語和西班牙語等多種語言，他一生都在研究斯拉夫語。

4.法朗提雪克‧蘇西爾

蘇西爾 (František Sušil, 1804～1868) 是摩拉維亞最傑出的神學家和詩人之一。他於 1821 年在布爾諾的修道院進修，1827 年晉鐸為神父，1837 年在布爾諾教授神學，直到他去世。他出版的《摩拉維亞傳統民俗音樂集》(*Moravské národní písně*) 一共採集了 2 千餘首摩拉維亞民歌，還包含 2,300 餘件文稿及珍貴的民族志等資料。民歌出現在民族志專著中，整個作品被視為有史以來最重要的民歌收藏之一。他的民歌是許多合唱團必不可少的組成部分，著名的音樂家包括德弗札克 (Antonín Dvořák, 1841～1904)、

楊納傑克 (Leoš Janáček, 1854～1928) 等的作曲，也都喜愛採用他的旋律。

　　蘇西爾積極參加捷克民族的復興，還是復興主義的重要代表，將聖西里爾和聖默多狄的教育、道德和愛國主義的思想推廣至全斯拉夫。他對整個摩拉維亞的教會產生了重大影響。

5.法朗提雪克・巴托什

　　巴托什 (František Bartoš, 1837～1906) 是摩拉維亞的民族志學家和語言學家，被公推是摩拉維亞民族音樂學先驅法朗提雪克・蘇西爾的傳人。他蒐集了數百部摩拉維亞民歌，加以分類和編輯，出版了民歌集以及其他民族傳統民歌。

　　巴托什關於摩拉維亞語的著作具有開創性的意義。他在《摩拉維亞方言學》(*Dialektologie moravská*) 和《摩拉維亞辯證詞典》(*Dialektický slovník moravský*) 著作中對摩拉維亞語進行系統性的描述，除了對摩拉維亞語方言感興趣之外，還在捷克語言的發展和編纂中發揮了重要作用。巴托什的所有努力都是為了提高捷克語和該國的教育水準，他認為這是建立牢固的民族認同的基石。

　　他在民俗音樂的採集活動中，傳承蘇西爾的研究，透過民間習俗和傳統文化等方面的研究，成為摩拉維亞人種學和民俗學的創始人。他與楊納傑克相識，彼此惺惺相惜，因而促進了楊納傑克對捷克和摩拉維亞民歌的興趣及理解，並深深地影響了楊納傑克的音樂創作。

二、文 學

　　捷克詩人常在作品中對於愛、自然、死亡和生命表達深刻的感情,也對於時事與公共議題有所著墨。在捷克的文學中,詩歌散文的影響比小說更為顯著。在二十世紀前半葉,抒情詩蔚為風潮,詩歌朗誦成為時尚,捷克詩人的作品廣為流傳。

1.卡夫卡

　　當代最重要的小說家首推卡夫卡 (Franz Kafka, 1883～1924),他的作品多未完成,而且多是身故之後才出版的,卻在西方文學中占有一席之地。他的作品主題曲折晦澀,情節支離破碎,思路不連貫,特色是透過誇張和荒誕的構思,描繪被困在懷疑和恐懼的人們之疏遠、徒勞和偏執,把虛妄的現象與現實的本質結合起來,構成了獨特的「卡夫卡式」風格。

　　卡夫卡出生於布拉格中產階級的猶太人家庭,自幼接受良好的教育,通曉德語和法語。就讀查理大學,原先是讀化學系的,但是入學兩週之後轉讀法律,讓他投入更多的精力在德語課程和文史上,此舉對其一生造成深遠的影響。在大一時,認識了摯友布洛德 (Max Brod, 1884～1968) 和威爾許 (Felix Weltsch, 1884～1964),也是日後著名的作家和新聞記者,三人被稱作「親密的布拉格集團」(Der engel Prager Kreis)。

　　卡夫卡於 1906 年獲得法學博士學位,並從事一年期義務性的法院書記官的工作。1907 年 11 月起在一家義大利保險公司工作將近一年,但是他對於徹夜通宵的工作時段不滿意,讓他難以專

注於寫作。1908 年 7 月他辭職，轉而去勞工事故保險協會上班，他戲稱那份工作是「麵包工作」，薪資僅足以糊口。不過他對工作倒是熱情依舊，還數度被拔擢，足證他工作的賣力。根據奧地利管理學家及社會學家彼得‧德魯克 (Peter Ferdinand Drucker, 1909～2005) 在《行駛在未來社會》(*Managing in the Next Society*) 一書的報導，卡夫卡曾發明安全帽，減低捷克鋼鐵工廠事故死亡，因而於 1912 年獲頒獎章。儘管如此卡夫卡仍舊熱衷文學創作，從他的作品中充滿惶恐、不安、迷惘，可以看到他對人的歷史、命運和人際關係的關注與同情。

他的作品包括有 1913 年的《審判》(*Das Urteil*)、1920 年的《在受罰的殖民地》(*In der Strafkolonie*)、《蛻變》(*Die Verwandlung*)、《試煉》(*Der Prozess*)、《城堡》(*Das Schloß*)，融合了荒誕不經和世俗的觀點，樹立了其特有的風格。

卡夫卡一生的情感世界浪漫而多舛。1912 年，卡夫卡在摯友布洛德的家中，認識了當時家住柏林而從事速記工作的菲莉絲 (Felice Bauer, 1887～1960)，雙方傾心相許，勤於書信往返。此時卡夫卡正埋首《審判》的寫作，時而將書稿內容與她分享。次年他前往義大利的療養院靜養，遇見了 18 歲的瑞士少女格蒂‧瓦斯納 (Gerti Wasner)，非常喜歡她，常常邀約徹夜長談。雖然只有短短十天的相處，但是對卡夫卡的一生來說，卻烙下深刻美好的回憶。

菲莉絲依舊來函不斷，卡夫卡每日回信，常埋怨自身境況的不佳，雖然如此，1913 年菲莉絲接受了他的求婚。

菲莉絲有一摯友葛萊特 (Grete Bloch, 1892～1944)，也常寫信

給卡夫卡，卡夫卡向她求助於有關他和菲莉絲之間的問題。久而久之，建立起特殊的情誼，葛萊特甚至想完全占有卡夫卡，但是菲莉絲卻渾然不覺。晚近在布拉格有個傳言，葛萊特和卡夫卡過從甚密因而懷孕，他們曾有私奔的打算，但是後來葛萊特不想破壞卡夫卡和菲莉絲之間的關係，乃黯然離去。此項傳聞若干細節和疑點未經證實釐清，只能姑且聽之。

1914 年卡夫卡解除和菲莉絲的婚約，不過還有魚雁往來。這一年卡夫卡著手寫作《試煉》，時停時寫，到 1916 年完稿。在布洛德強力的遊說和鼓勵下，他將從前的一些作品出版，《審判》、《在受罰的殖民地》、《蛻變》、《試煉》及《城堡》乃相繼問世，直至 1915 年後，在文壇上才嶄露頭角。

卡夫卡 1917 年 7 月再度向菲莉絲求婚，他們同遊布達佩斯。之後他開始咳血，經診斷證實罹患肺結核。一向視婚姻和性生活為畏途的卡夫卡此時終於結束了和菲莉絲的關係，1919 年菲莉絲帶著卡夫卡的滿紙情懷，另嫁他人。此時重痾纏身的卡夫卡只有投靠妹妹奧特拉 (Ottla, 1892～1943)。雖然健康情況不佳，但是並未減輕對愛情的渴求，這一年他再度沉浸在愛情的搖籃裡，此刻訂婚的對象是一名猶太女子茱麗葉 (Julie Whoryzek, 1891～1939)。卡夫卡為了要得到父親的支持，曾經寫了一封信給父親。但是這封信還未到達父親的手上，就被母親給扔了。好景不常，他和茱麗葉的短暫戀情在 11 月終告結束，婚約解除。

卡夫卡的情緒再度陷入谷底，1920 年又有一個女人闖進了他的心靈，她是捷克記者作家米列娜 (Milená Jesenská, 1896～1944)，

雙方急速發展出密切的關係。米列娜是他朋友波拉克 (Ernst Pollak, 1886～1947) 的太太，精明睿智，才華洋溢，精通德、法、英、俄和匈牙利等國語言，曾協助卡夫卡翻譯作品，深被卡夫卡的文采吸引，大有相見恨晚之嘆。而米列娜常怨嘆夫婿波拉克對婚姻情感之不忠，終告仳離，卻從卡夫卡那裡得到慰藉。他們彼此深愛著對方，尤重心靈上的契合。卡夫卡坦承懼怕墮入愛慾之中而無法自拔，米列娜倒也體諒彼此疏於見面的交往。至於卡夫卡和菲莉絲之間的關係，就僅止於書信往來而已。

1923 年，米列娜和波拉克破鏡重圓，卡夫卡乃終止和米列娜之往來，並揚言不再探視對方和書信往來。為此他重拾心情，輕裝前往柏林，希望找個不受影響的地方繼續寫作。由於對猶太教和猶太復國運動產生了興趣，他動起學習希伯來文的念頭。因此在那裡，他邂逅了一位二十五歲的幼稚園老師朵拉 (Dora Diamant, 1898～1952)，她來自於波蘭一個信奉東正教的猶太家庭，能說流利的希伯來語。兩人互動殷切，又譜出一段戀曲。卡夫卡甚至搬去與之同住，但是他們之間的關係還是以友情為重。儘管他們的經濟拮据，連電費也付不出來，但是卡夫卡的生活似乎比從前更快樂些。這段時間他先後完成了《地洞》(*Der Bau*)、《小女人》(*Eine kleine Frau*) 和《歌手約瑟菲妮》(*Josephine, die Sängerin*) 等小說。

卡夫卡一生飽受憂鬱症之苦，還罹患偏頭痛、失眠症、便祕、疥瘡等疾病，這些通常是因為過度壓力造成的，他曾經試圖藉著自然療法來克服苦楚。1924 年初，卡夫卡的健康狀況更形惡化，

因而住進離維也納不遠的療養院接受治療。此時他同意出版《捱餓的藝術家》(*Ein Hungerkünstler*) 等小說，並要求朵拉的父親准許他們的婚事，似乎和朵拉在一起遠比其他什麼都快樂。

由於咽喉疼痛無法進食，當時靜脈注射療法尚未發展出來，在無法餵食的情況下，1924 年 6 月 3 日他走完人生最後一程。他的命運像極了《變形記》和《捱餓的藝術家》裡的主角。他的遺體最後運回布拉格，葬在猶太公墓裡。

卡夫卡在其有生之年出版的短篇小說為數不多，作品直到死後才漸為人所注意。卡夫卡所有的作品，除了幾封寫給米列娜的信是以捷克文書寫之外，其他都是用德文寫的。

他死前要摯友布洛德銷毀所有的手稿，而朵拉卻偷偷地留存了差不多二十本筆記本、三十五封信，直到 1933 年被納粹祕密警察沒收。國際上仍不斷地蒐集卡夫卡散逸的手稿資料，由於布洛德未遵照卡夫卡的遺囑行事，也握有其大多數的作品，為世界文學史保留了一筆寶貴資產。

卡夫卡的一生正值近代史上社會變革的時期，在當時各種思潮的影響和啟蒙下，卡夫卡以獨特的目光體驗這個動盪不安的世界，以特殊風格批判著這個充滿各種矛盾的社會。

2.塞佛特

近代捷克的「民族詩人」塞佛特 (Jaroslav Seifert, 1901～1986) 出生於一個勞工家庭，上中學後熱衷於寫詩和新聞報導。其作品有詩集、小說、散文集，主題圍繞著愛情、藝術和對祖國的熱愛，帶有強烈的勞工意識，是近代捷克最偉大的詩人，一生

出版詩集多達 30 部。

1918 年一次大戰結束，捷克脫離奧匈帝國而獨立。1921 年塞佛特加入社會民主黨的激進派，組成了共產黨，可以說是捷克最早期的共產黨員。從他 20 歲的成名詩作 《淚中的城市》(*Mesto v slzách*) 可以看出早年他對社會主義的夢想。 他後來在共黨的出版社工作，擔任幾份雜誌的編輯。1929 年 3 月， 他和其他 6 名重要的共黨作

圖 6：塞佛特

家共同簽署宣言，反對捷克共產黨新領導班子的布爾什維克化，結果他們一夥人被逐出黨，失去發言權，只能靠編詩集為生。

從 1930 年起，他在社會民主黨通訊社編輯部門工作。在納粹德國占領期間，塞佛特繼續寫詩，表達對家鄉遭遇的痛楚。1945 年贏得了「民族詩人」的稱號。1948 年共產黨執政，次年他被迫離開新聞工作，投身於文學創作。

1954 年政治解凍，塞佛特才得以蒐集舊作出版度日。1965 年他復出詩壇，之後他對共產主義絕望，雖然他曾說，自己是社會主義信徒，但是他的詩只著墨於對布拉格和女人的愛，再也不稱頌什麼主義理想，他轉變成為熱愛故鄉的詩人了。

1968 年爆發 「布拉格之春」，蘇聯入侵捷克，武力鎮壓布拉格，塞佛特選擇留下，誓言保衛捷克，活出詩人的昂然堅定。1982 年他出版了洋洋數十萬言的回憶錄 《世界美如斯》(*Všecky krásy světa*)，不僅對捷克文學有深遠影響，更受到一般人民的喜愛。

　　1984 年塞佛特榮獲諾貝爾文學獎，由於健康因素無法親臨頒獎典禮，而由女兒代為受獎。獲獎這件大事，竟然只是被黨國控制的媒體輕描淡寫地報導。兩年後便與世長辭，他的喪禮被祕密員警高度關切，唯恐異議分子有所蠢動。

3. 博胡米爾‧赫拉巴爾

　　赫拉巴爾 (Bohumil Hrabal, 1914～1997) 生於摩拉維亞，是二十世紀捷克最重要的作家之一，也是作品被翻譯最多的捷克作家。赫拉巴爾最初是一位詩人，1948 年創作了一系列抒情詩集，名為《迷路的小巷》(*Ztracená ulička*)。共產政權建立後，就不再出版了。

　　他曾從事過各種行業，所以他的作品寫實生動，大都描寫平凡無奇、默默無聞的人物形象，詳盡和不加修飾的描述人生百態，真切地反映「事實」，深受大眾喜愛，是捷克家喻戶曉的小說家。

　　赫拉巴爾兩部最著名的小說是《近距離觀察的火車》(*Closely Observed Trains, Ostře sledované vlaky*) 和《我為英格蘭國王服務》(*I Served the King of England, Obsluhoval jsem anglického krále*)，均被拍成電影。《近距離觀察的火車》還於 1968 年獲得了奧斯卡最佳外語片獎。

4. 米蘭‧昆德拉

　　米蘭‧昆德拉 (Milan Kundera, 1929～) 出生於小康家庭，童年時代起便接受良好的教育和音樂薰陶，他的父親受業於楊納傑克，是捷克著名的音樂理論家和鋼琴家，1948～1961 年任布爾諾

音樂學院院長，對於昆德拉日後寫詩、編劇、電影、音樂、藝術等創作具有啟蒙作用。

昆德拉在查理大學文學院進修文學和美學，但是經過兩個學期之後，轉讀布拉格表演藝術學院電影系，在那裡選讀電影編導和編劇的課程。1950 年他因為政治的緣故被迫輟學，1952 年畢業後，在電影系裡講授世界文學課程。

昆德拉屬於捷克的年輕世代，沒有真正經歷過捷克戰前的民主歷程。年輕的一代大多只有對第二次世界大戰和被德國納粹占領的記憶，而 1948 年昆德拉以弱冠之年加入了捷克斯洛伐克共產黨。不過在 1950 年的時候，他和另一位作家楊‧德雷福爾卡 (Jan Trefulka, 1929～) 同因「從事反黨活動」而被逐出黨。後來楊‧德雷福爾卡在小說《快樂臨降》(*Pršelo jim štěstí*) 中提到，昆德拉利用此一事件作為其寫作第一個短篇小說《玩笑》(*Žert*) 的靈感。

在 1950 年代初，昆德拉曾出版過《獨白》(*Monologues*) 及《最後一個五月》(*Poslední máj*) 等詩集。在寫出《玩笑》後，他確信找到了自己的方向，從此走上了小說創作之路。

昆德拉於 1956 年被獲准重新入黨，1970 年再度被逐出黨。1967 年出版的《玩笑》，對於共產黨的極權本質多所挖苦，獲得好評，奠定昆德拉在捷克當代文壇上的重要地位。1968 年蘇聯入侵捷克，他和其他的藝術家及作家如哈維爾 (Václav Havel, 1936～2011) 等人參加了 1968 年「布拉格之春」的運動，而被列入黑名單，《玩笑》亦被列為禁書。

昆德拉曾和哈維爾進行激辯，他主張每個人應該保持平和，

不能因為見解的不同而遭到排斥。他甚至還說,「布拉格之秋」的意義終究比「布拉格之春」還重要。然而昆德拉最終還是放棄了他的改革夢想,於 1975 年攜同妻子流亡法國,並於 1981 年成為法國公民。

他移居法國後,很快地成為法國讀者最喜愛的外國作家之一。他的絕大多數作品,如《笑忘錄》(*Kniha smíchu a zapomnění*)、《生命中不能承受之輕》(*Nesnesitelná lehkost bytí*)、《不朽》(*Nesmrtelnost*) 等都是首先在法國走紅,然後才引起世界文壇的矚目,曾多次獲得國際文學獎。

《笑忘錄》完成於 1979 年,寫作筆法結合了小說、短篇故事,還有他的思維邏輯,告訴捷克人民反對蘇聯政權的各種方法。

他的著作除了《玩笑》是用捷克文之外,其他的創作都用法文。事實上,他在 1985～1987 年間將《玩笑》也譯成了法文。所以,他所有的著作都是法文版,之後才陸續轉譯成英文版、德文版、西班牙文版、義大利文版和中文版。

1984 年出版的《生命中不能承受之輕》,是他最為膾炙人口的創作,他以共產黨的庸俗、美式的庸俗、法西斯主義的庸俗、男女平權主義者的庸俗,甚至於藝術的庸俗為例,敘述個人命運的脆弱本質,反映人的生存狀況深受歷史和現實事件的影響,強調「只發生過一次的事就像不曾發生過,如果生命只有一回,我們當然也可以說根本沒有過生命」。

昆德拉再三堅持,他寧可被看作是個小說家,而不要被認為是個政論性作家或者是異議作家。他的創作靈感和風格來自於義

大利詩人小說家薄伽丘 (Giovanni Boccaccio, 1313～1375) 、 法國
作家拉伯雷 (François Rabelais, 1494?～1553)、英國小說家史滕恩
(Laurence Sterne, 1713～1768) 、 法國哲學家作家迪德侯 (Denis
Diderot, 1713～1784)、奧地利的作家穆席爾 (Robert Musil, 1880～
1942) 和小說家卡夫卡、 德國的海德格 (Martin Heidegger, 1889～
1976) 等人。

　　昆德拉還出版過 3 本論述小說藝術的文集，其中《小說的藝
術》 (*L'art du Roman*) 以及 《被背叛的遺囑》 (*Les testaments
trahis*) 在全世界流傳甚廣。

　　《小說的藝術》探索從拉伯雷到卡夫卡小說的演進變化，並
且穿梭倘佯在托爾斯泰 (Lev Nikolayevich Tolstoy, 1828～1910)、
尼采 (Friedrich Wilhelm Nietzsche, 1844～1900) 、 蕭邦 (Fryderyk
Franciszek Chopin, 1810～1849) 、 湯瑪斯 · 曼 (Thomas Mann,
1875～1955)、巴哈 (Johann Sebastian Bach, 1685～1750)、布列東
(André Breton, 1896 ～1966) 的作品裡，尋求文學和音樂之間的平
衡共存點。

　　《被背叛的遺囑》的寫作像是長篇小說，相同的主角一再地
出現在全書 9 個部分裡，一如昆德拉老是想要表達的主旨。昆德
拉描述在歷史的光耀中，現代思想的沒落與凋零。這本書引人入
勝的地方在於，昆德拉具有令人折服的能力，讓人不斷地體驗感
受到他那種反諷的情懷與細膩。

　　昆德拉善於用幽默的語調描繪人類際遇，他的作品深邃精緻，
充滿了人生智慧，在世界許多地方掀起了「米蘭 · 昆德拉熱」。

5. 伊凡‧克里瑪

當代捷克知名的小說家兼劇作家伊凡‧克里瑪 (Ivan Klíma, 1931～) 誕生於一個信奉新教的猶太家庭。第二次世界大戰期間,被關在納粹集中營三年。在大學裡讀文學,之後擔任《文學報》(*Literarni Noviny*) 的副編輯,曾經加入捷克斯洛伐克共產黨。他是個知名的作家,作品通常被視為激進的,甚至還被貼上異議分子的標籤,這讓他付出相當的代價,在國內丟了工作。

克里瑪的創作風格和昆德拉有幾許相似之處,尤其是在主角人物的情色描述上。他以幽默的筆調面對真實生活,處理人們生存處境的問題,也特別突顯政治性觀點,更是東歐重整以來被西方世界重視的聲音。

《布拉格精神》(*The Spirit of Prague*) 是一部深入城市靈魂的散文集,品味這個城市所特有的歷史精神。1969 年他以訪問教授的身分去密西根安納堡大學 (Ann Arbor University) 客座,次年返國。之後從事的工作有救護車司機、信差、訪員等等,不過他還是持續寫作,並在《地下出版物》(*Samizdat*) 刊登。在當時共黨政權禁止作家寫作的時候,捷克流行起將其作品祕密發行,於地下流傳,以饗讀者。

捷克共黨政權崩解之後,一切解禁,所有被放逐的作家重回捷克故土,他的書也獲准公開出版。克里瑪的著作暢銷於英美等國,漸漸流行到世界各地。他的成名作有 《夏日情事》 (*A Summer Affair*),《愛與垃圾》(*Love and Garbage*),《我的初愛》(*My First Loves*),《審判》 (*Judge on Trial*),《我的好買賣》 (*My*

Golden Trades)，《等待暗夜》(Waiting for the Dark)，《等待光明》
(Waiting for the Light)，《親密》 (The Ultimate Intimacy) 和散文集
《布拉格精神》。 1999 年的作品 《無所謂的聖徒或天使》 (Ani
svatí, ani andelé)，場景是跨越第二次世界大戰、共黨統治及後共
黨時期的布拉格，談論的是偉大的靜謐和感情，探索相互接納和
瞭解的重要性，以及認命的能力。

《愛與垃圾》，他以比較寫實溫馨的手法探討男女之間隱晦的
情事，以回應他對昆德拉的小說《生命中不能承受之輕》之中厭
惡女性及譏諷的看法。

《我的初愛》的短篇故事是透過常人的眼光，去探討過去的
和另類的文化。克里瑪的風格易於解讀，甚至有時是以詩歌的方
式表達。他以一些原因，說服讓人不必去憐憫鐵幕中的人，來敘
述那裡的生活。書裡透露，即使在喝「燉牛肉湯」(goulash) 的共
產社會生活中，也是有其浪漫情懷的一面。如果想要研究鐵幕下
的生活，不要驚恐失措，也不要像是作學問一樣呆板。

克里瑪於 1997 年以加州柏克萊大學訪問教授的身分重抵美
國。克里瑪是國際筆會捷克分會的積極分子和發言人，現在居住
在布拉格。

6.哈維爾

曾經擔任捷克總統的哈維爾 (Václav Havel, 1936～2011) 是
一位劇作家、詩人、思想家、革命家和政治家，在捷克共產黨統
治時期， 長期受到政治迫害， 入獄多次。 身為 《七七憲章》
(Charter 77) 的成員， 哈維爾的文章當時只能以地下印刷方式出

版，私下流傳，後來譯成多種外文流傳國外。

　　哈維爾和同是 1936 年出生的朋友們組織了一個叫做 「三六人」的社團，出版雜誌、舉辦研討會，經常就文學、政治、經濟等問題進行辯論。哈維爾自承是一個社交型的人物。他的戲劇風格屬於荒誕派，喜歡用誇張的方式去喚起人們對於某些現實問題的注意。

　　哈維爾出生於布拉格的小康家庭，他的祖父曾經在布拉格建造一座文化會館，裡面有電影院、劇場和音樂廳。父親是一位土木工程師，開過飯店，叔叔是電影製片廠老闆，外祖父則曾經是縱橫中歐的捷克斯洛伐克外交官，當過部長，也寫小說和劇本。家學淵源的關係，充滿文藝才華的哈維爾從小就會寫詩和研究哲學問題。

　　1960 年代 ，哈維爾在劇院中工作 ， 開始時負責舞臺布景燈光，之後才成為劇評家。他在這段期間繼續在布拉格藝術學院接受教育。《花園派對》(*Na Zábradlí*) 是他擔任劇本顧問時期的第一齣戲，諷刺當時官僚體制的矯揉造作，深獲海內外的好評。隨著英國現代著名小說家喬治‧奧威爾 (George Orwell, 1903～1950) 的政治諷刺筆調，哈維爾開始對語言有興趣，他指導劇中主角如何官腔官調，如何追求政治聲望，內容刻畫極其生動。

　　1967 年哈維爾從藝術學院畢業之後，加入《面目》(*Tvář*) 生活文學週刊的編輯委員會，因風格犀利，旋即和保守的作家協會有所衝突。《面目》後來在 1969 年停刊，哈維爾也因為其作品被認為具危險性而遭受批判，並被撤除其一切職務。他和妻子奧爾

嘉 (Olga Šplíchalová, 1933～1996) 只能過著一種在國內流亡的生活，在他們位於赫拉德切克的農舍裡幽居。

失勢的共產黨文人，以及獨立作家，在相同的苦悶處境下，逐漸合流起來，他們仍然持續寫作，而以地下出版物的型式交換流通彼此的作品。為了改變狀況，哈維爾大膽地在 1975 年寫了一封公開信給胡薩克，指出看似平靜的社會生活背後隱藏的道德危機，但是若當人們再也無法忍受這種壓抑人性的體制，爆發出來的集體反抗力量，將可能在一夕之間摧毀政權。這封公開信為死寂的捷克斯洛伐克民間社會帶來一股活水，而當哈維爾的戲劇在地下演出而受到當局的批判時，哈維爾又寫了一封公開信給布拉格市長加以反擊。這些事情都受到西歐媒體和社會的關注。

1976 年，哈維爾認識了地下搖滾樂團，不久之後，這些樂手因反政府的罪名被捕，哈維爾投入救援的行動，積極連署請願，並且向國際社會尋求聲援。人們數次集會之後，發現捷克斯洛伐克政府於 1975 年曾經簽署了〈赫爾辛基協議〉，並且批准聯合國的〈國際人權公約〉，於是要求政府落實保障人權的承諾為主旨，於 1977 年提出《七七憲章宣言》。他的〈無權力者的權力〉一文更在國內和國際間廣為流傳，他疾呼人們堅持真實和道德，這是對抗和揭穿共產黨意識形態虛偽性的利器。之後，哈維爾被傳訊，同年 10 月以「危害共和國利益」為名判處十四個月有期徒刑；1979 年哈維爾更被以「顛覆共和國」名義判處有期徒刑四年半，引發國際社會的注意。

在坐牢的期間 (1979～1983)，哈維爾寫了大量的信件給妻子

奧爾嘉，充分表達了他對生命、歷史和人類社會的思考。這些書信被輯錄成《給奧爾嘉的信》(*Letters to Olga*; *Dopisy Olze*) 出版，吸引了全球眾多讀者。奧爾嘉積極呼籲國際的救援，哈維爾的著作在國外出版、戲劇在國外上演，歐洲議會要求捷克政府釋放哈維爾，加拿大和法國更以頒贈榮譽文學博士學位來表揚哈維爾的成就。1983 年哈維爾在國際壓力下獲得提前釋放，他仍繼續為《七七憲章》運動極力奔走。

　　1985 年，戈巴契夫出任蘇聯共產黨總書記，提出「新思維」與「改造」、「開放」概念，推動蘇聯的政治改革，1987 年底，更提出歐洲共同家園的主張，強調全歐合作，並且公開宣告放棄布里茲涅夫主義，強調尊重東歐各國人民選擇自己發展道路的權利。1988 年 8 月，布拉格大學生於蘇聯侵略捷克斯洛伐克二十週年，發起街頭抗議示威，得到布拉格民眾的廣泛支持，哈維爾則發起〈公民自由權運動宣言〉連署，反對共產黨在憲法中的領導地位。1989 年 1 月，在布拉格市區展開紀念在「布拉格之春」自焚犧牲的帕拉許 (Jan Palach, 1948～1969) 的示威活動之際，哈維爾再度以煽動群眾之罪名被捕，訪問捷克斯洛伐克的法國總統密特朗要求會見哈維爾。在服刑九個月後，哈維爾重回街頭，起草一份請願書，要求改革與對話。11 月，繼學生運動之後，參與簽名請願的人士組成「公民論壇」，發起全國大罷工，杜布契克重新復出，與群眾站在一起。戈巴契夫於此際公開承認 1968 年蘇聯入侵捷克斯洛伐克的歷史錯誤，給了捷克斯洛伐克共產黨政府致命的一擊，失去蘇聯撐腰的共產黨政治局總辭，大權在握二十年的總統胡薩

克辭職下臺，共產黨同意修憲，放棄憲法中的領導地位。

　　「公民論壇」與共產黨政府進行圓桌會議，達成繼任總統必須是無黨籍和捷克人的協議，哈維爾被擁護為繼任人選。12月29日，哈維爾走入布拉格城堡，成為捷克斯洛伐克的新總統，過去鎮壓他的政權和官員向他致敬。絲絨革命不流一滴血的成功，這是比他筆下的戲劇世界更富於戲劇性的當代傳奇。

　　1992年6月斯洛伐克民族主義政黨贏得大選，宣告獨立，哈維爾於7月辭去捷克斯洛伐克總統以示負責。1993年1月1日起，捷克和斯洛伐克成為兩個各自獨立的主權國家，哈維爾則當選為新成立的捷克共和國首任總統。

　　1996年1月，妻子奧爾嘉逝於癌病，得年62歲。12月，菸不離手的哈維爾本人也被確診得了肺癌，接受手術之後他戒菸了。1997年，他62歲再婚，在離捷波邊境不遠處的姆拉代布基(Mladé Buky)，也就是在四十年前與奧爾嘉締結良緣的教堂，娶了一位捷克劇院、影視界的名演員達瑪兒(Dagmar Veškrnová, 1953～)。這段忘年婚姻，初時輿論譁然，後來人們才逐漸釋懷以對。

　　1998年1月20日，再度贏得總統大選，開啟了第二個五年任期。4月14日，他在奧地利度假，由於腸穿孔接受緊急手術，幸而保住性命。

　　2003年2月2日卸下總統職位，淡出風風雨雨、動盪起伏的政治生涯。在告別了總統官邸與隨身保鏢之後，重返寫作的老本行。他在2007年11月推出舞臺劇《離開》(*Leaving*; *Odcházení*)，

次年 5 月初演時即造成轟動。但是，他的身體健康狀況每況愈下，在後來的歲月裡常為心肺宿疾纏擾。

　　2011 年 3 月 22 日，他執導拍攝的《離開》電影版在布拉格首演，妻子達瑪兒亦在片中擔綱演出。影迷們對於《離開》的褒貶不一，有的認為哈維爾在電影情節的詮釋手法不及其早期作品的淋漓。哈維爾的早期作品大多是嘲諷社會與針砭時事，以卡夫卡式黑色幽默來揶揄忘卻現實環境的桎梏與鬱悶。

　　2011 年 12 月 10 日，西藏精神領袖達賴喇嘛應邀來訪，展開歷史性的會面。18 日哈維爾在拉德瑟克 (Hrádeček) 鄉村家中睡夢裡安詳過世，享年 75 歲。

　　哈維爾外表謙沖儒雅，但個性剛毅不拔。他這一生有 5 年的時間在共產黨監獄中度過，遭祕密警察監視了 20 年。他擔任了 14 年總統，寫了 19 部劇本，是這一世代最不墨守成規的作家之一。

　　首都布拉格的總統府升起了黑旗，群眾聚集在瓦茲拉夫廣場，點燃燭火悼念他。捷克宣布全國從 12 月 21 日到 23 日哀悼三天，並於 23 日在聖維特主教座堂隆重舉行國葬。哈維爾總統的靈柩停放布拉格宮拉基斯拉夫斯基大廳 (Vladislavský sal)，供民眾憑弔。

　　德國總理梅克爾 (Angela Dorothea Merkel, 1954～) 在吊唁信中悼念 「一位偉大的歐洲人殞落 。」 (Společně s vámi truchlíme nad ztrátou velkého Evropana.) 美國總統歐巴馬亦揚頌 「他的言詞歷久彌新。」(His words will resonate well into the future.)

三、音　樂

　　音樂是捷克的生命，自古以來捷克人的生活裡總是少不了音
樂。波希米亞音樂隨著歷史發展，融合了多元的傳統元素，因而
有種特別的魅力。根據十一世紀基督教手稿的記載，當時民間已
有詩歌演唱活動，多屬宗教禮讚方面的。至十五世紀胡斯戰爭結
束後，波希米亞落入雅蓋隆王朝 (Jagiellonian dynasty, Jagellonci)
的掌控之中，音樂文化獲得更積極的交流與詮釋，為傳統的波希
米亞音樂大量注入了新生命。

　　十七世紀三十年宗教戰爭的爆發，抑制了興盛至極的波希米
亞音樂的發展，戰後波希米亞納入奧匈帝國的版圖，在文化上再
次與西歐融合。波希米亞的音樂逐漸恢復生機，音樂交流至十八
世紀晚期以後盛況空前，其中以莫札特的六次捷克之旅最為人所
樂道。進入十九世紀之後，整個波希米亞，尤其是主要城市布拉
格，進入一個嶄新的音樂世界。

　　十九世紀捷克著名的音樂家有史麥塔納、德弗札克 (Antonín
Dvořák, 1841～1904)、楊納傑克 (Leoš Janáček, 1854～1928)。德
弗札克 1893 年所創作的 E 小調第九號交響曲 「新世界」 (*From
the New World*)，其中第二樂章被我國譜以「念故鄉」之曲名，為
眾人所耳熟能詳。

1.史麥塔納

　　史麥塔納 (Bedřich Smetana, 1824～1884) 被尊為 「捷克音樂
之父」，是新浪漫主義作曲家，經常採用摩拉維亞、波希米亞和其

他民間音樂的節奏，作品洋溢著民族曲風和傳統民謠的旋律。史麥塔納的音樂豐富而多元，大部分是歌劇，也有交響樂曲、鋼琴曲等作品。他融合了民族音樂要素，自成一格，在國民樂派中占有一席之地。

史麥塔納自幼即展露天分，他未曾進過音樂學院，但是 5 歲時就能夠擔任四重奏的小提琴手，6 歲已經彈得一手好鋼琴，8 歲開始作曲。他曾經希望能夠 「作曲師法莫札特，演技直追李斯特」。

1848 年法國大革命的浪潮席捲全歐，波希米亞和匈牙利也都企圖掙脫奧地利的統治。但是由於派系分歧，導致革命終趨失敗，參與革命的人士因而遭受追緝與迫害。

史麥塔納因為曾經表態支持革命運動，所以也被奧地利當局

盯上了好一陣子，又加上喪女之痛，索性就在 1856 年遠避瑞典。在瑞典期間，除了擔任哥特堡 (Goteborg) 管弦樂團的指揮之外，還兼任教職，創作了大量的鋼琴曲和 「理查三世」(*Richard III*)、「華倫斯坦的軍營」(*Wallensteins Lager*)、「哈孔伯爵」(*Hakon Jarl*) 等 3 首交響曲。

1862 年重返布拉格之後，致力於歌劇創作，一共完成了 9 部，其中「被出賣的新娘」(*Prodaná nevěsta*) 和「李

圖 7：史麥塔納

圖 8：遙望史麥塔納紀念館

卜雪」十分受到歡迎。「被出賣的新娘」一劇融合了波希米亞的傳統舞曲，充滿了活潑趣味，堪稱波希米亞音樂的代表作。此外尚有「波希米亞的布蘭登堡人」(Braniboři v Čechách) 係改編於史實、「遠方的戰火」(Dalibor)、「兩個寡婦」(Dvě vdovy)、「吻」(Hubička)、「祕密」(Tajemství)、「撒旦的牆」(Čertova stěna)，以及未完成的「紫羅蘭」(Viola)。

　　史麥塔納在 1874 年創作交響曲「我的祖國」(*My Homeland, Má Vlast*) 的時候患了耳疾，但是他強忍苦楚，終於在 1879 年將樂譜完成。後來病情逐步惡化，漸失記憶，甚至嚴重到無法言語，最後被送至療養院度過餘生，1884 年 5 月 12 日逝世。

　　「我的祖國」以描繪波希米亞的歷史、傳說和風景而聞名，由 6 段樂章所組成：「維雪堡」(*Vyšehrad*)、「伏爾塔瓦河」(*Vltava*)、「薩爾卡」(*Šárka*)、「來自波希米亞的小樹林和河流」(*Z českých luhů a hájů*)、「塔波爾」(*Tábor*)、「布拉尼克」(*Blaník*)。這 6 段可以各自分開，也可以連成一貫，前 4 段描寫捷克的山川景色，後 2 段以胡斯戰爭為主題，發抒捷克的民族感情。如果對於捷克史地有所認識的話，則更能深入地欣賞樂曲的精妙之處。「我的祖國」細膩地描寫象徵捷克國魂的伏爾塔瓦河，此曲已成為捷克音樂的經典，捷克民族精神的象徵之一。

　　史麥塔納對於捷克音樂的現代化，可說是居功厥偉。捷克政府除了在布拉格查理橋畔設立紀念館紀念史麥塔納外，並在 1946 年舉辦第一屆的「布拉格之春音樂節」感念其貢獻。爾後每年以其逝世紀念日為活動開幕日，開幕序曲固定演奏「我的祖國」，整個節日除了邀請外國音樂家前來交流，亦充滿捷克的音樂文化。

2.德弗札克

　　德弗札克的成長背景與學習經歷和史麥塔納相仿。父親是肉商，經營一家小客棧。德弗札克童年時學過小提琴、中提琴、管風琴，從 9 歲起加入父親的小樂隊演出，同時也活躍於當地教堂的唱詩班。父親希望他繼承家業，因此小學畢業後便被送去學習

旅店經營。

後來遇上教堂風琴師李曼 (Antonín Liehmann, 1808～1897)，見其潛力不凡，於是傾囊相授。1857 年德弗札克進入布拉格管風琴學校就讀，對作曲理論最感興趣，埋首於研究莫札特、海頓、貝多芬、舒伯特、華格納和李斯特等人的作品，對日後作曲產生了重大影響。1862 年進入布拉格國家劇院樂團擔任中提琴手。

1871 年離開樂團，專心創作與教學。此時的他與女學生墜入情網，其中有約瑟芬‧瑟瑪蔻娃 (Josefina Čermáková) 和安娜‧瑟瑪蔻娃 (Anna Čermáková) 姊妹倆，他愛上了姊姊約瑟芬，未能締結連理，卻在 1873 年與妹妹安娜成婚。

1874 年到 1877 年之間，德弗札克三度得到奧地利的國家獎助金，讓擔任評審委員的布拉姆斯 (Johannes Brahms, 1833～1897) 發覺了他的才華，除了在作曲上給予指導外，更向柏林的出版人辛洛克 (Karl Joseph Simrock, 1802～1876) 大力推薦德弗札克。德弗札克著名的「斯拉夫舞曲集」(*Slovansk tance*) 便是在辛洛克的提議下創作出來的，該曲演出後，德弗札克立刻得到國際樂壇的注意。

德弗札克在世界樂壇上嶄露頭角後，許多傑出的演奏家常演奏他的作品，或是委託他創作新曲。1880 年他的「聖母悼歌」(*Stabat Mater*) 在海外

圖 9：德弗札克

首演之後聲名大噪，獲邀訪問英國。1891 年他獲得劍橋大學榮譽學位，並受聘為布拉格音樂學院的教授，1901 年成為該校的院長，一直到去世為止。

1892 年到 1895 年，德弗札克出任紐約國家音樂學院院長，這是他生命中的重要歷程，讓他有機會領略到美國黑人的聖歌和印地安旋律。從美國歸來後，再次到布拉格音樂學院上任。1893 年所創作的 E 小調第九號交響曲「新世界」(*From the New World, Z Nového světa*) 是他在美國創作的，美國名曲「念故鄉」(*Goin' home*) 即是其中第二樂章的歌唱版，而我國名音樂家李抱忱亦以「念故鄉」之名填詞，為眾人所耳熟能詳。

1904 年春天，德弗札克突然罹患嚴重的腎臟炎，4 月間的病情似乎有好轉跡象，然而至 5 月 1 日卻猝死於餐桌上，死因可能是腦溢血。德弗札克的曲風帶著濃厚的民族風味，充滿了民族色彩與地方風味，有很多出名的作品，聲名遠播，是波希米亞人民心目中的英雄。

3.楊納傑克

與史麥塔納、德弗札克同稱捷克三大音樂家的楊納傑克出身教師家庭，自幼即有音樂天分。父親送他入聖多瑪斯修道院 (Abbey of St. Thomas) 求學，奠定了良好的音樂素養。後來前往布拉格的管風琴學校進修，以音樂為畢生之職志。1881 年回到布爾諾，創立管風琴學校，也就是日後的布爾諾音樂學校。

年輕時即與德弗札克熟稔，風格屬於典型浪漫派的德弗札克是他的偶像和終身榜樣，早年創作有「組曲」(*Suita*)、「牧歌」

(*Idyla*) 和一首寫給管弦樂團的「慢板」
(*Adagio*)，曲風充滿著蓬勃的生命力，
卻又隱藏著幾許悲愴。

圖 10：楊納傑克

　　直到 1887 年歌劇 「莎爾卡」
(*Šárka*) 問世之後，他的風格才有所改
變。他潛心研究摩拉維亞和斯洛伐克
的民謠，將其精髓融入創作風格之中，
並鑽研捷克語的聲韻和音域。 他於
1888 年開始創作第一套民族舞蹈 「拉
弦舞曲」 (*Lašské tance*)，之後陸續推出歌劇作品 「養女」 (*Její
pastorkyňa*)。 1916 年 「養女」 在布拉格國家歌劇院的公演成功
後，楊納傑克才贏得熱烈掌聲，那年他已 62 歲，可謂大器晚成。

　　1917 年， 他認識了一位年輕的已婚婦人卡蜜拉 (Kamila
Stösslová, 1891～1935)。 雖然兩人始終未結褵，但是這段愛情賦
予楊納傑克更多的創作熱情與靈感，讓他在生命的最後十年裡完
成不少傳世的絕佳作品。他的創作靈感宛如泉湧，往往手稿處處
潑灑著班班墨跡，可想見當時振筆譜曲的電光石火。

　　楊納傑克創作了鋼琴奏鳴曲「一九〇五年十月一日在街頭」
(*Z ulice 1. X. 1905*)，是為了哀悼一位在示威行動中被刺殺殞命，
半工半讀的年輕工人帕夫立克 (František Pavlík, 1885～1905)；鋼
琴組曲 「荒草叢生的小徑上」 (*Po zarostlém chodníčku*) 充分抒發
他的內心情感，緬懷故鄉摩拉維亞，同時追憶早逝的獨生女奧嘉
(Olga Janáčková, 1882～1903)。

　　「拉弦舞曲」可以說是楊納傑克第一齣成熟的作品。舞曲有六個獨立的劇情，而 *Pilky* 可能是其中最受歡迎的作品，以摩拉維亞地區最著名的舞蹈，描述當地農民忙於準備過冬的生活寫照。1925 年楊納傑克重編樂曲，最後於 1928 年過世前不久在布拉格演出。

　　楊納傑克一直被視為捷克音樂發展的重要關鍵人，可是他的音樂生涯直到他過了耳順之年才真正步上坦途。他不僅是一位出色的作曲家，而且還是一位熱情的民族志學家。他的內心深藏著強烈的民族意識，刻意高舉民族主義大纛，一如匈牙利的巴爾托克 (Béla Viktor János Bartók, 1881～1945)。他不僅僅是關注音樂，還關心整個摩拉維亞人種學。他曾與著名的人類學家合作，包括《摩拉維亞民歌流行年鑑》的作者巴托什，還出版了數本著作。

四、藝　術

　　捷克的藝術伴隨著悠久歷史和時代的變化，經歷了不同風格的發展時期。羅馬式的繪畫作品分為圖書繪畫和壁畫兩種。捷克最古老的圖書繪畫作品是十世紀時的彩繪書稿《關於聖瓦茨拉夫的傳說》(*Gumpoldovy legendy o sv. Václavovi*)，風格屬於日耳曼薩克遜流派。另一傑出作品是十一世紀末的《維謝赫拉德法典》(*Kodex vyšehradský*)，插圖豐富，也繼承了日耳曼畫風，已具有本土特色，屬於捷克最重要的圖書繪品之一，也被視為全歐洲的經典之作。

　　羅馬式壁畫中最重要的作品是茲諾伊莫城堡 (Znojemský

hrad) 內聖卡特琳娜圓形大廳 (Rotunda svaté Kateřiny) 的壁畫，描繪普列米斯 (Přemysl) 家族的歷史淵源。 另一是在赫拉德查尼 (Hradčany) 的聖伊日大教堂 (Bazilika sv. Jiří) 的壁畫，也具有拜占庭－義大利風格。

十四世紀初，哥德式風格進入捷克圖繪領域。最古老的作品是一些讚美詩集，融合了英格蘭風格和當時國內傳統的義大利風格。《韋利斯拉夫聖經》(Velislavova Bible) 是其中的經典之作，這本獨特的帶有圖畫的《聖經》，是中世紀最廣泛的圖畫書之一。羊皮紙手稿原件典藏在布拉格的捷克國家圖書館 (the Czech National Library, Národní knihovna Ceské republiky) 裡，傳說該手抄本是幾位畫家的集體創作，可能是為了獻給神聖羅馬帝國皇帝查理四世。

在查理四世和瓦茨拉夫四世統治時期，在布拉格的美術流派所創作的壁畫、版畫和圖書繪畫風靡全歐洲。1400 年前後，捷克版畫創作水準達到歐洲的頂點。

巴洛克式鼎盛時期的作品裝飾了許多宮殿、教堂、小禮拜堂和其他建築物，這是十九世紀捷克藝術的優良傳統。

捷克藝術在二十世紀的一個重要風潮是立體主義的興起，最具創意的時期是 1910～1919 年間。由於視覺藝術家的工作風格，捷克立體主義的呈現往往多與建築體相關，所以布拉格好像成了立體主義的城市。

捷克在視覺的和造型方面所創建的藝術，在國際藝術界蔚為風潮，一些藝術家已獲得世界的推崇。譬如被視為新藝術風格重

要代表性人物的當推阿爾豐斯・慕夏 (Alfons Maria Mucha, 1860～1939)，或者是抽象藝術先驅庫普卡 (František Kupka, 1871～1957)，以及現代繪畫畫家兼藝術評論家庫比史塔 (Bohumil Kubišta, 1884～1918)。

1.阿爾豐斯・慕夏

慕夏出生於捷克摩拉維亞，自幼即展現對於繪畫的興趣與天分。1879 年，進入了維也納的劇場設計公司工作，同時繼續其非正式藝術教育。1881 年，回到摩拉維亞成為自由接案的畫家，後來得到一位伯爵的資助，前往慕尼黑美術學校接受正式的藝術教育，並於 1887 年來到巴黎。

在巴黎期間，慕夏以提供插畫為生。在一個機緣之下，為巴黎著名舞臺劇和電影女演員莎拉・伯恩哈特 (Sarah Bernhardt, 1844～1923) 設計海報，因而得到青睞。十九世紀末至二十世紀初，正是一個新藝術風格馳揚的時代，此時藝術變化頻繁，為閃耀奪目綻放光芒的一刻。慕夏來到巴黎，正處於歷史的轉折點，其作品具鮮明的新藝術運動特徵，也有強烈的個人特質，正是這個時代的象徵。

慕夏是捷克國寶級畫家與藝術家，其創作是現代裝飾設計的典範。他堅信設計是從內心而生，藝術的存在僅為傳遞精神上的訊息而已。他對於自己在藝術界的聲譽不以為傲，而專注於締造更崇高的境界。他是捷克在國外最有聲譽的畫家之一，也設計了捷克最早期的郵票。

第一次大戰之後，他從事「斯拉夫史詩」(*Slovanská epopej*)

的創作系列，直到 1928 年方告完成，共由 20 幅畫組成，其中 10 幅描述捷克歷史，另外 10 幅則是關於其他斯拉夫民族的歷史，這套畫組是視覺探索及頌揚東歐斯拉夫民族歷史的藝術傑作。

當 1939 年德軍入侵捷克斯洛伐克，慕夏是第一個被納粹祕密警察逮捕的藝術家。他在一連串的折磨中得了肺炎，當年 7 月 14 日過世，葬於伏爾塔瓦河畔山丘上的高堡 (Vyšehrad) 公墓。

2.馬克斯‧什瓦賓斯基

什瓦賓斯基 (Max Švabinský, 1873～1962) 是布拉格形象藝術學院成員，他的作品涵蓋多種風格，是二十世紀最著名的民俗畫家之一。早期的藝術作品表現出現實主義、象徵主義和新藝術傾向。他曾替聖維特主教座堂 (Katedrála svatého Víta) 創作了彩色玻璃畫「神的賜予」和「最後的審判」，堪稱藝術精品。他是少數為共產黨政權所接納的藝術家，經常受政府官員委託畫像。1945 年被授予「民族藝術家」稱號。

3.弗朗奇思克‧庫普卡

弗朗奇思克‧庫普卡 (František Kupka, 1871～1957) 也是國際上最知名的捷克藝術家之一，他的作品不斷地演變，終而成為印象派的先驅，是歐洲抽象繪畫的古典主義者。

早歲他醉心於天主教修道院的壁畫和僧侶們的繪畫，在 1894 年去了巴黎，在學院上課之餘，兼差為雜誌和圖書畫畫插圖，在二十世紀的頭十年，他的插畫、刻畫和印刷還頗有名氣。他的作品呈現新藝術派的混合物，有著法國的象徵主義和歐洲東部的裝飾主義。

4.博胡米爾・庫比史塔

　　捷克現代繪畫畫家兼藝術評論家博胡米爾・庫比史塔 (Bohumil Kubišta, 1884～1918) 是立體主義的重要藝術家，他的作品還深受法國藝術家塞尚 (Paul Cézanne, 1839～1906) 以及西班牙畢卡索 (Pablo Picasso, 1881～1973) 畫風的影響。

5.大衛・徹爾尼

　　當代捷克藝術界最引人注目的事件及人物之一是 2009 年雕塑家大衛・徹爾尼 (David Černý, 1967～) 為紀念捷克接任歐盟輪值主席國而展出的一個名為「歐貝通」(*Entropa*) 的創作，採用裝置藝術方式呈現 27 個歐盟國家的特色與組合。

　　徹爾尼曾在 1991 年將布拉格市中心戰爭紀念館的蘇聯坦克畫成粉紅色，諷刺蘇聯的統治，在那個共產主義時代觸犯了禁忌，因而被拘捕。他的作品呈現強烈的幽默感，對社會的反諷和批判因風格前衛很具爭議性，在布拉格隨處可見著其特立獨行的影子。

五、科　學

1.格雷戈爾・孟德爾

　　遺傳學之父孟德爾 (Gregor Johann Mendel, 1822～1884) 出生於西里西亞，童年時曾擔任園丁，1840 年當修士。1844 年入布爾諾神學院，學習宗教、神學、哲學、教育及農學，畢業後在布爾諾堂區工作。1847 年任職神父，1851～1853 年到維也納大學學習自然科學。

　　1856 年，從維也納大學回到布爾諾之後，即開始了長達 8 年

的豌豆雜交實驗，研究生物的特性，發現遺傳特徵是由不同基因綜合表現的結果，而不是連續的混合，即顯性原則，並總結出了顯性原則、分離定律（孟德爾第一定律）及自由組合定律（孟德爾第二定律），揭示了生物遺傳奧祕的基本規律，後世稱之為「孟德爾定律」。 他的這些研究心得在其生前並未受到重視 ， 直到 1900 年，才被後來的學者分別予以證實，於是孟德爾學說重新被人發現與重視，成為近代遺傳學的基礎，從此孟德爾也被公認為遺傳學的奠基者。

2.費迪南德‧斯特里茨卡

費迪南德‧斯特里茨卡 (Ferdinand Stoliczka, 1838～1874) 是摩拉維亞的古生物學家，在印度進行地質、古生物學和自然史的研究計 12 年 ， 獲得了卓越的成就 。 他在印度克什米爾拉達克 (Ladakh) 的田野調查總共記錄了 225 種鳥類的生態，其中有 15 個物種及亞種以他的姓氏 Stoliczka 來命名。他曾發表了 79 篇科學研究報告，更了不起的是，他繪製了喜馬拉雅山廣大地區的地質圖。他最後在喜馬拉雅山脈的一次探險中，奉獻了自己的生命。

為了紀念他的傑出成就 ， 他的雕像矗立在家鄉克羅梅日 (Kroměříž) 的法學院和印度加爾各答地質調查研究所裡。捷克共和國還發行了一張有他的肖像和喜馬拉雅山的紀念郵票。在北冰洋上，也有座名為 Stoliczka 的小島以紀念他在科學上的貢獻。

第七節　布拉格風情

　　布拉格是一座非常古老的城市，是世界最美麗的城市之一，人口約 120 萬，1918 年成為捷克的首都。城市分為舊城區 (Staré Město)、新城區 (Nové Město)、城堡區和小城區 (Malá Strana) 四部分，市內的建築物如羅馬式、哥德式、文藝復興式、巴洛克式，許多古建築物上高塔聳立，故布拉格又有「百塔城」之稱。早在十四世紀末，這裡就是中歐經濟和文化的中心。1918 年成為捷克的首都，是國內和國際間的交通樞紐，全國最大的機械製造工業基地，光學儀器、食品、化學、紡織、皮革、印刷等行業也都很發達。在布拉格保留下來的文物古蹟非常多，像著名的天文鐘樓、

圖 11：布拉格

布拉格城堡 (Pražský Hrad) 、 卡夫卡廣場等充滿奇妙和神祕的風味。布拉格的小城區保留著中世紀的城市風貌，窄窄的街巷、石砌的小路、昏黃的煤氣街燈、簡陋的小酒鋪、獨特的門楣裝飾以及靜謐的公園使人發思古之幽情。

　　小城區是布拉格一個古老的城區，位於伏爾塔瓦河左岸，緊臨布拉格城堡下方的山坡，正對右岸的大城，兩區之間以查理大橋相連。在中世紀，這裡擁有大量貴族宮殿，日耳曼裔居多，而右岸以捷克人為主，商人較多。

主要景點

1.布拉格城堡

　　早在九世紀下半葉，建於伏爾塔瓦河的山丘制高點上，迄今已有一千多年歷史。在捷克人的古老傳說中，它是波希米亞王朝的王權所在地，位於布拉格南方 3 公里、伏爾塔瓦河東岸的維雪堡 (Vyšehrad) ，這座巍峨的城堡牽動整個捷克歷史而有不朽的地位。至於波希米亞王朝的第一個大公，也是唯一的女大公李卜雪 (Libuše) 為什麼將王宮建在維雪堡，目前還無從考據。

　　十四世紀查理四世時期進行了大規模的擴建，是歷代國王的城堡和宮殿所在地，百年之間所有波希米亞國王都是在此加冕登基，這裡保存了古老的建築、豐富的文獻資料和藝術珍品。十五及十七世紀，城堡經歷二次宗教戰爭。1483 年進行一次大規模的重建，當時是雅蓋隆拉吉斯拉夫二世時代，他在宮殿中央位置修建一間華麗的大房間，有著雙拱圓頂。在這裡可以進行王位加冕

儀式，舉行重要會議、宴會。甚至天氣不好時，還可以挪作室內馬上長槍比武的場所，全副武裝的騎士進出其間無礙，可以想見其寬敞。近年來，也被提供作為總統大選的投票所之用。

　　由正門進入是第一中庭，盡頭為馬嘉斯大門，穿過大門後即為第二中庭，右側是聖十字教堂。在第三中庭可見到氣勢雄偉的聖維特大教堂。馬嘉斯大門左側，過了火藥塔之後，右邊就是皇家花園及夏宮望景樓。

　　捷克斯洛伐克共和國立國以來，歷屆總統辦公室均設在堡內，所以又稱為「總統府」，是布拉格的政治宗教中心。堡內有教堂和名人墓，名人墓裡長眠著 200 餘位捷克歷史上著名的文學藝術家。

2.聖維特主教座堂

　　聖維特主教座堂的全名是聖維特、聖瓦茨拉夫和聖阿達爾貝特主教座堂 (Katedrála svatého Víta, Václava a Vojtěcha)，它是天主教布拉格總教區的主教座堂，也是捷克最大、最重要的一座教堂。大教堂的主塔高 96.5 公尺，前塔高 82 公尺，拱高 33.2 公尺，屬於布拉格城堡建築的一部分。

　　最早座落於此的也是一座教堂，是大約建於 929 年的羅馬式圓形建築，由波希米亞公爵瓦茨拉夫一世 (Václav I, 907?～935?) 飭令興建奉獻給聖維特的。瓦茨拉夫選擇了聖維特做主保的原因，是他從薩克森公爵亨利一世 (Henry the Fowler, Heinrich I der Vogler, 876?～936?) 那兒得到了聖維特的手臂這個聖髑。

　　1060 年，斯皮季赫涅夫二世 (Spytihněv II, 1031～1061) 因為信徒增加，原來的建築已不夠容納，因而擴建。主教座堂的設計

圖 12：聖維特主教座堂

圖 13：聖維特主教座堂內部

圖 14：聖維特主教座堂壁畫

仿效神聖羅馬帝國，有著半圓拱為特徵的建築。

　　1344 年由查理四世 (Karel IV, 1316～1378) 聘請法蘭西建築師阿拉斯 (Mathieu d'Arras, 1290?～1352) 起建，繼由日耳曼建築師巴勒 (Peter von Parlerz; Petr Parléř, 1330?～1399) 接手，之後歷經約六百年的歲月，直至 1929 年方告完工。在 1861 年捷克民族復興期間，還增添了許多文藝復興和巴洛克式的裝飾，成為歐洲第四大教堂，也是歐洲最大的哥德式教堂之一，對於中歐後期哥德式風格的發展頗具影響。

　　主教座堂裡保存著國王的王冠和加冕用的權杖，裡面還有波希米亞王室陵墓，著名的有聖瓦茨拉夫、查理四世及斐迪南一世 (Ferdinand I Habsburský, 1503～1564) 家族的墳墓。瓦茨拉夫一世因為封聖，所以他的墳單獨置於金色小聖堂之中。這個小聖堂是巴勒於 1344～1364 年修建的，牆壁裝飾著由 1,300 塊金箔鑲寶石作的哥德式壁畫，敘述《聖經》的故事和聖瓦茨拉夫的生平。教堂的拱廊還有雕琢精緻的皇室徽章。

　　此外，裡面還有聖徒若望‧桌玻穆 (Jan Nepomucký, 1345～1393) 的巴洛克式銀墓，是用兩噸白銀打造的。桌玻穆神父曾任布拉格總主教的助理，王后若亞納 (Joanna of Bavaria, 1362?～1386) 總是向他告解，稱之為聽解之神父。由於國王瓦茨拉夫四世 (Václav IV, 1361～1419) 對王后疑忌，而桌玻穆堅不吐露其告解的祕密，國王惱怒之餘，下令將其從查理大橋扔進伏爾塔瓦河淹死。桌玻穆神父是天主教會裡第一位因保守聽解祕密而殉道的人，1729 年 3 月 19 日封聖，如今他的雕像矗立在橋上，成為查

理大橋的守護神。

　　大廳裡充滿了二十世紀初著名的捷克藝術家創作的彩繪玻璃窗，新藝術風格藝術家慕夏的油繪作品，置於第三個小聖堂裡玻璃窗邊的牆上，描述的是聖西里爾 (Svatý Konstantin, 827?～869) 和聖默多狄 (Svatý Metoděj, 815～885) 兩位教士。聖西里爾身著棕色僧袍，直立目視前方，右手指向上帝；穿著大主教法衣的聖默多狄，跪仰上帝，一個金色十字架橫置於其膝前，上有經卷和主教法冠。

　　在大廳南方有一大片彩色繽紛的窗戶，是捷克「民族藝術家」什瓦賓斯基的創作，敘述「最後的審判」的情節，在右下角可以見到地獄之火熊熊燃燒。大廳北方廊道，在巴洛克式管風琴下方，有三個裝飾著波希米亞聖徒浮雕的雕花木門。左邊門上有遭受滾油酷刑的聖維特，還有旁邊是聖瓦茨拉夫被其弟波列斯拉夫一世 (Boleslav I, 915?～967?) 以長矛刺穿後背，扶著獅頭門把，跪倒在地的圖像。

　　聖維特主教座堂裡的典藏，歷經胡斯戰爭和爾後幾次社會大動盪，遭受重大損失。即便如此，主教座堂擁有的珍貴文物還是令人嘆為觀止。其中查理四世時代最優秀的創作有黃金打造的十字聖物匣、王冠等珍品。某些物件如水晶十字架、最後的晚餐中存置桌布的水晶盒匣等，它們的形式和材料雖然簡單，但是工藝卻是精雕細琢的。

　　在迴廊的北邊，聖器室和告解室旁的木浮雕，描繪白山之役 (Bitva na Bílé hoře) 天主教徒獲勝，新教徒國王帕拉丁腓特烈五世

(Fridrich Falcký, 1596～1632) 乘馬車倉皇逃出布拉格的情景。

3.皇宮 (Starý královský palác)

這裡是城堡最古老的區塊之一，充滿了歷史經典和趣味。早在九世紀時這裡原是木造建築，曾是波希米亞王儲們活動之處。整個建築的建造歷經了三個不同時期。 第一次是在 1135 年的時候，索別斯拉夫一世 (Soběslav I, 1090?～1140) 在木造結構的原址上，改以石材建構的羅馬式宮殿，作為國王的宮殿。之後奧塔卡二世 (Přemysl Otakar II, 1233?～1278) 時代將它擴建，他在位時期是波希米亞最強大的時代。到了十四世紀時，查理四世將神聖羅馬帝國皇宮設於此處，波希米亞布拉格成為中歐文化中心。

皇宮在胡斯戰爭期間曾遭毀損， 國王雅蓋隆的拉吉斯拉夫 (Vladislav Jagellonský, 1456～1516) 將之修復，並且增建了橫翼的部分。 在 1541 年遭遇一場火災之後， 哈布斯堡的斐迪南一世 (Ferdinand I Habsburský, 1503～1564) 進行了最後一次重大的改建，恢復舊觀。

最早波希米亞新教徒的教改衝突地點，就是發生在最東邊的房間， 1618 年 5 月 23 日兩個當地的執政官及隨從被扔出路德維克側廳 (Ludvík křídlo) 的窗外，幸好掉在 15 公尺下的糞堆裡沒有摔死。這就是著名的「拋出窗外」事件，因此引發了「三十年戰爭」。

皇宮裡最特別的是宮殿中心的哥德式拉吉斯拉夫大廳 (Vladislavský sál) ， 是中世紀布拉格最大的大廳， 由建築師雷特 (Benedikt Rejt z Pístova, 1451?～1536?) 在 1487～1500 年間建造，

醒目挑高的弧形肋拱令人嘆為觀止。胡斯戰爭讓中歐地區的文化
發展停滯了好幾十年，到了 1480 年代，也就是雅蓋隆的拉吉斯拉
夫統治期間，王室和貴族們開始在多瑙河流域廣徵良工名匠來興
建宮殿府邸。雷特就是在這個機緣下建造了拉吉斯拉夫大廳。這
個大廳曾經是中世紀波希米亞王室日常活動的空間，今日則是捷
克政府舉行重大慶典活動的場地。它有個通道通往大廳盡頭，可
以騎著馬直接從聖喬治廣場 (Svatojirské námestí) 進入大廳。

4. 聖喬治修道院 (klášter svatého Jiří)

　　聖喬治修道院是瓦茨拉夫一世大約在 920 年飭建的，925 年
獻給教會，是布拉格城堡的第二座教堂。在 976 年的時候，成為
本篤會 (Order of Saint Benedict) 修道院的一部分，因此也是波希
米亞第一個修道院，首任院長是
虔誠者波列斯拉夫二世
(Boleslav II Pobožný, 932? ～
999) 的妹妹瑪拉達 (Mlada
Přemyslovna, 930/935～994?)。

　　大約在 965～969 年的時
候，她被父親送到羅馬教宗若望
十三 (Pope John XIII, 930? ～
972) 那裡，請求允許在波希米亞
和摩拉維亞設立一個獨立的教
區。這項談判任務是艱難的。那
時候波希米亞屬於慕尼黑－弗

圖 15：聖喬治修道院

萊辛總教區 (Erzbistum München und Freising) 的雷根斯堡主教區 (Diecéze řezenská)，而主教拒絕放棄來自於波希米亞教堂的收入，直到 972 年他去世之後情勢才得以轉圜。瑪拉達在當年冬天回到布拉格，976 年布拉格終於有了自己的教區。

瑪拉達的外交使命也帶回另一個成就，就是准許設立一個波希米亞最早的女子修道院。當她在羅馬尼亞停留期間，她加入了本篤會，接受教名瑪麗亞，並被任命為院長。這是她能夠帶領新成立的聖喬治修道院的機緣，後來她在修道院裡靜修服侍終生。

修道院在 1142 年曾毀於大火，之後重建成為帶有後殿和兩個尖塔的羅馬式教堂，從前的地基還殘留著。後來又還修建了好幾回。

十三世紀上半葉，在南邊添增了哥德式聖柳吉米拉小聖堂 (Kaple sv. Ludmily) 和西側的門廊。第一位波希米亞天主教烈女聖柳吉米拉 (Ludmila of Bohemia, Svatá Ludmila, 860?～921) 就葬在這裡，她是波吉瓦一世 (Bořivoj I, 852?～889?) 的遺孀，在跪禱中被勒斃。

十八世紀初又增加了巴洛克式的聖若望小聖堂 (Kaple sv. Jana Nepomuckého)。1782 年修道院曾一度被部隊占領當作軍營，1887～1908 年間重修，恢復其羅馬式外觀。1962 年重建後，納入國家美術館的一部分，收藏有大量中世紀的繪畫藝術精品。修道院內有各種宗教題材的壁畫，並陳列著一些雕像，穹頂的「耶路撒冷」、「聖母加冕」都是絕世精品。

5.望景樓 (Belvedér)

望景樓正名是「安妮女王夏宮」 (Letohrádek královny Anny,

Belvedér)，即是座落於布拉格城堡裡皇家花園東邊的一座文藝復興建築，建於 1538～1565 年間，是斐迪南一世 (Ferdinand I, 1503～1564) 為妻子安娜‧雅蓋隆 (Anna Jagiellonka, 1503～1547) 興建的，現在是藝術畫廊和展覽中心。在十八世紀末，奧地利軍隊曾留駐於此。1836 年重修時，一樓大廳的壁畫題材即以波希米亞的歷史為背景。

斐迪南一世是哈布斯堡王朝的奧地利大公 (1520～1564) 和神聖羅馬帝國皇帝 (1556～1558)。他在 1521 年 5 月 25 日與波希米亞兼匈牙利國王雅蓋隆的拉吉斯拉夫之女安娜結婚，這椿婚姻使得波希米亞與匈牙利同時成為哈布斯堡領地 。 斐迪南一世於 1526 年成為匈牙利和波希米亞的國王。

1541 年的一場大火燒毀了布拉格城堡的大部分地區。哈布斯堡王朝陸續添增了一些新的文藝復興時期風格的建築物。

望景樓前面有個音樂噴泉 (Zpívající fontána)，因流水噴落在碗型青銅鑄器裡發出叮咚聲而得名。這個青銅噴泉裝飾著華麗的人物雕刻，是雅洛許 (Tomáš Jaroš z Brna, 1500～1571) 歷經四載打造出來的，他也是聖維特主教座堂大鐘的製

圖 16：望景樓前的音樂噴泉

作人。

夏宮中大部分的雕塑繪畫藝術作品在 1648 年被瑞典軍隊摧毀或劫掠，這是三十年戰爭的最後一場戰役。

6.皇家花園 (Kralovska Zahrada)

1534 年為斐迪南一世所建，早先是一處葡萄園。當時從維也納請來白俄羅斯人類學家法蘭西斯克‧史卡立訥 (Francišak Skaryna, 1490～1551) 教種珍奇植物，花園裡有一塊刻有「新世界」字樣的紀念碑用以紀念他。

1730 ～ 1731 年 由 克 里 安 ‧ 滇 岑 霍 夫 (Kilián Ingnáz Dientzenhofer, 1689～1751) 設計建造，充滿巴洛克式風味。1757 年普魯士入侵時，遭砲火摧殘，幾乎毀壞殆盡，無一倖免。十八世紀末重新修建成為夏宮。隨著花園內部逐漸擴增，裡面有迷宮、射擊場、涼亭、溫室、橘園、無花果樹屋、池塘和噴泉，裝飾有許多世界知名雕塑品。後來王宮搬遷到維也納，花園也就失去其重要性，在三十年戰爭中又慘遭嚴重破壞。十九世紀才又修復成為公園，是布拉格最漂亮的花園。

7.施坦伯格宮 (Šternberský Palác)

這座建造於 1692 年的巴洛克式建築，是金羊毛騎士團 (the Order of the Golden Fleece) 的騎士瓦伊德克伯爵 (Václav Vojtěch ze Šternberka, 1640?～1708) 從維也納敦聘建築師建造的。瓦伊德克去世的時候，建築還沒完成，新屋主李奧波德伯爵 (František Leopold ze Šternberka, 1680～1745) 卻沒繼續建造，但是它精緻的內部裝潢稱得上是當時布拉格最美麗的建築物之一。1949 年這裡

擴建成國家美術館，珍藏義大利中世紀、拿破崙時代等地區的許多藝術品，從前曾經綻放的藝術光輝得以重現。這裡有一橫匾，上面寫著：「從古典時期到巴洛克時代結束的歐洲藝術」，足見其盛名。

8.洛雷托聖殿 (Prague Loreto)

　　具巴洛克風格的洛雷托建築群是 1626 年由貴族羅勃克維茲家族的凱薩琳夫人 (Baroness Benigna Katharina von Lobkowitz, 1594～1653) 所建，其中心有聖殿 (Santa Casa)。當時篤信天主教的國王斐迪南二世為了安撫尋求宗教改革的胡斯教徒們，特別將義大利的洛雷托聖殿複製了 50 座，分送至波希米亞各地，希望加強人民對天主教的信念，而布拉格的洛雷托聖殿就是其中最經典、保存最好的一座。聖殿裡的大多數物件是十七世紀保存下來的。

圖 17：洛雷托聖殿

中庭聖母升天噴水池旁的巴洛克式鐘塔，有 30 座鐘垂吊於上，那些鐘是小城區的富商艾柏哈德‧格勞蕭 (Eberhard von Glauchau) 委託阿姆斯特丹製鐘名家弗萊米 (Claudy Fremy, 1646～1699) 打造，贈給洛雷托聖殿。每座鐘都有一位高階貴族贊助，李奧波特一世皇帝 (Leopold I, 1640～1705; Holy Roman Emperor, 1658～1705) 想當然耳一定是排名居首。1695 年 8 月 15 日這些鐘被安置入樓塔，祝聖儀式非常盛大，頗具歷史意義。數個月之後，布拉格的鐘匠彼得‧紐曼 (Peter Neumann) 替鐘塔安置了一套複雜的鐘樂鳴奏機關，一直鳴響迄今。

9.華倫斯坦宮 (Valdštejnský palác)

這座宮殿座落在小城區內，是波希米亞傑出的軍事家華倫斯坦 (Albrecht of Wallenstein, Albrecht Václav Eusebius z Valdštejna, 1583～1634) 於 1624～1630 年間所建。宮殿建築的靈感主要來自於義大利倫巴底大區和熱那亞的貴族豪宅，是捷克早期最重要的巴洛克建築之一。

華倫斯坦在 1618 年對付波希米亞新教起義，並於 1620 年白山之役擊潰新教聯盟。獲得軍事上一系列的勝利，提高了華倫斯坦在神聖羅馬帝國的聲譽，1623 年被授予帝國公爵，之後統領波希米亞北方的弗里德蘭公國 (Frýdlantské Vévodství)。在三十年戰爭期間，華倫斯坦指揮神聖羅馬帝國哈布斯堡王朝軍隊與反哈布斯堡聯盟作戰，使他成為神聖羅馬帝國最富有和最有影響力的人之一，也成為皇帝斐迪南二世的最高統帥。權力慾望使他沉淪腐化，他毫不忌諱地把宅邸建得華麗十足，足以媲美布拉格城堡。

　　華倫斯坦驕傲自大的個性，讓皇帝斐迪南二世心生戒懼，乃決定將之除去以杜後患，終在 1634 年將他暗殺。

　　華倫斯坦大起大落的際遇，其實在日耳曼的天文學家克卜勒 (Johannes Kepler, 1571～1630) 的預言中一一應驗。他受聘於華倫斯坦時，就曾警告有一股反對華倫斯坦的勢力將興起，而且動亂持續到 1634 年。華倫斯坦極度相信占星術，因此在自己的宮中給克卜勒一間專屬的工作室，不過克卜勒在華倫斯坦身邊工作的時間不長。

　　這位在白山時代最有權勢的貴族死後，除了華倫斯坦宮留給妻子伊莎貝拉‧卡特琳娜 (Isabella Kateřina) 之外，其他所有財產都被充公。之後，伊莎貝拉‧卡特琳娜將此宮殿賣給華倫斯坦的堂弟麥西米倫一世伯爵 (Maximilian I, 1573～1651; Duke of Bavaria, 1597～1651)，其後人一直居住到 1945 年才交給捷克政府使用，今天這裡是捷克國會的參議院。

10. **小城區聖尼古拉斯教堂 (chrám svatého Mikuláše na Malé Straně)**

　　在布拉格名為「聖尼古拉斯」(svatého Mikuláše) 的教堂有三個，當然也就容易產生混淆。其中兩個同由著名的巴洛克風格建築師克里斯多福‧滇岑霍夫 (Kryštof Dientzenhofer, 1655～1722) 父子所建：其一位於舊城廣場 (Staroměstské náměstí)，另一在小城區內。

　　小城區聖尼古拉斯教堂是布拉格最大的教堂，也是最著名的巴洛克建築之一，座落在從前 1283 年的教區教堂遺址上，堪稱布拉格的主要地標，也是小城區最華麗的地方。由巴伐利亞的巴洛

圖 18：聖尼古拉斯教堂

克風格建築師克里斯多福・滇岑霍夫起造於 1703 年，之後兒子奇樑・滇岑霍夫 (Kilián Ignác Dientzenhofer, 1689～1751) 接手，最後由奇樑・滇岑霍夫的女婿魯拉戈 (Anselmo Martino Lurago, 1701～1765) 於 1755 年將它完成，可惜滇岑霍夫父子都無緣見到這項傲世傑作的呈現。克里斯多福・滇岑霍夫曾大量地為波希米亞的貴族和教會建造建築，帶有強烈的巴洛克風格；而魯拉戈是巴洛克時代的簡中翹楚，1752年被任命建造布拉格宮廷。

教堂擁有獨特的拱頂和巨碩堅實的圓頂，內部裝飾著華麗的雕像、繪畫和壁畫，都是當代一時之選。其中最宏偉的壁畫當屬位於 70 公尺高穹頂上的 「天主聖三節」 (*Oslava Nejsvětější Trojice*) ，這是弗朗茲・帕爾科 (František Xaver Palko, 1724～1770?) 的傑作。閣樓裡有個管風琴，製作於 1745～1747 年，音管超過 4,000 個，莫札特來布拉格時曾演奏過這個管風琴。

其他精緻的畫作還有在內波穆克 (Nepomuk) 的聖若望小聖堂 (Kaple Sv. Jana Nepomuckého) 天花板上「聖尼古拉斯的典範」 (*Apoteóza sv Mikuláše*)，祭壇上「聖母瑪利亞的探視」 (*Navštíveni*

Panny Marie)，和以基督受難系列為主題的十幅畫等等，不勝枚舉！

　　這個教堂鐘樓還有個特別的地方，就是教會本身為天主教所擁有，鐘樓卻屬於小城區市政府的資產。從小城區的徽章，以及鐘樓內有其通往廣場的入口和自己的門牌號碼就可以看出箇中原委來，一般宗教建築通常沒有門牌號碼的。

　　教堂鐘樓高 79 公尺，鐘樓裡樓層通道高 65 公尺，有 299 個階梯。1891 年，鐘樓兼具城市守護塔的功能，如果白晝發現火警，值班人員及時揮動紅色旗子示警，在夜間的話則點起燈號。從 1950 年代到 1989 年，鐘樓成為祕密警察居高臨下監視西方國家大使館的觀測臺。

11.聖卡傑坦教堂 (kostel sv. Kajetána)

　　這個教堂的全名是　「無懈救援主聖母教堂」　(Kostel Panny Marie ustavičné pomoci a sv. Kajetána)，建於 1691～1717 年之間，具巴洛克古典主義的風格，　大部分係根據法國建築師尚·馬泰 (Jean Baptiste Mathey, 1630～1696) 的設計來建造，是歐洲最宏偉的巴洛克建築。

　　教堂的外牆是一位叫做約翰·布雷傑 (Jan Blažej Santini Aichel, 1677～1723) 的義大利裔波希米亞建築師的傑作，他特意要與鄰近的海恩斯坦宮 (Thun-Hohenštejnský palác) 一較高下。布雷傑的藝術天分很高，是位了不起的建築藝術家，他雖然先天殘疾、半身癱瘓，卻阻止不了追求藝術的執著與努力，他的作品具有獨特的巴洛克哥德式風格，也就是融合了巴洛克式和哥德式的特殊組合。

　　聖卡傑坦教堂的興建曾因為受到附近斯特拉霍夫修道院 (Strahovské klášter) 大門有崩塌之虞的影響，須先行拆除而告延遲，這一等待居然過了二十年才得到小城區當局的核准。教堂建好之後，卻在 1783 年時被當時的皇帝約瑟夫二世 (Josef II, 1741～1790) 下令關閉，但經過宗教團體和信徒的極力爭取，三年後重新開放。

　　雅各‧阿爾貝 (Jakub Arbes, 1840～1914) 是二十世紀初捷克極具影響力的改革者、知識分子和作家，這座教堂就出現在他的短篇小說《人類最後的日子》(*Poslední dnové lidstva*) 裡。

12.**勝利聖母教堂** (Kostel Panny Marie Vítězné)

　　這座教堂屬於早期的巴洛克式建築，也是布拉格的首座巴洛克式教堂。1611～1613 年建築師吉歐凡尼‧菲力普 (Giovanni Maria Filippi, 1560?～1616?) 替日耳曼路德教派興建，起初叫做「聖三堂」(church of the Holy Trinity)。1624 年之後，教堂贈與加爾默羅修會 (the Carmelites)，作為感恩參與白山之役贏得勝利的象徵。

　　1628 年，波利色娜公主 (Polyxena z Lobkovic, 1567～1642) 捐給教堂一座耶穌聖嬰蠟像 (the Infant Jesus)。據說，「布拉格耶穌聖嬰像」有神奇的治療力量，它保護布拉格免於瘟疫的侵襲，也從三十年戰爭後重生。聖嬰像有許多信徒送來的禮物，特別有一項收藏是衣服類，教堂為其作分類展出，計有 80 餘種不同款式，其中最珍貴的是瑪麗亞‧泰瑞莎女王 (Maria Theresa, 1717～1780; Queen of Bohemia, 1743～1780; Holy Roman Empress,

1745～1765) 親手縫製的套裝。

13.聖母蒙召升天與聖若翰洗者教堂 (Kostel Nanebevzetí Panny Marie a svatého Jana Křtitele)

斯特拉霍夫修道院 (Strahovské klášter) 在 1149 年由布拉格主教亨利·日迪克 (Jindřich Zdík, 1083?～1150) 和波希米亞第二位國王拉吉斯拉夫二世所建,其主體建築是聖母蒙召升天教堂,原先是羅馬式,到了文藝復興時期重建,融合了巴洛克式風格。建築華麗精美,其神學大廳天花板上漩渦彩繪裝飾尤稱絕卓。這個大廳完成於 1649 年,裡面珍藏著在三十年戰爭期間倖免於戰亂的古籍經典,是民族文學的豐碑。2011 年 2 月,哲學館成為世界上最大的數位主題館。

教堂的正面和門戶是名建築師魯拉戈在 1743～1751 年間完成的 , 雕像則是波希米亞雕塑家奎泰奈 (Jan Antonín Quittainer, 1709～1765) 的作品。 教堂修道院的兩位創建者國王拉吉斯拉夫二世和主教亨利·日迪克的遺骨被埋在一處角落。

教堂的兩側通往小聖堂 (sv. Norbert),裡面有天主教聖人聖諾貝特 (Svatý Norbert z Xantenu, 1080～1134) 和聖耳舒拉 (Svatý Voršila, ?～383) 的遺骸 ; 還有帕紹聖母教堂 (the chapel of Virgin Mary of Passau) , 三十年戰爭的英雄人物戈特弗里德·巴本海姆伯爵 (Gottfried Heinrich Graf zu Pappenheim, 1594～1632) 的墓。

1787 年莫札特曾來此演奏管風琴。1992 年教宗若望·保祿二世 (Pope John Paul II, 1920～2005) 賜予 「乙級宗座聖殿」 (Minor basilicas) 的榮譽稱號。

14.查理大橋 (Karlův most)

是捷克古代橋梁建築的精華，也是歐洲最美的古橋之一，是連結舊城區和布拉格城堡區的唯一橋樑，雖然目前僅供行人行走，但在二十世紀以前，這裡是往來舊城區的主要通道。早在十二世紀就有橋在此，1357 年查理四世進行改造。520 公尺長，寬 10 公尺，橋的兩端有哥德式橋塔。橋身上裝飾著巴洛克式的雕像，兩側各有欄杆和以宗教故事為題的 15 座聖像，總共有 30 座雕像都是捷克十七至十八世紀巴洛克藝術大師的作品。由於風化的原因，現在的大部分雕塑是複製品，原件保存在博物館內。

橋上南側第五尊雕像是被稱為「煉獄靈魂守護者」的聖尼古拉 (Sv. Mikuláš Tolentinský, 1246?～1305)。他的儉樸苦修和對聖靈的奉獻精神值得揚頌。他一生的大部分時間都在義大利托倫蒂諾度過，致力於幫助窮人和無助，並創造了許多奇蹟。據說，在一次長期禁食，體況虛弱之時，他得到聖母瑪利亞與聖奧古斯丁的啟示，要他吃下一些標有十字架符號的麵包以恢復力量。之後他就開始向病患分發這些帶有十字架紋飾的麵包，同時向聖母瑪利亞祈禱治愈病人。這也就是後來在聖誕節有些地區吃聖尼古拉麵包 (Saint Nicholas Bread, Chléb svatého Mikuláše) 的緣由。查理大橋上聖尼古拉腳邊就有一個小天使捧著一籃麵包，象徵這個有名的故事。

北側第八尊臬玻穆的聖若望則是最受遊客歡迎的雕像。據說摸了雕像不但會帶來好運，還有機會重返布拉格，因此早被路人摸得黃澄澄的。

圖 19：查理大橋

圖 20：查理大橋上的雕像

　　在從前的現址上，本來是一座木頭橋，十一世紀被大洪水沖毀。後來在 1158 年的時候，拉吉斯拉夫二世蓋了座石頭橋，以紀念其妻子茱蒂 (Jutta of Thuringia, ?～1174)。 那座橋完工於 1172 年，是布拉格的首座石頭橋，後於 1342 年毀於洪水。

　　之後，查理五世國王重新起造，就是今天這個模樣。傳說查理五世做任何事，都非常仔細，不放過任何細節。例如建造這座橋的時間，他都記載得非常清楚：1357 年 7 月 9 日，上午 5 點 31 分。另外奇特的是，據說他還叫人用蛋黃加在石頭縫中，以加強灰泥的強度。雖然這種說法無法得到證實，但是今天的實驗室檢驗證實當時的灰泥中的確含有有機物質和無機物的混合物質。

　　查理大橋完工於 1402 年，到 1870 年以前，它都被叫做「石橋」(Kamenný Most) 或者「布拉格橋」(Prazsky Most)，是連絡伏爾塔瓦河兩岸的主要通道。

　　在橋上往舊城端方向，護牆邊上可見到一個被稱為「大鬍子男人」(Bradáč) 的石雕頭像，它被用來評估伏爾塔瓦河水的高度。從中世紀以來，當河水水位上漲超過這個標誌，布拉格舊城區的人就知道該是疏散上山避水患的時候了。

15.**胡斯紀念碑** (Pomník mistra Jana Husa)

　　胡斯是捷克歷史上重要的人物，最終於 1415 年被判為異端處以火刑，成為政治異議分子的象徵，也是反對極權力量的象徵。這座矗立在舊城區廣場北側的青銅雕像群，是為紀念胡斯殉道五百週年而設立的 ， 係由名雕像家拉吉斯拉夫‧薩隆 (Ladislav Jan Šaloun, 1870～1946) 埋首十五年的光陰，在 1915 年製作完成。雕

像群分成兩部分：昂然站立雄視前方的是勝利的胡斯，其後是描述死後 200 年新教徒被迫流亡的光景。

當初為了要製作這個青銅雕像群，薩隆在布拉格一個叫做「葡萄園」(Vinohrady) 的地方打造了一個專屬的別墅工作室 (Šaloun Villa)，他的起居生活都在那裡頭。以石頭和青銅製成的這個紀念碑，是捷克紀念性雕塑中最著名的新藝術風格和象徵主義的作品之一。

胡斯反對梵蒂岡教會的奮鬥史蹟，在十九世紀時成為反對哈布斯堡王朝的精神指標。捷克斯洛伐克在共產黨統治的時代，坐在胡斯雕像跟前是一種悄然表達不滿共產黨統治的方式。

16.**舊市政廳 (Staroměstská radnice)**

舊市政廳有著古老的哥德式塔樓、棗紅色小教堂和獨特的天文鐘 (Orloj)。塔樓高 69 公尺，掛著大型的天文鐘，那是米克勞

圖 21：胡斯雕像

圖 22：舊市政廳天文鐘

斯‧卡丹 (Mikuláš z Kadaně, 1350～1419) 始建於 1410 年，分為上、下兩座，上面的圓表示以地球為中心，環繞著月亮和太陽，顯示天體的運行並標明年月日和時間，運轉一圈即代表一年，這個圓稱為日曆儀。下面的圓則根據黃道 12 宮和農時節氣，轉動一格代表 12 日，這個圓稱為天象儀，正中央是城徽。鐘的兩側有雕像，左邊代表死亡和慾望，右邊是空虛和貪婪。天文鐘上還有 12 門徒的機械木偶，每天早晨 9 點到晚上 9 點之間，每個整點出來報時。在整點報時之前，骷髏的右手搖動鈴聲，鐘兩側的窗口打開，耶穌的 12 門徒在門內繞行，繞完之後，窗門在雞鳴聲中闔起，骷髏左手平舉的沙漏垂下，然後響起報時鐘聲。

舊城區早在 1230 年代就有其規模，一直到 1338 年布拉格人終於從盧森堡的盲者約翰 (Johann der Blinde von Luxemburg; Jan Lucemburský, 1296～1346) 那兒爭取到自行建立市政廳的權利，他們就在舊城廣場上選定座落於街角的哥德式房子，作為市政廳建築的基礎。這個房子建於十三世紀，因此被認為是整棟建築物中最珍貴的部分之一。

這房子曾經有個砲塔相連，所以高度不夠高，布拉格人嫌它不夠氣派。1364 年開始動工將其挑高，還在西側建了議事廳，監造者就是著名的日耳曼建築師彼得‧巴勒。1381 年，一個哥德式教堂於焉落成，十五世紀初在大樓上配置了時鐘和鐘，並在大樓南側裝上天文鐘。

在市政廳前的路面上有個十字架符號，標示著 1621 年捷克貴族被處決之處。

17.提恩聖母教堂 (Kostel Matky Boží před Týnem)

又稱「提恩教堂」(Týnský chrám)，或是「提恩門前聖母教堂」，位於伏爾塔瓦河的右岸，是舊城區裡的主要特徵，也是布拉格最重要的教堂之一。

在十一世紀，教堂原先是羅馬式，過往的外國商旅投宿於附近的提恩庭院。十三世紀時成為教區教堂，外觀已被早期哥德式取代了。十四世紀時，深受馬嘉斯・阿拉斯和彼得・巴勒的風格影響，中殿和二個側廊各有一個拱形天花板。1310 年還增加了地宮和塔鐘。到了十五世紀初，除了尖塔、山牆和屋頂之外，主體部分大致完成。

胡斯的幾位啟蒙者，如康拉德 (Konrád Waldhauser, 1326～1369) 和十四世紀波希米亞最有影響力的布道家克羅莫里茲 (Jan Milič z Kroměříže, 1320?～1374) 曾在這個教堂布道。胡斯戰爭期間，這座教堂曾受到胡斯派人士的控制，是舊城區裡一個具代表性的重要教堂，也是教區教堂。從 1427 年起，胡斯新教派大主教楊・洛庫卡納 (Jan Rokycana, 1396?～1471) 在此講道，他過世以後就葬在這裡。

十五世紀中葉之後，也就是在新教國王喬治・波迪布萊德（Jiří z Poděbrad, 1458～1471 在位）統治期間，當時也是胡斯教派的全盛時期，教堂的屋頂、山牆和北塔相繼完成。山牆上有象徵胡斯教派的金色聖杯，下面是喬治・波迪布萊德的雕像。細長的南塔直到 1511 年方告完成。

1620 年白山戰役失敗後，嚴苛的反宗教改革時代開始了。

1623 年教堂被耶穌會士接管，1626 年「異端之王」(kacíř král) 喬治‧波迪布萊德和黃金聖杯的塑像統統被拆除，取而代之的是聖母瑪利亞雕像，聖母塑像上的巨大光環是從黃金聖杯鎔鑄出來的。只要站在廣場中央，抬頭仰望兩個尖塔中間就可見著那金色光環。

提恩教堂占地 52 公尺×28 公尺，中殿的高度 44 公尺，側殿高 24 公尺，兩個尖塔高達 80 公尺，是舊城廣場的焦點。教堂內部主要是巴洛克風格。1679 年教堂遭閃電雷擊，原先的拱頂毀於大火，之後重修。教堂內保有一批有價值的中世紀、文藝復興和巴洛克式的墓碑，其中最有名的當屬丹麥天文學家第谷‧布拉赫 (Tycho Brahe, 1546～1601)。

圖 23：提恩聖母教堂　　　　圖 24：火藥塔

從 1973 年起，提恩教堂開始逐步進行整建工程。1992 年北塔鐘樓裝設了 960 公斤重的銅鐘，原先那口鐘在第二次世界大戰中被德國帶走了。2000 年，在北邊的側殿裡發現一個保存非常完好的十四世紀末聖傑羅姆 (Svatý Jeroným, 347?～420) 和獅子的壁畫。從 1962 年以來，提恩教堂已被認定為國家級文化古蹟。

18.火藥塔 (Prašná brána)

火藥塔高 65 公尺，建於 1475 年，當時是雅蓋隆拉吉斯拉夫二世的時代，往後幾個世紀也被稱作新塔。本來這座塔被設計是要來當作通往舊城區的通道，而且從王宮到此登上高塔，可遠眺全區的風景。

1483 年雅蓋隆拉吉斯拉夫二世搬到布拉格城堡去之後，這個新塔的修建就停歇了。直到 1875～1886 年間，這座塔才又繼續動工，由波希米亞的名建築設計師約瑟夫‧摩克 (Josef Mocker, 1835～1899) 重新修繕設計，他崇尚哥德式的造型，所以火藥塔堪稱是當時建築藝術的一絕。十七世紀曾儲存彈藥而得名，現在是布拉格城僅存的城門。

19.瑪麗亞圓柱 (Mariánský sloup, Marian column)

瑪麗亞圓柱是 1650 年豎立於舊城廣場上的一座宗教紀念碑，用以紀念 1648 年在布拉格戰役中擊退瑞典軍隊，結束了三十年戰爭的勝利。這個圓柱高約 16 公尺，頂端有兩公尺長的聖母瑪利亞雕像，是巴洛克雕塑家約翰‧本德 (Johann Georg Bendl, 1620～1680) 的傑作，是歐洲第四古老的瑪麗亞圓柱。

1918 年 10 月 28 日，國民議會宣布捷克斯洛伐克獨立，擺脫

了奧匈帝國哈布斯堡王朝的統治。11 月 3 日，憤怒的民眾認為白山戰役之後的數百年來，捷克飽受哈布斯堡王朝的統治壓迫，而這座紀念碑是反捷克的，因而要求拆除。然而瑪麗亞圓柱是舊城廣場上不可分割的一部分，已有近 270 年的歷史。捷克政府在 1995 年通過了決議修護，終於在 2020 年完成重建。

20.猶太區 (Josefov)

大約在 960 年左右，猶太人首次出現在布拉格。從那時起，猶太商人聚集在布拉格，到了十世紀末形成了一個猶太人定居點。但是在十字軍運動時，隨著一系列反猶太事件，猶太人被禁止擁有土地，其後甚至幾度遭到迫害。到了十二世紀下半葉，猶太人遷至伏爾塔瓦河右岸與舊城廣場中間那個區塊。十三世紀中葉，隨著十字軍運動的結束和天主教徒的控制，波希米亞、摩拉維亞和西里西亞內的猶太人狀況逐漸好轉。然而，在十四和十五世紀末期，反猶太主義再次興起，1541 年猶太人徹底被驅逐出境。

哈布斯堡王朝在 1551 年頒布法律，猶太人終被允許返回家園，但被要求生活在貧民窟的範圍內。在魯道夫二世國王 (Rudolf II von Habsburg, 1552～1612; King of Bohemia, 1575～1608/1611; Holy Roman Emperor, 1576～1612) 和馬嘉斯國王 (King Mathia, 1611～1619) 統治期間，放寬猶太人的居住範圍，他們被允許居住在貧民窟的牆外、自由旅行和從事貿易，並享有額外的公民權利。

1713 年當瘟疫肆虐布拉格時，哈布斯堡執政當局採取了嚴厲措施來限制其傳播，其中許多針對猶太人居住區。當時布拉格有

超過 11,500 名猶太居民，占該市總人口的四分之一以上，市政府
通常區分猶太人區和布拉格其他區。當局並沒有盡力保護猶太人
居住區，而是將大多數的猶太人限制在狹窄且有圍牆的猶太區裡，
以保護其他人免受傳染。

　　1744 年，哈布斯堡王朝波希米亞女王瑪麗亞・泰瑞莎 (Maria
Theresa, 1717～1780) 頒令，強迫猶太人遷離這座城市。儘管三年
之後，他們被允許遷回，但條件是需繳納高昂的稅款，大約是正
常金額的十倍。

　　猶太區之所以得名 Josefov，是為了紀念神聖羅馬帝國皇帝約
瑟夫二世 (Josef II, 1741～1790; Holy Roman Emperor, 1765～
1790) 在 1781 年以〈寬容法令〉(*Patent of Toleration, Toleranční
patent*) 解放了猶太人，接著在 1782 年頒布了〈解禁令〉
(*Tolerance Edict*)，允許宗教信仰自由。猶太人受到保障，生活再
次繁榮起來。

　　此區有猶太教堂和猶太人墓地 (Stary Zidovsky Hrbitov)。猶太
墓園內有 12,000 座墓碑，因為墓地有限，所以只能層層疊疊埋在
同一個地方，墓碑數量之多令人驚怵。

21.格爾茨金斯基宮 (Palác Golz-Kinských)

　　在提恩聖母教堂左側的洛可可式建築，是格茨家族 (the Golz)
在 1765 年聘請捷克名建築家克里安・滇岑霍夫設計建造的，之後
轉賣給一位帝國的外交官史蒂芬・金斯基 (Štěpán Kinský, 1679～
1749)。

　　瑞典化學家阿爾弗雷德・諾貝爾 (Alfred Nobel, 1833～1896)

圖 25：猶太區的猶太人墓地

四十二歲時認識了第二個與他交往密切的女人——玻爾莎‧金斯基 (Bertha Kinský, 1843～1914；婚後改名為 Bertha Kinský Von Suttner)，她就是誕生於此。玻爾莎是諾貝爾在維也納招聘的祕書，擅長英語、法語、義大利語，愛好文學和音樂。諾貝爾來捷克時就住在這裡。玻爾莎同時是著名的女作家，和平運動的代表人物，1905 年獲得諾貝爾和平獎。

1948 年 2 月，在格爾茨金斯基宮的陽臺上，捷克總理哥特瓦爾德 (Klement Gottwald, 1896～1953) 宣布捷克斯洛伐克改國號為「人民民主共和國」，成為共產主義國家。

歷史已遠去，現在已是民主時代，國家美術館經常在此舉辦藝術展覽活動。

22.瓦茨拉夫廣場 (Václavské Náměstí)

　　十四世紀時這裡曾經是馬市，十九世紀中葉以後才叫做瓦茨拉夫廣場。廣場中間有聖瓦茨拉夫騎在馬背上，由四位守護神相伴的雕像。這裡是布拉格的政商文化中心，四周圍繞著商店、電影院、辦公區、旅館飯店和咖啡館。

　　這個長 750 公尺，寬 60 公尺的廣場上，曾經上演許多驚心動魄的歷史事件：1939 年德國納粹在此慶祝成功占領捷克；1968 年群眾聚集此處反抗蘇軍坦克進入布拉格，次年發生兩起學生為了抗議華約部隊的入侵，在此引火自焚的事件；1989 年「絲絨革命」期間這裡是大規模示威活動的重要場所，民主運動終結了共產政權，數以萬計的捷克人民在此慶祝苦難時代的遠去。瓦茨拉夫・哈維爾和其他名人從梅蘭特里希出版社 (Nakladatelství Melantrich) 的陽臺上向人們講話。如今，瓦茨拉夫廣場被視為捷克建國的象徵之一，已成為布拉格的商業中心。它是最著名的酒店、商店和豪華餐廳的所在地。

23.國家博物館 (Národní Muzeum)

　　位於瓦茨拉夫廣場南端，為著名建築師、設計師兼教育家若瑟夫・舒爾茨 (Josef Schulz, 1840～1917) 仿照維也納博物館和法國羅浮宮博物館，於 1885～1891 年間所建的新文藝復興建築。這是一座代表捷克的綜合博物館，是捷克最大的博物館。館內除有自然科學、歷史文物館之外，還有藏書館。二、三樓則有史前文物、礦石、地質、古生物學及動物標本展覽館。

　　1945 年這座建築受到炸彈轟炸，但藏品已被轉移，未受破

圖 26：國家博物館

壞。1947 年重新開放。1968 年蘇軍武器使博物館立面嚴重受損，
砂岩石柱遭槍擊，表面彈痕累累，一些雕像也受到損壞。

24.**國家劇院** (Národní Divadlo)

　　1850 年由愛國者籌資興建具有捷克特色的民族劇院。 在
1881 年歌劇院就要起用時，一場大火幾乎燒毀全部的建築。但僅
花六個星期的時間重建的費用就湊齊了 ，兩年後 1883 年正式揭
幕，首場上演國民樂派作曲家史麥塔納的史詩歌劇「李卜雪」作
為慶祝。此外，柴可夫斯基也曾在這裡指揮過歌劇「尤金‧奧涅
金」(*Eugene Onegin*) 和「黑桃皇后」(*The Queen of Spades*)。這座
新文藝復興式的建築有金色的屋頂。正門上方兩側有勝利女神拉
著三馬車的銅像。下面的文字是「民族，自己靠自己」。

　　在布拉格除了捷克愛樂音樂會、國家美術館之外，國家劇院
是呈現豐富的捷克文化藝術傳統生活的一個地方。這個傳統有助

於保留了捷克最重要的精華，包括：捷克語文、捷克戲劇和音樂的感知與思想。國家劇院的卓越成就是由三項藝術總其成的：歌劇、芭蕾舞和戲劇，這三項藝術活動交互在劇院中演出。作品不僅有古典作品，亦有當代大師的作品演出。

25.黃金巷 (Zlata Ulicka)

布拉格最小的街道，房子也小。街上全是建於十六世紀末風格主義的小房子。在十五世紀末，建構北邊防禦工事過程中拓建了這條街。1597 年哈布斯堡王朝的神聖羅馬帝國皇帝，也是波希米亞國王魯道夫二世 (Rudolf II, 1552～1612) 決定給駐守要塞的射手們一個生活空間。當時一共有 24 個射手，在空間不足的情況下，房子只能蓋得非常小。魯道夫二世當時還下令禁止房子的窗戶朝向護城河 (Jelenni prikop)，或者將房子出售或轉租。

十七世紀中葉以後只剩下 14 間房子堪稱完好，加上也不需要

圖 27：黃金巷

那麼多的城堡射手，這就是為什麼後來有越來越多的外人住在那裡的原因。

黃金巷因魯道夫二世統治期間，街上住著一些講究提煉智慧石或青春靈藥，也能將金屬變成黃金的煉金術士而得名。

26.**飢餓之牆** (Hladová zed')

中世紀的防禦工事，位於佩特任山上，牆高約 4 公尺，寬1.8 公尺，設有城垛和稜堡。係 1360～1362 年神聖羅馬帝國皇帝查理四世下令修建的，目的是加強防禦來自於西面或南面對於布拉格城堡和小城區的攻擊。

這座長牆在 1624 年修復，十八世紀中葉進一步加固，後來在二十世紀又經多次改造，其中一個堡壘被保存下來作為史蒂芬尼克天文臺 (Štefánikova hvězdárna) 圓頂的基礎。

在興建城牆的過程中遇上大饑荒，當時市政當局為了賑濟窮人生計，乃以工代賑，大量雇用窮人，甚至於提供膳宿，使彼等得以安身。傳說連皇帝查理四世本人每天都還參與工作幾個小時，實際體恤民瘼。還有個說法，這座城牆建造到後來，主體變得浩大非常，工程的重點不全然是軍事的考量，倒是成為安定民生的公共建設。

城牆從斯特拉霍夫修道院 (Strahov Monastery, Strahovský klášter) 的大門前一路延伸，越過佩特任山丘，往下到烏傑茲德電車站 (Ujezd) 附近。

27.**捷克立體主義博物館** (House of the Black Madonna, Dům U
　　Černé Matky Boží)

　　這幢大樓位於老城區，建於 1911～1912 年間，又稱作「黑色
聖母之屋」，由捷克立體主義風格建築設計師約瑟夫‧哥查 (Josef
Gočár, 1880～1945) 負責設計的 ，將巴洛克式建築的語言運用在
立體派形式的建築裡，從而顯示立體派建築的語境，是布拉格的
第一個立體派建築物，而且保有其獨特風格。該樓是一幢綜合性
大樓，有巨大的立體風格窗戶。一樓格子窗後面矗立著聖母雕像
而得名 。屋內一樓的東方咖啡館 (Grand Café Orient) 可能是全球
唯一的立體派咖啡館。

第 1 篇

早期史事

第一章 | *Chapter 1*

源　起

第一節　波希米亞家園

　　我們現在稱之為「捷克共和國」的地方，包含了舊稱「波希米亞」和「摩拉維亞」的兩個地區，居民主要以西斯拉夫人為主，但是由於在地緣上與日耳曼人接壤的關係，所以在文化、語言等方面明顯地呈現出過渡性。

　　自有民族遷移開始，中歐的歷史一直與斯拉夫人的歷史息息相關。現今捷克人和斯洛伐克人的祖先——斯拉夫人在四至六世紀的時候，即居住在現今的波希米亞、摩拉維亞和斯洛伐克一帶。

　　根據近年來的考古發現，這裡最早出現人類的時間大約是在170 萬到 160 萬年前。歷經舊石器時代 (Paleolithic)，直立人 (Homo erectus)、尼安德塔人 (Homo neandertalensis) 和智人 (Homo sapiens) 都曾經在波希米亞這塊土地上留下足跡。大約在 1 萬年前最近一次的冰河時期結束，人類改變了狩獵的方式，沿著河湖

過著定居的生活，以豢養大型哺乳動物為食。

　　由於從狩獵採集的生活方式進入農業社會生活，於是新石器時代 (Neolithic) 開始了。新石器時代大約於西元前 6000 年在巴爾幹半島上成形，在這個過程之中，先民經過多瑙河盆地進入了波希米亞一帶，中歐大約在西元前 5000 年開始了農業社會的生活。考古學家經常發現若干遺物，通常是些陶製品或是些陪葬物，透過出土遺址的典型特徵而確證新石器時代、青銅器時代（西元前 3000 年到前 800 年）和鐵器時代（西元前 800 年迄今）等文化在這個地區的連貫性。因為文字史料的付之闕如，所以不容易精確地予以確證，但是一般咸信大多數新石器時代的歐洲人屬於印歐語系，或可從鐵器時代晚期有歷史文獻可考的凱爾特人的史蹟裡追尋一二，凱爾特人是亞利安人種的一支。

　　當凱爾特人進入了古代地中海世界之後，他們成為希臘和羅馬作家們筆下的題材，躍上歷史舞臺。從這些史料得知，在羅馬時代就有一批叫做波伊人 (Boii) 的凱爾特人盤據在這裡。而「波希米亞」（拉丁文稱 Bohemia 或 Bojohemum）起名的典故和波伊人有關，其意思就是「波伊人的家鄉」。

　　凱爾特人定居於波希米亞地區可遠溯於西元前五世紀中期，他們身懷技藝，營造社群部落共生，發展出高度的社會組織型態。凱爾特社會的發展於西元前一世紀時即告結束，最主要的原因是北方日耳曼部族的遷入。

　　一世紀左右，羅馬人在其邊境和日耳曼人爭戰了幾回合，到了四世紀末，西羅馬帝國的勢力逐漸式微。那時還有大批的匈人

(the Huns) 進襲黑海附近的東哥德人 (the Ostrogoths)，造成大量蠻族逃入羅馬帝國境內，這些「蠻族的入侵」與西羅馬帝國的衰弱有著極密切的關係。之後一個世紀的動亂，讓波希米亞和摩拉維亞等地區成為蠻族聚集之所，被視為羅馬世界的化外之地，而且史料上也甚少提及。繼日耳曼部族之後在這裡出現的是來自於東北方被稱作契臣 (Čechen) 的斯拉夫人 (the Slavs)，他們是捷克人的祖先。

斯拉夫人的起源迄今仍多所爭議，一般說來，學界都同意他們是來自於喀爾巴阡山以北，聶伯河和奧得河、維斯拉河 (Vistula River) 上中游之間的地方。斯拉夫人是以一批批的小群體進入波希米亞地區，逐漸將日耳曼人驅走，並將殘留下來的部落融合起來。

七世紀之初，斯拉夫人已經遍及整個中、東歐和巴爾幹半島地區，從易北河 (Elbe River) 河口和波羅的海沿岸到黑海、亞德里亞海 (Adriatic Sea) 和愛琴海 (Aegean Sea) 沿岸都有他們的蹤跡。斯拉夫人屬於印歐語系，當時他們可能說的都是相同的語言。在當時的拉丁或希臘史料文獻中，他們有 Sklavenoi、Sclaveni、Sclavi 等名稱，但是根據九世紀的資料，他們自稱為 Slověni。這個字衍生於 slovo，意思是具有能夠清楚說話的能力，以有別於其周遭拙於言詞的日耳曼人 (Němci)。

經過幾個世紀，斯拉夫語族演化成三支：西斯拉夫語系（包括捷克語、波蘭語和易北河、波羅的海沿岸現在已消失的斯拉夫語）、南斯拉夫語系（斯洛維尼亞語、克羅埃西亞語、塞爾維亞

語、保加利亞語和馬其頓語）以及東斯拉夫語系（俄語、烏克蘭語和白俄羅斯語）。由於語言的分歧，當今的斯拉夫語系國家差不多是在九至十世紀時逐漸形成的。

第二節　摩拉維亞建國

大摩拉維亞王國 (Kingdom of Great Moravia, 833～906) 是最古老的西斯拉夫國家，組成這個國家的族群不僅包括波希米亞、摩拉維亞、斯洛伐克的斯拉夫人，而且還有塞爾維亞人和波蘭人，這是一個包含了捷克人和斯洛伐克人的國家。

由於斯拉夫人遷徙至波希米亞地區，開始了歷史的新頁。十二世紀拉丁文編年史作者科斯馬斯 (Cosmas of Prague, 1045～1125)，他是大教堂的司祭，在其第一本巨著《波希米亞編年史》(*Chronica Boëmorum*) 中敘述斯拉夫部族領袖切赫 (Čech) 如何將部眾召集到里璞 (Říp) 山頭上，帶他們瞭望新家園，並對他們說：「這塊土地就是我應許你們的，這塊無主之土滿是鳥獸，物產豐饒，氣候溫和。」在科斯馬斯後來的著作中，亦不乏見到有關波希米亞人開拓應許之地的傳說故事，直至今日，仍留給捷克人不少的想像空間。

雖然這個傳說沒有什麼更具體的文獻可考據，但是我們從一些零碎的史料和考古史蹟中可以拼湊得出來，這些新來者的出現以及其如何適應新環境。而且這種適應的過程，持續進行了好幾個世紀之久。

　　話說在六世紀的時候，進入摩拉維亞居住的斯拉夫人逐漸發展出其農業生活型態，但是卻屢遭當時從亞洲竄來的另一支遊牧民族阿瓦人 (the Avars) 侵擾。阿瓦人的勢力擴及潘諾尼亞平原和喀爾巴阡山山脈一帶，在易北河和聶伯河之間建立一個王國，統治了斯拉夫人和殘留在潘諾尼亞盆地 (Pannonian Basin) 的日耳曼民族。阿瓦人雖然統治這些地區，但是並沒有完全征服所有居住在這個地區的斯拉夫人，他們只是征服了其中的一部分，並驅策他們進攻其他部落。

　　九世紀初，在摩拉維亞的土地上形成了一個叫作「莫伊莫里德」的王朝 (Moymirid dynasty, Mojmírovci)，因其創建者莫伊米爾一世 (Mojmir I, Mojmír I, 820/830～846) 而命名的，即歷史上的大摩拉維亞王國 (Great Moravia)。

　　莫伊米爾家族對大摩拉維亞王國的統治，一直延續到十世紀初，後來被拜占庭皇帝君士坦丁七世 (Constantine VII Porphyrogenitos, 905?～959; Byzantine Emperor, 913～959) 所滅。他們的權力中心，就是今天的摩拉維亞和斯洛伐克往南直到多瑙河，往東直到與保加利亞領土相接壤的蒂薩河一帶。在王國最繁榮的時期，波希米亞部落、易北河流域的斯拉夫部落和所謂維斯拉地區的波蘭部落，都承認了大摩拉維亞王國的主權。在南部，大摩拉維亞王國的領土甚至到達多瑙河對岸的潘諾尼亞地區，建立了穩固的政權。

一、阿瓦人的侵擾

阿瓦人屬於蒙古族的一支，也就是中國古時候說的柔然族。在四世紀的時候，他們曾經侵擾中國北方邊境。當時由於大批匈人西遷，連帶地引發哥德人和其他日耳曼部族進行長期的遷移。柔然族西遷的路徑經由伊朗北部，到達俄羅斯大草原。在其遷徙的過程之中，不斷地融入被其征服的土耳其人和匈人，主要還是回鶻人 (the Uighurs)，以增強其部族的戰鬥力。

阿瓦人之後在六世紀中葉的時候從亞洲大草原的居住地進入了東歐地區，主要是在今天的貝爾格勒 (Belgrade) 一帶。雖然阿瓦人曾經強大過，不過卻像曇花一現般的短暫，史料上關於他們的記載亦不多見，只曉得阿瓦人對於君士坦丁堡及大部分的西歐地區造成了長達三個世紀以上的威脅。六世紀末，他們的勢力已從窩瓦河 (Volga) 流域延伸至波羅的海一帶，根據考古證據顯示，當時他們的勢力達到了最高峰，一直持續到八世紀。

阿瓦人曾經逼使地居東日耳曼的另一支哥德族的哥比人 (the Gepids) 和倫巴人 (the Lombards) 遷離多瑙河盆地 (Danube Basin)，也驅使西斯拉夫部族離開家園。他們曾經於 626 年由其領袖拜楊汗 (Khagan Baian I, ?～602) 領軍進襲君士坦丁堡，但是沒有得逞。阿瓦人持續控制匈牙利大平原，直至法蘭克王國的查理將他們擊潰為止。在九世紀之後，阿瓦人消失在歷史舞臺上。有此一說，當今俄羅斯的達吉斯坦共和國 (Dagestan Republic) 境內的回民，就是那些阿瓦人的後裔。

查士丁尼二世 (Justin II, 520～578; Byzantine Emperor, 565～578) 在君士坦丁堡加冕登位之後，阿瓦人要求他納貢獻禮，那是他的叔父，也是前一任皇帝查士丁尼一世 (Justinine I, 482?～565; Byzantine Emperor, 527～565) 曾經應許的，但是查士丁尼二世回絕了。因此在 568 年的時候，阿瓦人為了索討這筆貢禮，進犯亞德里亞海沿岸達爾馬提亞 (Dalmatia)，大肆擄掠破壞。這場戰爭持續了三年之久，最後拜占庭被迫停戰議和。之後的和約花了查士丁尼二世 8 萬銀兩，遠比當初所要支付的貢金還要高。

581 年的時候，阿瓦人施計奪取了沙瓦河 (Sava) 畔的錫爾米烏姆 (Sirmium)，並以其為跳板，攻略多瑙河沿岸那些防衛力薄弱的拜占庭城堡。這場戰爭打得越長，阿瓦人的需索就越多，拜楊汗的胃口就更大了，他向摩立斯‧提庇流皇帝 (Flavius Mauricius Tiberius Augustus, 539～602; Byzantine Emperor, 582～602) 強索獻金不得少於 10 萬銀兩，導致從那個時候起，拜占庭帝國的資源外流。

提庇流皇帝的繼位者福克斯皇帝 (Flavius Phocas Augustus, ?～610; Byzantine Emperor, 602～610) 因為專注於與波斯人的戰爭，所以遷就現實而不得不支付龐大的錢財和阿瓦人議和。由於拜占庭的部隊部署在東方，阿瓦人得以擴張其勢力，活躍於巴爾幹半島上。

在 619 年時，阿瓦人來到了君士坦丁堡。面對狄奧多西城牆 (Theodosian Walls) 的強大防禦工事，他們也僅能摧毀一些教堂之後揚長而去。阿瓦人的流竄侵擾讓居住在多瑙河北岸的斯拉夫人

不堪其擾，乃起而反抗。

二、薩摩王國的興衰 (623～658)

　　根據法蘭克人的記載，這些斯拉夫人於 623 年或 624 年的時候起而反抗阿瓦人，並且推舉了一名叫做薩摩 (Samo, ?～658) 的法蘭克商人作為他們的領袖，薩摩是供應武器給斯拉夫人的商賈之一。在 623 年那一次的反抗行動裡，薩摩參加了斯拉夫人的行動，領導他們擊敗阿瓦人。因此在 625 年的時候，斯拉夫人推舉他為斯拉夫跨部族的領袖，也就是所謂的「薩摩王國」(Sámova říše) 的國王，也是首位能知其名的斯拉夫人統治者。據說，薩摩有 12 名汪達爾族的妻子，這些婦人有可能是流亡者或者是寡婦。

　　薩摩王國是西斯拉夫世界裡最早有組織的部落聯盟型態，不過還不算是一個真正的國家。至於疆域到底有多大並未確證，但是可以確定的是，當時薩摩王國的政經中心在波希米亞。

　　根據考古學家的研究發現，「薩摩王國」位於今天的摩拉維亞、斯洛伐克、下奧地利 (Lower Austria) 和卡林西亞 (Carinthia)。之後的摩拉維亞以及尼特拉 (Nitra) 封邑的位址和它差不多，今天的波希米亞、易北河畔的塞爾維亞 (Serbia) 也曾經是其版圖的一部分。

　　雖然薩摩王領導斯拉夫人抵抗阿瓦人的進攻，但是，斯拉夫人和法蘭克商人之間亦時有衝突發生，商旅貨物經常被劫掠。在 631 年的時候，法蘭克人梅羅文加王朝達戈貝爾特一世 (Dagobert I Merovingian, 603?～639; King of Austrasia, 623～634; King of the

Franks, 629～634) 派遣三支部隊去對付薩摩王，其中最強大的一支來自於奧地利，本來打算要直搗薩摩王國的核心，結果被薩摩王領導的斯拉夫人擊潰於渥葛斯提斯堡 (Wogastisburg) 一地，斯拉夫人甚至於還數度攻掠法蘭克的圖林根 (Thuringia)。

626 年，阿瓦汗率領了 8 萬名由阿瓦人、匈人、日耳曼人和保加利亞人組成的部隊，聯合了波斯人進兵，大肆燒殺。和往常一樣，阿瓦人僅留下一座城市作為交換贖金之用，但是赫拉克琉皇帝 (Flavius Heraclius Augustus, 575?～641; Byzantine Emperor, 610～641) 堅拒其要脅，讓阿瓦聯軍一無所得。接著波斯艦隊在海上亦失利連連無所斬獲，之後阿瓦汗的聯合部隊乃拔營歸去。

阿瓦人在他們的大汗育谷魯許 (Yugurus, 791～795) 死後，改弦易轍減少對斯拉夫和保加利亞的擴張行動。八世紀末的時候，阿瓦人再度進犯歐洲。查理曼率領法蘭克人對他們施以重擊，擊潰他們。之後復於九世紀初，遭受保加利亞克魯可汗 (Krum, ?～814; Khan of the Bulgars, 803～814) 所率領的斯拉夫人和保加利亞聯軍的打擊，阿瓦人從此一蹶不振。

薩摩統治了 35 年，歿於 658 年，之後這個政權也就隨之瓦解了，終而被查理曼統治。從考古資料顯示，阿瓦人版圖之北盡是斯拉夫人所居，證實後來阿瓦人又重回彼等先前之舊居，進而與斯拉夫人生活在一起。

在九世紀的時候，阿瓦人遭受查理曼致命的打擊。摩拉維亞的波希米亞部落幫助查理曼摧毀了阿瓦汗國，那時大約是 805 年。捷克人因此得到其中一部分的領土作為封邑，以為回饋。雖

然摩拉維亞人對查理曼納貢，但他們仍舊享有相當的獨立。

三、莫伊米爾一世與大摩拉維亞王國的崛起

　　九世紀初，摩拉維亞公國（八世紀末～833）和斯洛伐克西南地區的部落逐漸統一，形成了「大摩拉維亞王國」。根據法蘭克帝國的資料記載，莫伊米爾一世 (795?～846) 是摩拉維亞公國的首位統治者，也是大摩拉維亞王國的第一位親王，莫伊米爾王朝因他而命名。

　　摩拉維亞公國位於摩拉瓦河流域上，大概就在今天捷克共和國的東南方，也就是在斯洛伐克的西邊。在摩拉維亞公國的鼎盛時期，疆土範圍涵蓋了現今的奧地利、匈牙利和波蘭等地。不過「大摩拉維亞王國」的中心是在斯洛伐克的尼特拉 (Nitra) 這個地方。南摩拉維亞和西斯洛伐克在經濟上的發展，要比其他地區更為強大，故此處部落融合的過程比波希米亞地區要快些。

　　當時企圖心旺盛的法蘭克王國 (Regnum Francorum) 加速了斯拉夫民族政治組織的形成，斯拉夫地區亦是法蘭克商人、傳教士和雄心勃勃的貴族武士爭相競奪發展的地方。法蘭克王國的國王查理一世 (Charles I , 742?～814; King of the Franks, 768～814) 在 800 年的時候登基為皇帝，稱作查理曼 (Emperor of the Romans, 800～814)，勢力擴及巴伐利亞、薩克森和義大利。805年到806年，查理大軍征服了波希米亞部族，迫使他們納貢。查理曼駕崩於 814 年，隨後皇位繼承的爭端紛起，王國勢力式微，無暇他顧。直至他的孫兒路易二世 (Louis II the German, 804?～

876; King of East Franks, 843～876)
統治了王國東方的版圖，即東法蘭
克王國 (the Kingdom of the East
Franks)，才藉由宗教勢力的擴張而
重振加洛林王朝的權力。他差遣傳
教士從雷根斯堡 (Diocese of
Regensburg)、帕索 (Diocese of
Passau) 和薩爾茲堡 (Diocese of
Salzburg) 等主教教區，分赴各處斯
拉夫族群宣教。

　　在初期，摩拉維亞傾向於討好
法蘭克王國以維持獨立。早在 822
年的時候，莫伊米爾一世就接納從
王國來的天主教傳教士進行宣教活
動，薩爾茲堡大主教亞達爾蘭 (the
圖 28：查理曼

Archbishop Adalram of Salzburg, 821～836) 於 828 年在尼特拉舉
行教堂襚除儀式。莫伊米爾一世對於天主教信仰亦有所回應，於
831 年在帕索率先受洗。833 年，莫伊米爾一世併吞尼特拉，版圖
擴增，建立「大摩拉維亞王國」。845 年 1 月，又有 14 名波希米
亞貴族來到雷根斯堡接受洗禮，並承認法蘭克宗教主權。

　　這樣一來，隨著天主教的傳入，日耳曼統治者也增強要取得
對波希米亞和斯洛伐克統治權的企圖心。後來由於王國介入摩拉
維亞王位繼承的權力鬥爭，莫伊米爾一世遣使前往法蘭克福王國

會議，表達欲獨立於帝國之外的意圖，遂被罷黜，帝國安排莫伊米爾一世的姪兒拉斯吉斯拉夫 (Svatý Rostislav z dynastie Mojmírovců, 846?～870) 繼位。此後，原先受洗的貴族們基於政治考量紛紛轉變態度，放棄了羅馬天主教信仰。

由於和西面的法蘭克王國之間的摩擦齟齬漸增，摩拉維亞與拜占庭帝國關係因而比較友好，造就日後斯拉夫民族和日耳曼民族間長期的緊張關係，進而影響捷克未來的歷史發展。

四、拉斯吉斯拉夫

846 年，東法蘭克國王路易二世率保加利亞聯軍遠征了摩拉維亞，另立拉斯吉斯拉夫為君主。東法蘭克與保加利亞締結盟約，這些外交策略促使拉斯吉斯拉夫不得不與拜占庭帝國友好，以求加強自己的地位。拜占庭帝國與神聖羅馬帝國是當時世界上的兩大強國，當時的摩拉維亞與它們在文化和經濟上有著十分密切的關係。

拉斯吉斯拉夫對於波希米亞甚有企圖，因而與東法蘭克有所衝突，他時而強調法蘭克人滲入社會和宗教所造成的威脅性。拉斯吉斯拉夫為了脫離法蘭克人的統治，經常和法蘭克人爭戰。後來拉斯吉斯拉夫擺脫了東法蘭克的勢力影響，並兼併鄰近

圖 29：拉斯吉斯拉夫

的波希米亞土地，摩拉維亞王國的國力達到了鼎盛。

拉斯吉斯拉夫在 860 年的時候，曾經要求教宗直接從羅馬派遣傳教士來，但是並未得到正面回應，因此 863 年他轉而投向拜占庭帝國皇帝麥可三世 (Michael III, 839～867; Byzantine Emperor, 842～867) 和拜占庭一個最有學問的教士──佛提烏斯主教 （Patriarch Photius，約 820～897；君士坦丁堡主教，858～861，878～886）。

斯拉夫民族的基督化是由佛提烏斯主教開始的，由於他所挑選從帖撒羅尼迦 (Thessaloniki) 來的希臘傳教士聖西里爾和聖默多狄熟悉斯拉夫語，因此選派他們承擔傳教使命。為此，聖西里爾創造了「格拉哥里字母」(Glagolitic script, Hlaholice) 和「西里爾字母」(Cyrillic script, Cyrilice)，將《聖經》和儀禮典章譯成斯拉夫語。自此，這斯拉夫教會的共通語言直至今天仍被俄羅斯東正教和其他斯拉夫正教基督徒使用。雖然他們在摩拉維亞最早的任務沒有成功，被日耳曼傳教士和動盪的政治局勢所迫而離開，但是他們的工作並沒有白費。不久，更多的拜占庭傳教士，包括原先被逐的二位修士，都繼續到其他地區進行傳教工作。從十一世紀開始，大部分的斯拉夫異教徒，包括俄羅斯、保加利亞、西伯利亞等地，都加入了拜占庭的基督教。

五、史瓦托普魯一世

拉斯吉斯拉夫在 870 年的一次政變中，被姪子史瓦托普魯一世 (Svatopluk I, 870?～894) 罷黜。波希米亞的斯拉夫人，包括波

希米亞部族的領袖波吉瓦一世 (Bořivoj I, 852/853～888/889) 都支持史瓦托普魯一世來對抗法蘭克人。波吉瓦一世在史瓦托普魯一世的宮廷裡接受了聖默多狄為他施洗成為基督徒。史瓦托普魯一世對於拜占庭的態度不若拉斯吉斯拉夫來得熱絡，874 年史瓦托普魯一世向法蘭克王國納貢，他改變了前人所制定的國家外交政策，不謀拜占庭帝國的支持，而是力取梵蒂岡教廷和東法蘭克王國的支持。

史瓦托普魯一世與教廷結盟所付出的代價是犧牲斯拉夫語祈禱文，因為教宗認為這是拜占庭政治野心的一個危險因素。聖默多狄於 880 年被任命為摩拉維亞的大主教，逝於 885 年。法蘭克人的傳教士接踵而至，對拜占庭教士的傳道任務形成挑戰，最後是法蘭克傳教士占了優勢。

之後聖默多狄的弟子被逐出國外，而且在教堂的禮拜儀式中開始使用拉丁文。可是斯拉夫語祈禱文的使用已經根深蒂固，不可能完全加以廢除，這種祈禱文的使用在波希米亞一直維持到十一世紀。

六、莫伊米爾二世

史瓦托普魯一世歿於 894 年，長子莫伊米爾二世 (Mojmír II, 894～907) 繼位，次子史瓦托普魯二世 (Svatopluk II) 受封於尼特拉公國。但是，史瓦托普魯二世在東法蘭克巴伐利亞國王阿諾夫 (Arnulf of Carinthia, 850?～899) 的支持下，先後於 895 年和 897 年背叛他哥哥莫伊米爾二世，試圖篡奪大摩拉維亞的王位。在

899 年雙方衝突達到最劇烈時，史瓦托普魯二世得到阿諾夫派遣巴伐利亞兵力相助。不料，莫伊米爾二世擊敗巴伐利亞，擄獲了史瓦托普魯二世。但是，巴伐利亞人設法營救了他逃到東法蘭克去。901 年，史瓦托普魯二世回到自己的尼特拉公國，最終可能於 906 年與匈牙利人的戰鬥中死去。

　　由於內部衝突不斷，再加上受到新一批來自東方的遊牧民族馬札爾人的威脅，使得大摩拉維亞王國日漸衰弱，陸續失去了其周邊地區 ： 在馬札爾人進攻巴拉頓公國 (Balaton Principality) 之後，894 年將此公國割讓給了東法蘭克。次年波希米亞脫離大摩拉維亞王國，成為東法蘭克的附庸，而 897 年盧薩西亞 (Lusatia, Lužice) 亦復如是。儘管內外如此交迫，莫伊米爾二世還是設法鞏固自己的力量。898 年，他要求教宗增派新神父來到大摩拉維亞王國，以減少巴伐利亞神職人員對該國的影響。就在 899 年阿諾夫死後，教宗終於派遣了一位摩拉維亞大主教和三名主教去大摩拉維亞。

　　最後由於馬札爾人穿越喀爾巴阡山脈，於 896 年定居在潘諾尼亞盆地，大摩拉維亞王國屢遭攻擊，邊陲地區開始鬆動，一統的局面逐漸瓦解。大約在 903～904 年的時候，馬札爾人對大摩拉維亞王國發動了致命性的一擊，摩拉維亞人的主力部隊敗潰，大部分的領袖被殲滅。906 年大摩拉維亞王國終告結束，而波希米亞有群山的屏障而免遭馬札爾人的侵擾，因而從大摩拉維亞王國的邊陲之地，轉而成為西斯拉夫人的政治重心，波希米亞部族的統治者普列米斯家族 (Přemyslovci) 躍入了世紀的新舞臺。

907 年，馬札爾人在布拉提斯拉瓦的三次戰役中擊退了巴伐利亞軍隊。在這三次重要的戰役中均未提及莫伊米爾二世或任何後繼者的名字，這大概就說明了莫伊米爾二世和大摩拉維亞王國的隕落之景。

大摩拉維亞王國的崩潰是中歐重要的歷史里程碑，因為它深深地影響所有西斯拉夫民族的發展。馬札爾人的入侵，阻斷了多瑙河中游地區斯拉夫民族定居的連貫性，使得西南兩支的斯拉夫人陷入分裂的狀況。大摩拉維亞王國瓦解的另一重要影響是，中斷與拜占庭帝國的經濟、政治和文化聯繫，因為中歐斯拉夫人曾經把拜占庭帝國當作反抗東法蘭克王國壓力的支柱。

第三節　斯拉夫文化的孕育與轉折

大摩拉維亞王國存在的整個時期，為了抵禦東法蘭克統治者的侵略。在九世紀中葉之後，史瓦托普魯一世執政時期，王國達到了空前的強盛，除基輔羅斯和保加利亞外，它是當時第三大的斯拉夫國家。

大摩拉維亞王國位於來自西方日耳曼和東方拜占庭這兩個文明的交叉口上，法蘭克人從西方進入這個國度，大批的日耳曼傳教士前來傳教。莫伊米爾一世和其族長接受了天主教的施洗。

莫伊米爾一世的繼承者拉斯吉斯拉夫因為畏懼日耳曼對其統治有所威脅，乃轉而求助於拜占庭。因應拉斯吉斯拉夫之所請，拜占庭乃派遣教士前往摩拉維亞，最著名的就是聖西里爾和聖默

多狄的事功，創造了格拉哥里字母，將《聖經》和一些最重要的
祈禱文翻譯成古教會斯拉夫語，用斯拉夫語文傳教，將基督教和
古教會斯拉夫語推廣至整個大摩拉維亞地區。因此改變了斯拉夫
世界的歷史與文化，也奠定了日後捷克文學和文化發達的基礎。

拉斯吉斯拉夫被罷黜之後，史瓦托普魯一世繼位，他選擇了
和日耳曼教會結盟，並在 885 年聖默多狄死後，轉而接受羅馬天
主教的教化。結果，捷克人和斯洛伐克人採用了拉丁字母，有別
於東斯拉夫人。至於摩拉維亞的斯拉夫教會瓦解之後，斯拉夫文
化的部分傳播到了波希米亞，甚至遠至保加利亞、南斯拉夫和俄
羅斯等地。在十世紀初期，保加利亞的斯拉夫文學異常發達，不
久又創造了第二種斯拉夫語字體，即西里爾字體。南斯拉夫人至
今仍然使用這種字體，俄羅斯字母就是由這種字體演變出來的。
各種斯拉夫語之間的差異逐漸越來越大，其自然結果就是古斯拉
夫語逐漸變成一種官方語言，直到現在東正教會裡仍然使用這種
語言。

斯拉夫語在一個相當長的時期裡成為所有斯拉夫人最老的通
用書面語言，《聖經》和一些拜占庭文學著作曾經譯成這種文字，
還有許多傳說故事和教會頌詩的原作也是用這種文字寫的。這種
語言的地位僅次於拉丁語和希臘語，為第三種語言，由於採用它
作為摩拉維亞的教會用語，更強化它的權威性和普及性。斯拉夫
字母的發明和它原來的方言發展到文言的水準，這說明了斯拉夫
文化儘管同拜占庭文化保有聯繫，可是卻仍保有其獨立性。

在波希米亞和摩拉維亞這片土地上的民族聯合，因大摩拉維

　　亞王國的崩潰而遭受挫折，馬札爾人的入侵，把斯拉夫世界分裂成兩個部分。在往後的幾百年之中，兩者在各自不同經驗的道路上發展，生活在截然不同的歷史條件之中。

第二章 | *Chapter 2*

波希米亞—摩拉維亞公國

第一節　國家的浮現

　　科斯馬斯的《波希米亞編年史》和其他的原始資料記錄著普列米斯王朝早先創立的傳統。根據這些傳奇故事，普列米斯是波希米亞的首位公爵。到了波吉瓦一世的時代，波希米亞版圖可能直接由公爵所統治。波吉瓦一世在布拉格建造第一座教堂奉獻給聖母瑪利亞，之後在赫拉德查尼 (Hradčany) 的山脊上建一座新城堡。波吉瓦一世的兒子史匹提涅夫一世繼承爵位，宣告脫離大摩拉維亞王國的統治，向東法蘭克王國納貢，並且將波希米亞的教堂置於雷根斯堡主教區的管轄。波希米亞其他的公爵承認其最高地位，但是仍舊維持他們自己的獨立。對法蘭克人來說，九世紀、十世紀之交也是動盪不安的。當加洛林王朝逐漸式微的時候，東法蘭克王國的巴伐利亞、薩克森、杜林吉、法蘭可尼亞 (Franconia) 和士瓦本 (Swabia) 等五個地區的公爵相互競奪王位。

　　波希米亞人支持巴伐利亞，但是 919 年薩克森的亨利一世登基為王。弗拉吉斯拉夫一世死於一場對抗馬札爾人（匈牙利人）的戰役中，由其幼子瓦茨拉夫一世繼位。

　　繼瓦茨拉夫一世後，波列斯拉夫一世的擴張得以順利，得力於波希米亞有效率的統治體系。當初為了打造一個穩固的國家，瓦茨拉夫一世和祖母柳吉米拉讓捷克基督教化。波列斯拉夫一世依靠自己的軍隊打天下，他擴張其城堡，徵收稅賦、物資以及其他繇役。這些城堡和教堂也是基督教傳播的中心。社會情況的穩定有助於刺激貿易，當時的布拉格已是繁華的貿易城市，住有許多外國商人，其中有日耳曼人、拉丁人和猶太人。

　　由於波希米亞隸屬於雷根斯堡主教區，因此虔誠者波列斯拉夫二世在位時積極地想讓布拉格成為獨立的主教區。後來教宗答應了他的請求，並助其在布拉格城堡建造本篤會修道院，這裡也是普列米斯家族埋身之處。

　　973 年神聖羅馬帝國皇帝認可布拉格主教區，將之納於梅茵茲 (Mainz) 大主教區的管轄。布拉格的首任主教是薩克森人，982 年就任第二任主教的瓦伊德克 (Vojtěch, 956～997) 是本土的波希米亞人，一直有著自己的理念，不完全依從皇帝的旨意行事，他積極主張基督教義的講授，並且希望和日耳曼傳教士一樣從事世俗性的工作。瓦伊德克於 989 年前往羅馬，但是在波列斯拉夫二世的要求下於 993 年回來。次年他離開波希米亞，因而逃過 995 年發生的家族血腥大屠殺。

　　在羅馬，瓦伊德克和年輕的神聖羅馬帝國皇帝奧圖三世 (Otto

III, 980～1002; Holy Roman Emperor, 996～1002) 熟稔。997 年瓦伊德克赴異教徒之地向普魯士人傳教，結果在波蘭殉道。999 年奧圖三世倡議為其封聖，1000 年前往格涅茲諾 (Gniezno) 朝覲瓦伊德克遺骨的時候，波列斯拉夫一世被奧圖三世封為勇者，格涅茲諾被提升為大主教區。

第二節　普列米斯家族

　　波希米亞人是斯拉夫民族的一支，他們與摩拉維亞人比鄰而居。在地緣上，波希米亞由於馬札爾人的存在，阻隔了它和拜占庭的直接往來，因而受神聖羅馬帝國的影響較深。波希米亞躍入歷史紀錄的歲月大概是在九世紀的時候，當時的領袖波吉瓦一世接受了聖默多狄的施洗。

　　九世紀末，大摩拉維亞王國因內鬨頻繁，造成分裂。馬札爾人在 906 年趁機大舉進犯，終將大摩拉維亞王國滅掉。此後，波希米亞從摩拉維亞分離出來，逐漸形成獨立國家。

　　907 年，波希米亞大公在教會的支持下，統一波希米亞的各部落，建立起普列米斯王朝 (907～1306)。

　　「波希米亞王冠之地」(Lands of the Bohemian Crown；捷克語：Země koruny české；拉丁語：Corona regni Bohemiae) 包括波希米亞、摩拉維亞、西里西亞和路沙奇亞 (Lusatia, Lužice) 等地。曾經於 870～1085 年、1092～1158 年和 1172～1198 年期間由公爵治理，於 1085～1092 年、1158～1172 年和 1198～1918 年期間

被國王統治。

在 805～806 年的時候，波希米亞曾向查理曼納貢。八十年後波希米亞大公波吉瓦一世似乎亦歸順了大摩拉維亞王國的史瓦托普魯一世。

大摩拉維亞王國瓦解，在隨即而來的混亂之後，史匹提涅夫一世成功地統一了所有的波希米亞部眾。從他開始，普列米斯家族的爵位繼承就沒有中斷過。

普列米斯家族的源起可追溯到祖先李卜雪。李卜雪神話般的角色是好幾齣劇本的重要素材，包括奧地利名劇作家法蘭茲·格里爾帕澤 (Franz Seraphicus Grillparzer, 1791～1872) 的悲劇《李卜雪》和捷克著名音樂家史麥塔納的歌劇「李卜雪」皆有採用。

據說李卜雪是波希米亞統治者科洛克 (Krok) 三個女兒中的么女，由於她最為聰慧，因而被選為繼承權位。傳說她預知布拉格城將會座落在伏爾塔瓦河畔的懸崖上，以及在何處可覓得未來的丈夫，還知其名為普列米斯 (Přemysl, 694～745)，捷克語就是「農夫」的意思。她還預知，當找到普列米斯的時候，他正在建造「大門的基石」，捷克語叫做布拉哈 (prah)。這個傳說巧妙地解釋了普列米斯王朝的源起，以及布拉格城名的由來。之後，她果真嫁給一個叫做普列米斯的人，生了聶札米斯 (Nezamysl, 718～783)，聶札米斯幾經傳位至波吉瓦一世。

到了十世紀的時候，波希米亞－摩拉維亞已經完全脫胎換骨，改變了斯拉夫部族的原有型態，成為基督教國家，形成公國，成為神聖羅馬帝國的一個諸侯國。在這之前，其統治者的頭銜雖然

圖 30：普列米斯和李卜雪

也稱作公爵，但是並未獲得承認。

　　波希米亞何時成為一個王國，其精確時間不是很清楚，儘管弗拉吉斯拉夫二世是波希米亞的第一位國王，但波希米亞的統治者有時兼統波蘭、匈牙利幾個王國。

　　普列米斯家族裡有各式各樣的統治者，史料留下最多的是瓦茨拉夫一世，在位時間為 921～929 年（另有一說 935 年），他是一個虔誠的基督徒，死後被視為波希米亞民族的守護神。在中世紀時代，瓦茨拉夫一世的圖像出現在象徵捷克國家主權的標記上，

被刻製在印信、錢幣、軍旗和王冠上。

　　瓦茨拉夫一世是普列米斯家族的第四位統治者，在他統治期間，與薩克森結盟，奠定了與神聖羅馬帝國發展更親密的關係。後來他被弟弟殘酷的波列斯拉夫一世刺殺。波列斯拉夫一世是個異教徒，他對於哥哥瓦茨拉夫一世的信仰方式頗有意見，認為哥哥浪費太多的時間在天主教儀軌上，也對於與薩克森的結盟不以為然。

　　波列斯拉夫一世和瓦茨拉夫一世的祖母柳吉米拉也是被謀殺的。據說這位老奶奶是被其媳婦，也就是波列斯拉夫一世和瓦茨拉夫一世的母親勒死的。然而事情並未就此結束，普列米斯家族可說是厄運連連，其最後一位統治者瓦茨拉夫三世也很可能是遭到謀害。普列米斯家族的聲名留存在今日的捷克人們心中，不過卻鮮少有人提及其血腥之氣。

一、波吉瓦一世親王

　　波吉瓦一世親王 (Bořivoj I, 852/853～888/889; Duke of Bohemia, 870～888) 是捷克普列米斯家族的領袖，原先他只是統治布拉格附近的地方。根據捷克的古老傳說，赫斯提維特 (Hostivít) 是九世紀波希米亞的親王，其子波吉瓦大概在 870 年的時候，自稱為波希米亞公爵，之後於 872 年左右被摩拉維亞親王史瓦托普魯一世認可，史瓦托普魯一世派遣主教聖默多狄前來，開始進行基督教化的使命。波吉瓦公爵和妻子柳吉米拉於 874 年受浸，成為波希米亞第一位信奉基督教的公爵。雖然他們熱心傳

圖 31：波吉瓦一世（左）及柳吉米拉（右）

教，但是基督教還是沒能深植於當時的老百姓之中。

　　約在 883 年的時候，波吉瓦一世被其親戚史特羅米爾 (Strojmir) 罷黜，後來又經摩拉維亞親王史瓦托普魯一世的支持而復位。

　　一如波希米亞早期多數的統治者，波吉瓦一世的建樹是模糊的，雖然有好幾座大型防禦工事和宗教上的建築據說是在其任內興建的，但是他在位的確切時間以及政績並不全然可信。

二、史匹提涅夫一世

　　為波吉瓦一世的長子，史上有關史匹提涅夫一世 (Spytihněv I, ?～915) 的記載相當有限，他唯一為人所知的事蹟，就是利用 892 年東法蘭克王國國王阿諾夫 (Arnulf of Carinthia, 850～899;

King of East Francia, 887～899; Holy Roman Emperor, 896～899)
邀請匈牙利 （馬札爾） 人參與對大摩拉維亞王國征戰之際，於
895 年和阿諾夫結盟，宣布波希米亞脫離大摩拉維亞王國的統治。
他謀劃保護波希米亞免於遭受匈牙利人的掠奪，這個條約因此讓
波希米亞開始接觸東法蘭克加洛林王朝的文化，並且也為基督教
在波希米亞宗教信仰上贏得最後的勝利而鋪路。

三、弗拉吉斯拉夫一世

弗拉吉斯拉夫一世 (Vratislav I, 888?～921; Duke of Bohemia,
915～921) 大約在 906 年，娶了金箭部落的公主德拉霍米拉
(Drahomíra ze Stodor, 877?～936?; Duchess consort of Bohemia,
906～921)，因此建立了和波蘭斯拉夫人的關係。

弗拉吉斯拉夫一世在其兄史匹提涅夫一世死後，繼承爵位。
當時波希米亞的政治和文化領域已與大摩拉維亞有相當大的差
距，且深受東法蘭克巴伐利亞的阿諾夫國王影響。900 年，巴伐
利亞與波希米亞結盟攻擊了摩拉維亞的莫伊米爾二世親王
(Mojmir II, Mojmír II, 871?～901?)。弗拉吉斯拉夫一世死於一場對
抗馬札爾人 （匈牙利人） 的戰役中，那個時間很可能是在 921
年，但也有的推測是在 919 年。

他育有兩子，一個是後來稱聖的瓦茨拉夫一世 (St.
Wenceslaus, Svatý Václav, 907?～935; Duke of Bohemia, 921?～
935)，另一個是殘酷的波列斯拉夫一世 (Boleslaus I the Cruel,
Boleslav I. Ukrutný, ?～972?; Duke of Bohemia, 929/935～972)。有

些史學家認為波希米亞斯拉夫尼克家族 (Slavníkovci) 的開基祖斯拉夫尼克 (Slavník, ?～981) 之妻斯特雷齊斯拉瓦 (Střezislava, ?～981)，也應該是弗拉吉斯拉夫一世的女兒。

第三節　獨立的波希米亞

一、瓦茨拉夫一世

　　弗拉吉斯拉夫一世死在戰場上，由兒子瓦茨拉夫一世繼承遺緒，那年他大概十三歲。瓦茨拉夫一世生長在一個信仰衝突的家庭中，他的爺爺波吉瓦一世受到兩位斯拉夫使徒聖濟利祿和聖默多狄的教化而接受基督信仰，他的父親也深受爺爺的影響信仰基督教。父親過世後，瓦茨拉夫一世由奶奶柳吉米拉一手拉拔大，並且成為基督徒。但是瓦茨拉夫一世的母親德拉霍米拉卻來自異教信仰的部落，有著自己家族的傳統信仰。和當時其他的波希米亞貴族一樣，她擔心基督教的傳入可能會影響他們的既得利益。

　　德拉霍米拉憎惡婆婆柳吉米拉對於兒子的影響，聲稱婆婆在巴伐利亞傳教士的幫助下，教育瓦茨拉夫一世成為教士而不是王子。她和柳吉米拉之間的衝突日益尖銳，乃密謀刺殺婆婆。921年 9 月 16 日，趁著柳吉米拉從布拉格逃往日耳曼雷根斯堡 (Regensburg) 之際，在泰芹 (Tetín) 派殺手以頭巾絞殺她。

　　柳吉米拉起初被葬於泰芹的聖麥可教堂 (St. Michael's Church, Kostel svatého Michala)，後來在 925 年被封聖，才移至布

拉格的聖喬治教堂 (St. George's Basilica, Bazilika svatého Jiří)。聖柳吉米拉被視為波希米亞的守護者，頭巾是其象徵。

剷除柳吉米拉的箝制之後，德拉霍米拉隨即接下攝政大權，政績還不錯，尤其是在防禦外族進犯及平定李卜雪部族叛亂等事功上，顯現其手腕。德拉霍米拉一心要恢復對兒子瓦茨拉夫一世的掌控，她設法要兒子重拾過去的宗教信仰，但是瓦茨拉夫一世依舊祕密地奉守基督教義。

瓦茨拉夫一世在十八歲那年，奪權登位，放逐其母親，他大力推動波希米亞的基督教化。他不只在各處興建教堂，例如在布拉格修建聖維特大教堂，而且接受神聖羅馬帝國的影響。

瓦茨拉夫一世從祖母柳吉米拉給他的基督教義中嶄露頭角，他也讓祖母死後封聖。波希米亞的非天主教貴族們認為他不只對傳統，也對他們的權力有所威脅。

929 年 (也有一說是 935 年) 9 月，一群非天主教貴族聯合瓦茨拉夫一世的弟弟波列斯拉夫一世密謀刺殺行動。波列斯拉夫一世以紀念聖科斯馬斯和聖達米安 (St. Damian) 之名設宴款待瓦茨拉夫一世，在瓦茨拉夫一世赴教堂的途中將其刺殺，奪取了王位，相傳兇手當場也被砍死了。

史家對於他們兄弟倆間的衝突有不同的解讀，波列斯拉夫一世除了受母親德拉霍米拉以非天主教的傳統撫養之外，還有僭取其兄瓦茨拉夫一世王位的動機野心。在捷克民族主義派歷史學家的看法認為，這是對於瓦茨拉夫一世親日耳曼政策的反應，而近代德國特別是在第二次世界大戰期間則認為，瓦茨拉夫一世投靠

強大的日耳曼是務實的。面對日益茁壯的薩克森王朝 (Saxon Ottonian Dynasty)，瓦茨拉夫一世謹慎以對。在捷克史裡，波希米亞和日耳曼之間關係的話題從不間斷。若干歷史學家將日耳曼勢力的增長，以及波列斯拉夫一世對於瓦茨拉夫一世宗教政策的敵視，視為導致瓦茨拉夫一世死亡的兩個主要原因。

這裡必須要說明的是，雖然神聖羅馬帝國授與公爵的頭銜給瓦茨拉夫，但是從波列斯拉夫具有親王的頭銜來看，當時的波希米亞已經是獨立於帝國之外的國家了。

在歷史紀錄中有關瓦茨拉夫一世死亡年代有不同的說法，根據他的遺體被運到聖維特大教堂的時間是在 932 年來推斷，應該可以排除 935 年辭世的可能性。但是，現代的歷史學家們卻還有主張 935 年是瓦茨拉夫一世被刺殺的年分。

在瓦茨拉夫一世死後，人們為了紀念他的殉難以及發生的若干奇蹟，因而將他封聖，瓦茨拉夫一世成為捷克國家與人民的守護聖徒。他的節日是 9 月 28 日，從 2000 年起這天成為國定假日。

捷克人一直將瓦茨拉夫一世視為民族的守護神，捷克的領土也因此被稱為 「聖瓦茨拉夫王冠的領地」 (Land of the Crown of St. Wenceslaus)。從此之後，不論任何人出任波希米亞的國王，都必須到布拉格接受「聖瓦茨拉夫王冠」加冕典禮。因是之故，929 年也被捷克人視為正式建國的年代。

為了紀念瓦茨拉夫一世的榮耀，他騎馬身著盔甲的雕像矗立在布拉格的瓦茨拉夫廣場上。他成了家喻戶曉的知名人物，譬如他就是聖誕節讚美詩中的 「明君瓦茨拉夫」 (Good King

Wenceslas)。

二、殘酷的波列斯拉夫一世

殘酷的波列斯拉夫一世的父親是弗拉吉斯拉夫一世,波列斯拉夫一世育有一子虔誠者波列斯拉夫二世和一女鐸布拉娃 (Dubrawka, 925/931～977)。

波列斯拉夫一世因為參與謀殺其兄瓦茨拉夫一世,奪取王位而惡名昭彰。不過,由於他的積極勤政,政績普遍受捷克的歷史學家所肯定。若要說瓦茨拉夫一世的宗教政策是造成波列斯拉夫一世弒兄的原因,但這又與波列斯拉夫一世並未阻止天主教在波希米亞發展的情況不相符,事實上波列斯拉夫一世曾經差遣他的修女妹妹瑪拉達前往羅馬,要求允許讓布拉格成為主教區。

瓦茨拉夫一世被謀殺的同時,波列斯拉夫一世的兒子誕生了。由於他極其後悔弒兄,乃發誓將兒子奉獻給上帝,教養他成為教士。

在瓦茨拉夫一世死後,捷克－日耳曼的關係改變了。通常都認為,過去瓦茨拉夫一世對於薩克森公爵,同時也是日耳曼國王的亨利一世非常恭順,但是波列斯拉夫一世繼位後,隨即與亨利一世的繼承者奧圖一世 (Otto I the Great, 912～973; King of Germany, 936～962; Holy Roman Emperor, 962～973) 開啟戰端,這場激烈的衝突延續了十四年,一直到 950 年雙方簽署和約方告結束。雖然不能肯定波列斯拉夫一世是否稱臣於日耳曼君王,但是有一點可確定的就是,之後波列斯拉夫一世領軍和奧圖一世結盟,在 955 年 8 月 10 日勒克河 (Lech) 一役大勝馬札爾人 (匈牙

利人），勢力延伸至摩拉維亞、今日的斯洛伐克以及波蘭的克拉科夫 (Kraków)，甚至更遠的東方，到達布格河 (Bug) 河畔。波列斯拉夫一世也曾於 953 年時幫助奧圖一世平定下易北河一帶斯拉夫人的暴動。

捷克的歷史學家認為在波列斯拉夫一世的統治下，捷克大抵形成，普列米斯王國的領土擴張，包括了波希米亞、摩拉維亞、克拉科夫、西里西亞和路沙奇亞，當時的版圖之大幾乎和摩拉維亞王國的領域一樣，但是卻無明確的時間紀錄這些傳聞。

三、虔誠者波列斯拉夫二世

虔誠者波列斯拉夫二世 (Boleslaus II the Pious, 929～999; Duke of Bohemia, 972～999) 於 972 年繼承其父的爵位，他和日耳曼王國維持著良好的關係，並於 975 年支持奧圖二世 (Otto II, 955～983; Holy Roman Emperor, 967～983) 對抗巴伐利亞公爵好辯者亨利二世 (Henry II the Quarrelsome, 951～995; Duke of Bavaria, 955～976, 985～995)。977 年，波列斯拉夫二世再次進攻巴伐利亞，不過沒有獲得任何的土地作為回饋。

波列斯拉夫二世的政績中最值得注意的是，在 973 年設立布拉格主教區，隸屬於日耳曼梅茵茲大主教區。其第二任主教是瓦伊德克，他對於波蘭人和馬札爾人（匈牙利人）所作的貢獻相當大，因而封聖，被稱作聖阿德爾伯特（Saint Adalbert of Prague, Svatý Vojtěch，瓦伊德克死後的封號）。瓦伊德克出身於波希米亞貴族家庭，在得到聖阿德爾伯特大主教的頭銜之後，前往馬格地

伯格 (Magdeburg) 進行宣教活動。後來，他成為布拉格的主教，不過卻因為他在教區內銳意進行改革，激起怨懟招致不滿，所以不得不離開。他隻身前往羅馬，教宗約翰十五 (Pope John XV, 985～996) 撤除他的主教身分，改派至一個修道院，從事最卑微的工作。當人們憶起他時，以非常盛大的儀式歡迎他重回羅馬。那時候，馬札爾人（匈牙利人）正好也開始基督教化，瓦伊德克就去了匈牙利。可能就是他為匈牙利蓋沙 (Géza, 970～997) 公爵一家人和史蒂芬國王 (Saint Stephen I of Hungary, 975～1038; King of Hungary, 1000～1038) 施洗的。

　　普列米斯王朝利用與日耳曼維持結盟關係的同時，對付地方上始終不屈從的貴族，以鞏固其統治地位。那些貴族頑強地想在帝國的勢力之下維持其自主權。波列斯拉夫二世在 995 年 9 月 28 日襲擊波希米亞南方的利比錫 (Libice)，大肆殺戮斯拉夫尼克的人民。這支部族一直是波希米亞普列米斯政權的主要對手，波列斯拉夫二世的勝利獲得了波希米亞單一領導的確定性。

四、盲者波列斯拉夫三世

　　盲者波列斯拉夫三世 (Boleslaus III the Blind, ?～1035; Duke of Bohemia, 999～1002) 是虔誠者波列斯拉夫二世的長子，個性懦弱，政績混亂，使得波希米亞成為神聖羅馬帝國聖亨利二世 (Henry II the Saint, 973～1024) 和波蘭國王勇者波列斯拉夫之間長期爭戰的一顆棋子，任憑擺布，因而有「波希米亞最糟的統治者」之名。999 年，波列斯拉夫三世繼承波希米亞公爵爵位，一

直到 1002 年的一場叛變行動將其逐往日耳曼，王位由其親戚弗拉吉瓦伊 (Vladivoj, 981?～1003; Duke of Bohemia, 1002～1003) 攫取而去。

弗拉吉瓦伊的出身不甚清楚，只知他是普列米斯家族的一員或者是遠親。波列斯拉夫三世在 1002 年並非情願的情況下交出政權，弗拉吉瓦伊也是在糊裡糊塗的情況下繼任的，據說他還是個酒鬼，可能於 1003 年死於酒精中毒。

1003 年波列斯拉夫三世得到波蘭國王勇者波列斯拉夫的武力支持而復位。波列斯拉夫三世隨即下令展開屠殺維雪堡的貴族，埋下了損傷其地位的種子。

波列斯拉夫三世的弟弟亞洛米爾和歐爾德利希，擔心遭到波及，亡走日耳曼，尋求聖亨利二世的庇護。同時，波蘭國王勇者波列斯拉夫要求兼領波希米亞而入侵，在零星的反抗之中占據了布拉格。波列斯拉夫三世被捕入獄，又瞎了眼，所以又被稱作「盲者波列斯拉夫三世」，三十餘年後老死在獄中。

五、波蘭勇者波列斯拉夫

勇者波列斯拉夫 (Bolesław I the Brave, 967～1025; Duke of Poland, 992～1025) 係大公梅什科一世（Mieszko I，約 935～992）和波希米亞波列斯拉夫一世女兒鐸布拉娃婚生之子。他是皮雅斯特王朝 (Piast Dynasty) 的第二位波蘭大公和第一位波蘭國王（1025 年在位）。

勇者波列斯拉夫的父親在 992 年死去，之後他將父親的第二

任妻子歐達 (Oda von Haldensleben, 978?～1023) 以及同父異母兄弟們放逐，統一了國家。他先後婚娶四次，育有子女多名。

勇者波列斯拉夫統治時代，波蘭南方克拉科夫附近的小波蘭 (Lesser Poland) 正式歸入王朝版圖。他於 994 年征服波蘭北邊的波美拉尼亞 (Pomerania)，約在 999 年的時候占領屬於捷克的西里西亞和摩拉維亞，1000 年占有斯洛伐克。

997 年，勇者波列斯拉夫派遣軍隊護送瓦伊德克 (Vojtěch) 至普魯士宣教，希望將普魯士人民轉變為基督徒。1000 年，在前往格涅茲諾的聖阿德爾伯特墓地朝覲之際，勇者波列斯拉夫獲得神聖羅馬帝國皇帝奧圖三世授以 「帝國的兄弟和夥伴」 (Frater et Cooperator Imperii) 的頭銜，同時還將格涅茲諾提升為大主教區。若干歷史學家說，皇帝那時曾應許將王位傳給勇者波列斯拉夫。

奧圖三世早逝於 1002 年，這年勇者波列斯拉夫利用王位紛爭之際，奪取了神聖羅馬帝國的土地，占有麥森 (Meissen) 和路沙奇亞。他還先後征服波希米亞和摩拉維亞，並於 1003 至 1004 年間自封為這兩國的公爵。

1025 年，勇者波列斯拉夫在臨終前由教宗約翰十九世 (Pope John XIX, 1024～1032) 加冕為國王，並將波蘭的地位提升為王國。

六、亞洛米爾

亞洛米爾 (Jaromir of Bohemia, ?～1035) 是虔誠者波列斯拉夫二世的次子，1003 年他反抗其長兄盲者波列斯拉夫三世，但是未能保住王位，結果被波蘭國王勇者波列斯拉夫奪走。亞洛米爾

和弟弟歐爾德利希隨後尋求日耳曼君王聖亨利二世的軍事援助。在梅瑟堡 (Merseburg) 這個地方，亞洛米爾承諾讓波希米亞成為聖亨利二世的附庸，因此納入神聖羅馬帝國的管轄範圍。

　　1004 年，亞洛米爾得日耳曼軍力之助占領布拉格，並且得到爵位。他所得到的國土只是一小部分，因為波蘭的兵力仍舊占有摩拉維亞、西里西亞和路沙奇亞。亞洛米爾的統治一如捷克大部分早先的統治者，奮力收復失土。1012 年，亞洛米爾被弟弟歐爾德利希罷黜，並且被迫流放。之後在 1033 年的一場戰役，亞洛米爾將其弟拉下而重獲政權，不過這次他在位的時間甚短。一年之後，歐爾德利希被其子布列吉斯拉夫一世迎回復位。最後亞洛米爾被囚禁在一個叫做利撒 (Lysa) 的地方，於 1035 年死去，比他的弟弟晚走一年。

七、歐爾德利希

　　歐爾德利希 (Oldřich of Bohemia, Oldřich kníže, 975?～1034; Duke of Bohemia, 1012～1034) 在 1012 年的時候罷黜二哥亞洛米爾而得到爵位繼承權。歐爾德利希以無子嗣為由休妻，另娶一位名叫寶吉娜 (Božena, ?～1052) 的莊稼女。他和兒子布列吉斯拉夫一世從波蘭人手中重新收回摩拉維亞。1029 年，布列吉斯拉夫一世將波蘭人驅離東部領土。

　　1032 年，歐爾德利希拒不受邀參加梅瑟堡議會，激怒了神聖羅馬帝國皇帝康拉德二世 (Emperor Konrad II, 990?～1039; Holy Roman Emperor, 1027～1039)，皇帝因而發兵將其罷黜，爵位又由

其兄亞洛米爾奪回。之後他們內部又發生一場鬥爭，歐爾德利希
復位，這回將亞洛米爾拘捕入獄，並弄瞎雙眼。歐爾德利希重掌
政權後不久死去，後人對其遺骸進行檢驗，發現他的頭蓋骨曾遭
受致命的重擊，足證其死因恐不單純。

八、布列吉斯拉夫一世

　　普列米斯家族的布列吉斯拉夫一世（Břetislav I of Bohemia，
約 1005～1055; Duke of Bohemia, 1035～1055）是歐爾德利希和寶
吉娜所生的兒子。1019 年，他在舒溫福特 (Schweinfurt) 劫走巴伐
利亞侯爵亨利 (Henry of Schweinfurt of Nordgau, 970～1017) 的女
兒茱蒂作為妻子。布列吉斯拉夫一世在父親統治的期間，於 1029
年將摩拉維亞從波蘭手中收回。大約在 1031 年時，布列吉斯拉夫
一世進攻匈牙利，以阻絕其國王史蒂芬的擴張。

　　波希米亞王國雖然占有摩拉維亞，但是摩拉維亞仍舊是個獨
立的封邑，由波希米亞國王的幼子統治。在十一世紀到十六世紀
之間，摩拉維亞曾一度斷絕與波希米亞王國的宗主關係，原因是
那段時期摩拉維亞直接附屬於神聖羅馬帝國或者在匈牙利之下。
雖然摩拉維亞的命運與波希米亞結合在一起，但是一般說來，它
卻沒有參與波希米亞爭取公民的和宗教上權益的爭戰。

　　波希米亞在 1034 年時分裂為二，各以歐爾德利希和亞洛米爾
為首，所以布列吉斯拉夫一世曾流亡至邊境一帶，直到亞洛米爾
被罷黜才得以回來接替王位。

　　1035 年，布列吉斯拉夫一世幫助神聖羅馬帝國皇帝康拉德二

世對抗路沙奇亞。1039 年，他入侵波蘭，占領克拉科夫和波茲南
(Poznan)，並劫掠波蘭首都格涅茲諾，將聖阿德爾伯特（瓦伊德
克）的遺骸帶了回來。在他回程途中，又攻克了西里西亞包括首
都弗拉吉斯拉夫 (Wrocław) 的一部分。他的主要目的是在布拉格
設立大主教區，創造一個在神聖羅馬帝國之外的依附空間。1040
年，日耳曼國王亨利三世 (King Henry III, 1017～1056; Holy
Roman Emperor, 1046～1056) 進兵波希米亞，但隨即因為補給線
受挫而撤退。布列吉斯拉夫一世沒有堅持對抗日耳曼人，終而和
亨利三世議和，布列吉斯拉夫一世聲明放棄除了摩拉維亞之外的
所有占領來的土地。

　　1047 年，亨利三世要求布列吉斯拉夫一世與波蘭議定和約，
此和約對布列吉斯拉夫一世相當有利，以布列吉斯拉夫一世每年
補助格涅茲諾作為報償，要求波蘭不得進犯波希米亞。

　　1054 年布列吉斯拉夫一世簽署了一份著名的 〈自先權法〉
(*Agnatic seniority Law, Agnatický zákon o stáří*)， 這是首度以法令
聲明波希米亞和摩拉維亞尊崇普列米斯家族支脈的資深地位，普
列米斯家族較年幼的成員被允許以公爵身分統治摩拉維亞。

　　布列吉斯拉夫一世也是天主教化的推手，其訂定法令包括禁
止一夫多妻制和在假日中做買賣。

　　布列吉斯拉夫一世死於 1055 年，當時他正準備對匈牙利發動
另一次攻擊行動，其遺位由子史匹提涅夫二世繼承。

九、史匹提涅夫二世

史匹提涅夫二世 (Spytihněv II of Bohemia, 1031～1061) 從 1055 年起到去世為止，身分一直是波希米亞公爵。他是布列吉斯拉夫一世的長子，當史匹提涅夫二世繼承爵位時，在加冕典禮上以讚美詩「對我們有憐憫」(*Lord, Hospodine pomiluj ny*) 來慶祝，這是目前所知最古老的捷克語歌曲。

史匹提涅夫二世加冕之後立刻去雷根斯堡覲見皇帝，不過這種對神聖羅馬帝國效忠的態度，並不妨礙他驅離包括母親吉特卡 (Judith of Schweinfurt, Jitka ze Svinibrodu, 1003?～1058) 在內的所有日耳曼人，這樣的反日耳曼政策一直持續到史匹提涅夫二世去世。

根據《波希米亞編年史》記載，史匹提涅夫二世的母親來自於巴伐利亞的貴族家庭，在她父親過世之後，就住進修道院接受高貴淑女的課程。在當時的貴族和王室的女子中，這是很常見的，但就在那裡，她被史匹提涅夫二世的父親布列吉斯拉夫一世綁架成親。

第三章 | *Chapter 3*

波希米亞的第一個王朝

第一節　從公國到王國

　　享有世襲王國的地位，讓統一的波希米亞，具有更牢固的正統性和政治地位。對捷克共和國而言，波希米亞君主的形象顯示捷克並不年輕，而是具有悠久歷史的國度。

　　波希米亞發展成王國的過程其實並不順遂，其地理位置介乎神聖羅馬帝國、波蘭和匈牙利等王國之間，深受彼等影響達數世紀之久。捷克的公爵們必須和日耳曼帝國維持穩定的政治關係，時常扮演附庸的角色，但是波希米亞從沒有融入帝國的體制之中。此外，波希米亞的統治者常利用鄰國衰微的時候進行擴張，但是當波蘭和匈牙利一旦恢復國力時，波希米亞的領土又會被迫退縮回去。波希米亞內部主要的問題包括爵位繼承，以及和摩拉維亞間的關係。

　　在與波蘭和匈牙利爭戰之後，波希米亞持續維持王國的型態

達四百年之久。在普列米斯王朝統治的時期,直到 1306 年為止,捷克的勢力逐漸茁壯,即使與神聖羅馬帝國維持附庸關係,但是仍舊成功地保有其實際的主權。波希米亞普列米斯王朝統治著波希米亞和波蘭,還控制部分的奧地利領土和阿爾卑斯山脈一帶。

在十世紀的時候,處於日耳曼的強大和神聖羅馬帝國重建的環境下,波希米亞喪失了其大部分所擁有的版圖。布列吉斯拉夫一世於 1034 年登基時,其版圖又恢復摩拉維亞的一部分,並於 1039 年侵入波蘭。然而,日耳曼國王亨利三世強迫其撤退,而匈牙利占有斯洛伐克。波希米亞為了維持其獨立性,發覺有必要積極參與神聖羅馬帝國皇位的競選,也就因此產生了日耳曼和神聖羅馬帝國爭相為波希米亞親王加冕的有趣情形。

第二節　普列米斯諸王和其國家 (1082～1306)

一、弗拉吉斯拉夫二世

弗拉吉斯拉夫二世 (Vratislaus II of Bohemia, Vratislav II, 1031?～1092; King of Bohemia, 1085～1092) 是波希米亞的第一位國王,也是中古世紀捷克最著名的統治者之一。他在父親布列吉斯拉夫一世去世後,繼承了摩拉維亞境內奧爾米茨 (Olomóc) 主教的爵位 (1055～1056)。後因與兄長史匹特涅夫二世發生齟齬,而被流放至匈牙利。他後來得到匈牙利之助,重返摩拉維亞。其後,也因為漸與兄長修好,得以繼任摩拉維亞 (1058～1061) 和波希米

亞 (1061～1085) 公爵。

他崛起於 1075 年，當時他幫助日耳曼國王亨利四世 (Henry IV, 1050～1106; King of Germany, 1056～1105; Holy Roman Emperor, 1084～1105) 敉平薩克森人的叛變。作為亨利四世的忠實盟友，弗拉吉斯拉夫二世在 1081 年舉兵投入亨利四世的義大利之役。

波希米亞人英勇奮戰，讓弗拉吉斯拉夫二世在 1085 年 6 月 15 日被加冕為波希米亞的國王。不過，他的國王頭銜不是世襲的，只是皇帝恩賜的禮物。弗拉吉斯拉夫二世一生有過三次婚姻，前兩任妻子早逝。第三任妻子是來自波蘭的史瓦塔娃 (Swatawa of Poland, 1042?～1126)。他於 1092 年 1 月 14 日過世，波希米亞的爵位和統治權交由幼弟康拉德一世 (Konrád I of Moravia, ?～1092; Duke of Bohemia, 1092) 繼承。

弗拉吉斯拉夫二世去世之後，顯赫的家族開始分裂，衝突四起，眾子彼此競奪王位繼承。神聖羅馬帝國趁機干涉，但是波希米亞人於 1126 年在赤魯麥 (Chlumec) 一地擊退日耳曼的入侵行動。在那場戰役裡，波希米亞打著聖瓦茨拉夫和聖阿德爾伯特的旗號而贏得了勝利，因而改變了波希米亞和帝國間的關係，他們不再只是公爵的保護者，而且還是疆土的捍衛者。

二、康拉德一世和布列吉斯拉夫二世

康拉德一世繼承波希米亞公爵只有八個月的時間即告壽終，遺位由弗拉吉斯拉夫二世的長子布列吉斯拉夫二世 (Břetislav II,

1060?～1100; Duke of Bohemia, 1092～1100) 繼任。

　　布列吉斯拉夫二世 1100 年在布拉格近郊日茲貝奇諾 (Zbečno) 打獵的途中，被政敵謀害而死。其所遺波希米亞爵位由異母弟弟波吉瓦二世 (Bořivoj II of Bohemia, 1064?～1124) 兩度接任 (1101～1107, 1117～1120)。其間還分別有獅子史瓦托普魯 (Svatopluk the Lion, Svatopluk Olomoucký; Duke of Bohemia, 1107～1109) 和拉吉斯拉夫一世 (Vladislaus I, Vladislav I, 1065?～1125; Duke of Bohemia, 1109～1117, 1120～1125) 兩位接任此爵位。

　　布列吉斯拉夫二世在位期間，大力變革傳統的斯拉夫文化，曾於 1097 年將薩扎瓦 (Sázava) 地區大批的斯拉夫修士驅逐出境。他也想廢除原先王位繼承的老規矩，改由年長者繼位的方式。這個修正的概念是由祖父布列吉斯拉夫一世提出的：波希米亞的統治交由王朝家族中年紀最長的公爵，而其他年輕的王子則分派去擔任統治摩拉維亞的公爵。他的異母弟弟波吉瓦二世就是這項新修規矩的受惠者，他於是在 1097 年建議波吉瓦二世擔任布爾諾公爵 (Duke of Brno, 1099～1100)，也因此讓叔叔康拉德一世的諸子們與王位的繼承終告無緣。

三、拉吉斯拉夫一世

　　拉吉斯拉夫一世是弗拉吉斯拉夫二世和第三任妻子史瓦塔娃所育，他也有過兩次繼承公爵的經驗，先是從 1109 年到 1117 年，之後從 1120 年到 1125 年過世為止。

1107 年，拉吉斯拉夫一世聯合其堂兄波希米亞的史瓦托普魯將異母弟波吉瓦二世逐出。1109 年波希米亞的史瓦托普魯去世，他接任波希米亞公爵。後來，波吉瓦二世在波蘭公爵瘸嘴波列斯拉夫三世 (Boleslaus III the Wry-mouthed; Boleslav III. Křivoústý, 1085～1138; Duke of Poland, 1102～1138) 的支持下，領兵重返波希米亞，卻被擊敗而生擒，再度被逐出，交付給拉吉斯拉夫一世的盟友亨利五世 (Henry V, 1081～1125; King of Germany, 1099～1105; Holy Roman Emperor, 1111～1125) 監禁。

儘管贏得了戰事，拉吉斯拉夫一世在波蘭的施壓下，被迫承認幼弟薩比斯拉夫一世 (Sobřslav I Oldřich, 1090?～1140; Duke of Bohemia, 1125～1140) 為茨奈姆和布爾諾的公爵。1117 年，他正式引退，讓位給波吉瓦二世，不過他還是保有大部分的實權。波吉瓦二世在 1120 年再度遭罷黜，僅留有茨奈姆的爵位。拉吉斯拉夫一世重登王位，直到辭世 (1125)。

拉吉斯拉夫一世的統治期間，波希米亞的局勢長處動盪之中。雖然他一直承認神聖羅馬帝國的宗主權，卻容忍波蘭干涉內政，在摩拉維亞與兄弟鬩牆，並且興兵進攻波蘭和奧地利。

四、拉吉斯拉夫二世

拉吉斯拉夫二世 (Vladislav II, 1110?～1174; Duke of Bohemia, 1140～1172; King of Bohemia, 1158～1170) 是弗拉吉斯拉夫二世之孫，年輕時就膽大喜冒險。本來他在叔父薩比斯拉夫一世統治波希米亞時，被派赴巴伐利亞，可以說是與王位無緣。

直到 1140 年叔父過世之後才得以回國，他巧妙地運用表兄霍亨史陶芬 (Hohenstaufen) 王朝康拉德三世 (Konrad III, 1093～1152; King of Germany, 1138～1152) 的支持，來強化自己的地位。

　　起初，他得應付薩比斯拉夫一世之子對於爵位繼承的宣告和挑戰。因為在 1138 年的班貝格議會 (the Diet of Bamberg) 上，神聖羅馬帝國皇帝洛泰爾三世 (Lothair III of Supplinburg, 1075～1137; Holy Roman Emperor, 1133～1137) 曾經答應薩比斯拉夫一世的要求，應許將爵位傳承其子。所以後來拉吉斯拉夫二世遭到貴族們的群起反對，他們甚至圍攻布拉格，不過拉吉斯拉夫二世仍在康拉德三世的協助下，奪得波希米亞公爵爵位。

　　拉吉斯拉夫二世在教宗真福尤金三世 (Pope Blessed Eugene III, 1145～1153) 和神聖羅馬帝國皇帝紅鬍子斐特烈一世 (Friedrich I Barbarossa, 1122～1190; Holy Roman Emperor, 1155～1190) 發生不睦之際，表達支持神聖羅馬帝國皇帝的立場。因此，斐特烈皇帝於 1158 年冊封他為波希米亞國王作為回報，成為波希米亞的第二任國王，不過這個王位僅止於他這一任，不得傳承下去。拉吉斯拉夫二世隆重的加冕儀式在米蘭舉行，為國王加冕的權力被指派交由布拉格主教和奧爾米茨主教共同主持。

　　1163 年拉吉斯拉夫二世開始插手介入匈牙利的事務，要次子史瓦托普魯 (Svatopluk, ?～1169?) 娶匈牙利公主歐朵拉 (Odola of Hungary, 1156～1172?)，並且和拜占庭皇帝曼努埃爾一世 (Manuel I Comnenus, 1122～1180; Byzantine Emperor, 1143～1180) 簽訂外交協議，甚至於 1164 年將六歲大的女兒許配給曼努

埃爾一世的兒子。

1167 年，布拉格主教丹尼爾一世 (Bishop Daniel of Prague, 1148～1167) 去世，拉吉斯拉夫二世的三子瓦伊德克 (Vojtěch, ?～1200) 於 1169 年成為薩爾茲堡大主教 (Archbishop of Salzburg, 1168～1200)，因而造成波希米亞和日耳曼之間關係的緊張，斐特烈一世懷疑拉吉斯拉夫二世支持教宗亞歷山大三世 (1100?～1181; Pope Alexander III, 1159～1181)，並且暗通款曲。

為了讓長子貝德利奇 (Frederick, Bedřich, 1141?～1189; Duke of Olomóc, 1164～1189; Duke of Bohemia, 1172～1173, 1178～1189) 登上波希米亞王位，拉吉斯拉夫二世在沒有獲得波希米亞貴族們的同意及斐特烈一世的允許之下退位，斐特烈一世就藉這個機會插手波希米亞王位的繼承。之後的二十五年裡，連續不斷的傾軋爭鬥接踵而至，王位易手達十二次之多，而每回拍板定案的都是神聖羅馬帝國皇帝。

貝德利奇登上波希米亞王位卻不到一年的時間，之後讓與薩比斯拉夫一世的次子薩比斯拉夫二世 (Soběslav II of Bohemia, 1128～1180; Duke of Bohemia, 1173～1178)。1176 年，康拉德奧圖三世 (Konrád III Otto, 1136～1191; Margrave of Moravia, 1182～1191; Duke of Bohemia, 1182, 1189～1191) 覬覦其位遂興兵作亂，生靈塗炭，教堂和修道院多遭破壞，教宗亞歷山大三世遂開除其教籍。斐特烈皇帝亦介入，1178 年任命貝德利奇為公爵。薩比斯拉夫二世被罷黜，後來死在國外，身後無子嗣。

拉吉斯拉夫二世在位期間，在波希米亞境內建了好些修道院，

並且於 1158 年在伏爾塔瓦河上蓋了座橋，以紀念其第二任妻子茱蒂。那座橋完工於 1172 年，是布拉格的首座石頭橋，1342 年毀於洪水，後來在原址蓋了座查理大橋。

五、布列吉斯拉夫三世

布列吉斯拉夫三世 (Henry Bretislaus III, Jindřich Břetislav, 1137?～1197; Bishop of Prague, 1182; Duke of Bohemia, 1193～1197) 是弗拉吉斯拉夫二世 (Vratislav/Wratislaw II of Bohemia, 1035?～1092) 的曾孫，曾在 1182 年擔任布拉格的主教，也是波希米亞的公爵。

布列吉斯拉夫三世曾留學巴黎大學，成績卓越，畢業後被任命為維雪堡聖伯多祿聖保祿大教堂 (Bazilika svatého Petra a Pavla) 的神職。1182 年，他接受薩爾茲堡大主教，也是他的堂兄瓦伊德克 (Vojtěch III. Salcburský, 1145～1200; Archbishop of Salzburg, 1168–1177, 1183–1200) 的指派，擔任執事。同年，晉鐸為主教，並前往梅茵茲接受斐特烈一世的冊封。在日後波希米亞王位的競奪上，他支持拉吉斯拉夫二世之子，也就是堂兄奧塔卡一世。

1192 年奧塔卡一世篡奪瓦茨拉夫二世 (Wenceslaus II; Václav II of Bohemia, 1137～1192?; Margrave of Moravia, 1191; Duke of Bohemia, 1192～1193) 的波希米亞爵位。

1193 年亨利六世皇帝 (Henry VI, 1165～1197; Holy Roman Emperor, 1191～1197) 在沃爾姆斯帝國議會 (the Diet of Worms)

上宣告廢除奧塔卡一世的王位，任命布列吉斯拉夫三世繼承爵位，並免除其貢賦。奧塔卡一世隨後也被貴族們罷黜。

布列吉斯拉夫三世 1195 年發兵將拉吉斯拉夫三世逐出摩拉維亞，改派一名親信掌控那裡。他原先打算參加 1195 年 12 月沃爾姆斯帝國議會號召的十字軍行列，但身體不適，始終未能如願，久臥病榻，最後於 1197 年辭世。

1197 年亨利六世皇帝和布列吉斯拉夫三世相繼過世之後，拉吉斯拉夫三世被選任波希米亞公爵，並在其兄奧塔卡一世的見證下接任。在那之前，他們倆的感情一直是不錯的。

不過拉吉斯拉夫三世接任波希米亞公爵只有半年的時間，因為奧塔卡一世迫使他退讓權位，只給他個摩拉維亞總督職位作為補償，兩人因此反目，甚至兵戎相見。最後雙方達成協議，由哥哥奧塔卡一世擔任波希米亞君王，多數波希米亞貴族支持的拉吉斯拉夫三世接任摩拉維亞總督。這項協議的內容還包括波希米亞國王地位的崇高性、保證普列米斯家族繼承的一貫性、重申摩拉維亞和波希米亞的宗主關係，不過這項協議沒有事先知會神聖羅馬帝國。

由於拉吉斯拉夫三世的退讓，使得從他的父親拉吉斯拉夫二世 (Vladislav II, 1110?～1174; Duke of Bohemia, 1140～1172) 辭世以來，持續了二十餘年的普列米斯家族王位繼承的紛爭終告平息。他是波希米亞的第二十五任，也是最後一任的公爵。

六、奧塔卡一世

奧塔卡一世 (Ottokar I, Přemysl Otakar I, 1155?～1230; King of Bohemia, 1198～1230) 是拉吉斯拉夫二世之子，1198 年至 1230 年間繼任波希米亞的國王。早年，他是在混亂之中成長度過的。幾經爭戰之後，他的統治在 1192 年獲得亨利六世皇帝的承認，然而隨後因為其介入與日耳曼貴族共謀推翻霍亨史陶芬政體，於 1193 年遭廢黜。

1197 年，奧塔卡一世在未獲得帝國許可的情況下，強迫其弟拉吉斯拉夫三世讓出波希米亞王位。他利用霍亨史陶芬士瓦本的腓力普 (Philip of Swabia, 1177～1208) 和韋爾夫家族 (the Welf) 布倫瑞克的奧圖四世 (Otto IV of Brunswick, 1175～1218; Holy Roman Emperor, 1209～1215) 之間，為爭奪帝國皇位爆發內戰的機會，自封為波希米亞國王，腓力普為了要得到波希米亞的出兵相助以對抗奧圖四世，不得不承認奧塔卡一世的頭銜。

由於 1200 年教宗英諾森三世 (Pope Innocent III, 1198～1216) 宣告奧圖四世為正式的日耳曼國君，聲勢上略勝一籌，所以奧塔卡一世乃中止與腓力普的關係，轉而支持奧圖四世。因此，隨後奧圖四世和教宗英諾森三世都同意了奧塔卡一世的王位繼承。不過，奧圖四世因為得不到足夠的奧援，其處境日益艱困，情勢逆轉，許多原先支持他的盟友投向腓力普。

後來腓力普攻入波希米亞，奧塔卡一世被迫支付了一筆費用，再度投入腓力普的陣營裡。1208 年腓力普被人謀害之後，奧圖四

世向霍亨史陶芬賠罪致意，並娶了腓力普的次女，以此示好。當年，奧圖四世被推選為神聖羅馬帝國皇帝。

腓力普的姪子斐特烈二世 (Frederick II Roger, 1194～1250; Holy Roman Emperor, 1220～1250) 在 1212 年還准許將象徵神聖羅馬帝國王權地位的 《西西里金璽詔書》 (*the Golden Bull of Sicily; Zlatá bula sicilská*) 賜給波希米亞，這份文件承認波希米亞王國的主權，承認奧塔卡一世和其繼承者的王權，他們的王位不再需要經過皇帝的任命，不過卻需要參加議會。詔書也宣告波希米亞王國的不可分割性，規定其與神聖羅馬帝國的宗主關係。雖然依附在神聖羅馬帝國之下，但是波希米亞國王卻是帝國選侯排名之首，並且在前往羅馬接受加冕時，還可配置 300 名的衛士。

1214 年斐特烈二世擊敗了奧圖四世，並於 1220 年加冕成為神聖羅馬帝國的皇帝，這也使得奧塔卡一世統治下的波希米亞有了新的發展。

從十三世紀初開始，教會的權力和國家分離之後，君王就逐步要求更多的政治參與權。波希米亞的君王從法蘭克福東部的法蘭肯 (Franken)、圖林根 (Thueringen) 和施萊森（Schlesien 又稱西里西亞 Silesia, Slezsko）等地區廣邀日耳曼的農夫、礦工、工匠、商人和藝術家前來蠻荒密林之地開拓經營。由於移民數量日增、新興城市的興起、制定礦產資源開發的獎勵措施，促使貿易商和企業家等新階級產生。此外捷克貴族和日耳曼人的通婚現象已是司空見慣。

七、瓦茨拉夫一世

瓦茨拉夫一世 (Wenceslaus I, Václav I, 1205?～1253; King of Bohemia, 1230～1253) 是奧塔卡一世和匈牙利國王貝拉三世 (Béla III, 1148～1196; King of Hungary, 1172～1196) 的女兒康斯坦琪亞 (Constance of Hungary, 1180?～1240) 所生。他是位雄才大略、見識深遠的君主，鼓勵大批的日耳曼人遷居波希米亞和摩拉維亞，因此鄉村以及城市的生產機能和經貿活動增強，到處都洋溢著一片欣欣向榮的景觀。

1241 年，瓦茨拉夫一世成功地擊退了蒙古大汗拔都的侵襲，在那個年代，鄰近的摩拉維亞和匈牙利都慘遭蒙古兵的蹂躪。奧地利巴奔堡王朝的斐特烈二世 (Frederick II of the Babenberg Dynasty, 1210～1246) 在 1246 年戰死於與匈牙利貝拉四世 (Béla IV, 1206～1270; King of Hungary, 1235～1270) 國王的戰爭。之後，瓦茨拉夫一世的外交政策便鎖定在與奧地利結盟，以有所圖。

1246 年，瓦茨拉夫一世原來安排長子娶斐特烈二世的姪女葛簇特 (Gertrude of Austria, 1228?～1299)，以便獲得奧地利王位繼承的資格，但是他還沒來得及正式即位就去世了。

1248 年瓦茨拉夫一世的次子奧塔卡二世發動一些貴族起而對抗父親，波希米亞因而與奧地利之間的嫌隙加劇。這場造反旋即被平息，但是瓦茨拉夫一世還是決定加冕奧塔卡二世成為「幼君」，並且將摩拉維亞的統治權讓予他。瓦茨拉夫一世最後歿於 1253 年，所遺王位由奧塔卡二世繼承。

八、奧塔卡二世

　　奧塔卡二世 (Přemysl Otakar II, 1233?～1278; Margrave of Moravia, 1247～1278; Duke of Austria, 1251～1278; King of Bohemia, 1253～1278) 由於是士瓦本的腓力普的外孫，所以和霍亨史陶芬家族有了淵源。

　　奧塔卡二世在 1247 年雖然取得王位繼承資格，但是父親依然在位。1248 年的時候，一些別有居心的波希米亞貴族擁護他為領袖，因而造成他與父親之間的摩擦，甚至有一陣子他還被拘禁起來。1251 年他被推舉為奧地利公爵，為了鞏固權位，於次年娶了奧地利巴奔堡王朝斐特烈二世的妹妹瑪格麗特 (Marguerite of Austria, 1204?～1267)。這位巴奔堡王朝的公主瑪格麗特也是日耳曼國王亨利七世 (Heinrich VII von Hohenstaufen, 1211～1242; King of Germany, 1220～1235) 的遺孀，比他年長將近 30 歲。

　　奧塔卡二世娶了瑪格麗特，如願成為奧地利公爵，並獲得上、下奧地利和施蒂利亞 (Styria) 的部分地區，後來他又征服了施蒂利亞的其餘部分、卡林西亞 (Carinthia) 的大部分地區以及卡爾尼奧拉 (Carniola) 部分地區，一時之間頗有問鼎神聖羅馬帝國帝位之勢，波希米亞成為帝國結構中最為重要的國家之一。

　　在他繼位的前後時期，他和匈牙利國王貝拉四世之間，為了爭奪奧地利和施蒂利亞統治權而兵戎相見。1254 年，他做了一些讓步，將施蒂利亞的一部分讓予貝拉四世。但是後來爭戰再啟，1260 年他打敗了匈牙利軍隊，將施蒂利亞收回。

　　之後他休掉人老珠黃的瑪格麗特，在 1261 年的時候另外娶了匈牙利貝拉四世年輕貌美的孫女昆妮君德 (Kunigunde of Halicz, 1245～1285) 以示修好。

　　奧塔卡二世在位時期，捷克的版圖不斷擴張，一度包括了現今的奧地利，南及亞德里亞海。但是那些擴張而來的領土，最終反倒成為波希米亞王國的負擔，阻礙了他順利登位成為皇帝。1273 年日耳曼王位競選時，他是帝國內最具權力和聲望的選侯，但是卻沒能成功當選，因為沒有任何一個鄰國希望他的權力得以進一步擴張，於是就改選了日耳曼諸侯哈布斯堡的魯道夫一世 (Rudolph I of Habsburg, 1218～1291; Holy Roman Emperor, 1273～1291) 為皇帝，這也是哈布斯堡王朝的創始。

　　奧塔卡二世拒絕接受對手哈布斯堡魯道夫一世勝選的事實，要求教宗也替他加冕。事情鬧得不可開交，魯道夫一世圍攻維也納，打算將奧塔卡二世逐出帝國。1276 年奧塔卡二世被迫簽署放棄奧地利以及附近的領地，只擁有波希米亞和摩拉維亞，使得奧塔卡二世在日耳曼所擁有的一切喪失殆盡。兩年後，奧塔卡二世意圖收復失土，他號召聯盟、籌組軍隊，仍遭魯道夫一世擊潰而敗亡。

　　奧塔卡二世大興土木建造城市，當他在促進貿易發展時，就歡迎日耳曼人前來移民，制定律法，維持社會秩序，以保障移民者的身家安全。他是歷史上的傳奇人物，在歐洲他被稱作「鐵金國王」。但丁 (Dante Alighieri, 1265～1321) 在其著作 《神曲》(*Divine Comedy*) 中，描述他是「當代最偉大的人物之一」。他去

世後，由兒子瓦茨拉夫二世 (Wenceslaus II Přemyslid, Václav II
Přemyslid, 1271～1305; King of Bohemia, 1278～1305) 繼承王位。

九、瓦茨拉夫二世

　　瓦茨拉夫二世七歲時，父親過世，因此由表兄布蘭登堡侯爵
奧圖四世 (Otto IV, 1264 ～ 1303; Margrave of Brandenburg,
1280?～1303) 將其帶往自己宮中照應，並攝政直到 1283 年。後
來瓦茨拉夫二世回到布拉格的時候，發現國家被繼父查維斯
(Zaviš of Falkenštejna-Rosenberg, ?～1290) 統治，濫權而政績不
彰，於是他暗中籌劃等待時機奪回政權。1289 年他見時機成熟，
將查維斯逮捕，瓦解了反對勢力，次年將查維斯送上斷頭臺。

　　瓦茨拉夫二世執政之後，勵
精圖治，國力漸強，甚至超越其
父親的時代。在兼併上西里西亞
(Upper Silesia) 地區之後，1291
年他被一群波蘭貴族擁立治理
克 拉 科 夫 公 國 (Duchy of
Kraków)，繼而在 1300 年的時
候，被加冕成為波蘭國王。

　　1301 年匈牙利國王安德魯
三世 (András III, 1265 ～ 1301;
King of Hungary, 1290 ～ 1301)
去世，瓦茨拉夫二世因為母系的

圖 32：瓦茨拉夫二世

關係被推舉繼任匈牙利王位，但是他辭讓由兒子瓦茨拉夫三世接任。1305 年他正在謀劃進兵奧地利的時候撒手西歸，波希米亞王位也由瓦茨拉夫三世繼承。

十、瓦茨拉夫三世

瓦 茨 拉 夫 三 世 (Wenceslaus III Přemyslid, Václav III Přemyslid, 1289～1306; King of Hungary and Croatia, 1301～1305; King of Bohemia and Poland, 1305～1306) 先後繼承了匈牙利和波希米亞的王位，不過在他的統治期間可說是紛擾迭起。他在波蘭的地位因為矮子瓦迪斯瓦夫一世 (Ladislaus the short, Władysław I Łokietek, 1260/1261?～1333) 的積極挑戰而面臨壓力。

但瓦茨拉夫三世意識到自己無法保有三個王國的王位，乃決定放棄繼承匈牙利王位。然而，他並未承認查爾斯 (Charles of Anjou, Károly Róbert, 1288～1342; King of Hungary and Croatia, 1308～1342) 身為匈牙利國王的正統性，轉而支持匈牙利貝拉四世 (Béla IV of Hungary, 1206～1270; King of Hungary and Croatia, 1235～1270) 的孫子巴伐利亞的奧托三世 (Otto III of Bavaria, 1261～1312; King of Hungary and Croatia, 1305～1308)，並將匈牙利聖冠交付給他。此外，瓦茨拉夫三世還解除了與匈牙利伊莉莎白公主 (Elizabeth of Hungary, Erzsébet Magyar királyi hercegnő, 1292～1336/1338?) 的婚約，在一群年輕捷克貴族的建議下，與波蘭切申公爵梅什科一世 (Mieszko I of Cieszyn, Měšek I. Těšínský, 1252/1256～1315; Duke of Cieszyn, 1290～1315) 的女兒薇奧拉

(Viola of Teschen, Viola Alžběta Těšínská, 1291?～1317) 結婚。

瓦茨拉夫三世一直對波蘭王位的繼承權有所圖，1306 年矮子瓦迪斯瓦夫一世重掌克拉科夫公國之後，威脅到瓦茨拉夫三世在波蘭的地位，瓦茨拉夫三世因此打算發兵，最終因 8 月 4 日在奧洛莫茨 (Olomouc) 遇刺殞命而未成。

瓦茨拉夫三世是波希米亞普列米斯家族的最後一位統治者。在他死後，普列米斯家族的系脈斷絕，外族王室介入統治權的爭奪，導致戰火紛起。

瓦茨拉夫三世的大妹安娜 (Anna of Bohemia, Anna Přemyslovna, 1290～1313) 嫁給卡林西亞家族的亨利 (Jindřich Korutanský, 1265?～1335; Duke Heinrich VI of Carinthia, 1310～1335)，亨利因此取得波希米亞王位的繼承權，這下子就得罪了前盟友奧地利哈布斯堡國王艾伯特一世 (Albert I of Habsburg, 1255～1308)。原來艾伯特一世盤算著將長子魯道夫 (Rudolf) 推上波希米亞王位，結果事與願違，雙方因此反目，艾伯特一世立即派兵包圍布拉格城堡，將亨利廢黜。

哈布斯堡魯道夫與卡林西亞亨利對於波希米亞王位的爭奪更是高潮迭起，魯道夫居然娶了瓦茨拉夫二世的遺孀伊莉莎白‧莉琪莎 (Elisabeth Richeza of Poland, Eliška-Rejčka, 1288～1335)，也就是安娜公主的繼母，進而獲得了波希米亞的統治權。雖然如此，哈布斯堡魯道夫卻在 1307 年 7 月 4 日病逝，卡林西亞的亨利再次被推舉上波希米亞的王位。

這場王位爭奪的戲碼並未就此歇止，亨利在位沒有多久，又

於 1310 年遭罷黜，這次繼承波希米亞王位的是盧森堡家族的盲者約翰 (John the Blind, Duke John of Luxembourg, Jan, 1296～1346; King of Bohemia, 1310～1346)。

1306 年瓦茨拉夫三世被謀殺，當時十四歲的二妹伊莉莎白 (Elizabeth of Bohemia, Eliška Přemyslovna, 1292～1330) 尚未成婚，因此她以婚姻作為手段，在王國的權力鬥爭中發揮了重要的影響力。

王兄去世後，伊莉莎白公主和寡嫂維奧拉 (Viola of Teschen, Viola Alžběta Těšínská, 1291?～1317) 同住布拉格城堡裡。1307 年魯道夫去世後，安娜公主出於政治考量安排伊莉莎白的婚姻，但被伊莉莎白回絕了，姊妹之間漸漸起了嫌隙。

後來，伊莉莎白公主選擇嫁給神聖羅馬帝國皇帝亨利七世 (Henry VII, 1273～1313; Holy Roman Emperor, 1312～1313) 的兒子盧森堡家族的盲者約翰。伊莉莎白看穿姊姊和姊夫的盤算，而她的婚姻也正是他們所顧忌的。就在約翰進兵波希米亞之後，安娜和亨利也遠遁卡林西亞。盧森堡盲者約翰和伊莉莎白於 1310 年 9 月 1 日完婚，在次年 2 月 7 日舉行加冕。波希米亞普列米斯王位的繼承權最後由盲者約翰取得。

第三節 十至十三世紀經濟與社會的發展

在波列斯拉夫一世和波列斯拉夫二世統治的時代，波希米亞首度躋身於強國的地位。雖然在捷克北方諸聯邦之中，日耳曼帝

國征服了易北河流域的許多斯拉夫部落，但波希米亞依靠與東方
強大的基輔國的友好關係，始終能維護其獨立，抵禦日耳曼帝國
的不斷攻擊。

　　十世紀波希米亞王國的文化及生活，是以摩拉維亞王國的斯
拉夫文化遺產為基礎的，這可以由具有高度水準的普列米斯宮廷
文化略知一二（瓦茨拉夫親王能夠讀寫拉丁文和希臘文），這時期
宮廷的文化水準和當時歐洲其他王朝的水準比起來，有著顯著的
不同。這個時期是古老的斯拉夫文化在波希米亞繁榮發展的階段，
波希米亞文化對波蘭、匈牙利也產生了深層的影響。除了模仿拜
占庭風格的斯拉夫文化之外，以本篤會修道院為中心的羅馬拉丁
文化也迅速發展起來，這種文化主要呈現在藝術方面，從布拉格
城堡遺留下來的羅馬式建築風格上可以看出。

　　在十至十二世紀，居民的生計基本上依靠成熟的農業制度，
主要包括各種農作物和畜產業。從技術觀點來看，其與西歐和中
歐其他國家的農作方法並沒有什麼兩樣。手工業生產仍舊與農業
保持著密切的關係，並沒有多大的重要性。農奴按照臨時租佃制
向地主承租土地，收成交給地主來支配，而地主隨時可以停止租
佃。此外農奴還需要在地主的土地上服勞役，他們的個人自由是
極其有限的。

　　到十二世紀末，波希米亞的貴族們已經牢固地掌握了土地所
有權。在這個發展過程中，波希米亞貴族分化為兩個集團，即上
層貴族（大領主）和下層貴族（騎士和小騎士）。從十三世紀起，
（除了君主的領地之外）大批的土地漸漸轉入教會的手裡，特別

是到修道院的手中，君主把大量土地捐贈給教會，作為教會效忠
國家的報酬。

　　包括世俗和僧侶（修道院長和教長）在內的貴族權勢日益增
長，因而削弱了君主的地位。君主越來越依賴貴族中的各個集團，
在王位的爭奪中，這種情形就更為顯著。王位爭奪其來有自的，
那就是繼承君主寶座的不是統治者的長子，而是王朝最年長、年
資最高的成員。君主們往往企圖推翻這種規定而引發衝突，使貴
族們認為這些混亂是他們擴張權力的好機會，也使得歷代神聖羅
馬帝國皇帝有機會干預波希米亞的內政。

　　十至十三世紀的歷史，也可說是波希米亞反抗日耳曼帝國的
長篇紀錄。可是，在勝負無常的長期交替過程中，日耳曼帝國並
未能併吞波希米亞，只是迫使它處於藩屬地位。由於歷代神聖羅
馬帝國皇帝需要波希米亞協助其對外擴張，特別是對於義大利方
面的政策，因而賜予波希米亞各種優惠的權利。拉吉斯拉夫二世
公爵因曾派兵協助神聖羅馬帝國皇帝紅鬍子斐特烈一世圍攻米蘭
有功，於 1158 年獲得冊封。奧塔卡一世利用神聖羅馬帝國皇位紛
爭之際，於 1212 年獲得神聖羅馬帝國皇帝斐特烈二世 (Friedrich
II Roger, 1194～1250; Holy Roman Emperor, 1220～1250) 承認其
王號，王徽是「西西里金牛」。根據傳統，國王可獲得一個「紅色
地面雄立銀獅」的王權標誌。這個徽記雖然經歷了些微的變更，
迄今仍是捷克的國徽。

　　整體來說，波希米亞除了在外交政策方面或多或少給予神聖
羅馬帝國支持之外，並沒有其他的義務。帝國的法規在波希米亞

並不適用，波希米亞有自己的貨幣以及獨立自主的疆域，如果當朝的君主死去，波希米亞貴族可以自由選出新的統治者。從十三世紀起，波希米亞統治者在神聖羅馬帝國方面享有一種重要的政治地位，因為他們在選立日耳曼新君的七個選侯當中居於首位。

在十一世紀之初，斯洛伐克變成匈牙利版圖中的一部分（這種情況一直維持到 1918 年），結果使得斯洛伐克民族的發展受到了阻礙。匈牙利人來到斯洛伐克之後和斯洛伐克貴族融合在一起，於是斯洛伐克逐漸喪失了民族的自立性，使其民族文化和語言失去了有利的發展條件。

從十一世紀起，在波希米亞的斯拉夫文化逐漸地被優勢的梵蒂岡拉丁文化取代，除了記述地方聖哲的一些傳說故事之外，最大成就的文學作品是科斯馬斯用拉丁文寫的《波希米亞編年史》。

第四章 | *Chapter 4*

中世紀的巔峰

第一節　早期的盧森堡王朝

　　時代的變動建構歷史上的黃金時代和黑暗時期，讓這個國家
有著極其榮耀的光環，卻也遭逢極端的苦難。當政治上的正統性
要依賴血統的合法性時，統治王朝血胤的斷絕往往帶來紛擾。在
普列米斯家族統治的四百年之中，波希米亞人創建了一個具有穩
固疆域和制度的國家而安然度過這些困境。

　　普列米斯家族中斷繼承之後，波希米亞在 1310 年開始接受盧
森堡家族的統治。盧森堡王朝在波希米亞的統治，從查理一世（後
為神聖羅馬帝國皇帝查理四世）一直到 1437 年西吉蒙德
(Sigismund, 1368～1437; Duke of Luxembourg, 1419～1437; King
of Bohemia, 1419～1421, 1436～1437; King of Hungry, 1387～
1437; Holy Roman Emperor, 1433～1437) 去世為止，這些國王都是
日耳曼人。

　　普列米斯家族的最後一位統治者瓦茨拉夫三世死後，他的兩個妹妹安娜和伊莉莎白各自代表她們的夫婿，表達角逐普列米斯家族遺緒繼承的企圖心。

　　捷克的貴族們較傾向於由安娜的夫婿卡林西亞家族的亨利六世繼承，但是，奧地利哈布斯堡家族的創始者亞伯特一世卻要兒子魯道夫一世在第一任妻子布蘭奇 (Blanche of France, 1278～1305) 死後的次年，娶瓦茨拉夫二世的遺孀伊莉莎白・莉琪莎，並強行占領布拉格，迫使大家接受魯道夫一世繼任波希米亞王位。不過當時有一些貴族仍舊支持亨利六世，魯道夫一世乃進而攻伐他們，但是魯道夫一世卻突然於 1307 年感染痢疾死去，於是亨利六世繼位 (1307～1310)。

　　捷克貴族以《人權憲章》(*Charter of Privileges*) 作為換取擁護亨利六世登位的條件，但是亨利六世不得人心，因為他只信賴城市居民，而且靠卡林西亞家族的武力維護其統治，最後貴族和教士商請由神聖羅馬帝國皇帝盧森堡家族的亨利七世來領導。

　　捷克人也有一位盧森堡家族的朋友彼得・阿斯貝爾 (Peter von Aspelt, 1245～1320; Erzbischof von Mainz, 1306～1320)，他是梅茵茲的大主教，曾經是瓦茨拉夫二世的大臣。當時在一陣複雜的協商之下，瓦茨拉夫二世的妹妹伊莉莎白於 1310 年的時候同意嫁給亨利七世的長子盲者約翰。由於盲者約翰的軍隊將亨利六世趕出布拉格，所以被封為波希米亞國王 (1310～1346)。約翰因為繼承了普列米斯王朝的王位，也就如此成為神聖羅馬帝國的七位選侯之一。

約翰還依靠了父親——羅馬帝國皇帝亨利七世的權勢，進入了一個嶄新而重要的歷史時期。

一、盧森堡家族的約翰：外來的國王

作為波希米亞的國王，盧森堡家族的盲者約翰留給人們複雜的印象。雖然年輕時就來到波希米亞，但他不會說捷克語，又得面對位尊而驕傲的貴族階層，為了國家還娶了一位自認代表普列米斯王朝傳統且盛氣凌人的王后伊莉莎白，所以約翰在波希米亞從沒有歸屬感。不過，他仍運用其權位推動盧森堡家族在整個歐洲的利益和地位。

約翰在位期間，確立了波希米亞貴族階層在政治上與財政上的權利，並將之列入其登基的文獻裡予以保障。然而，貴族們和這位新國王迅即發生衝突，貴族也因此分裂為二，伊莉莎白亦加入了這場權位的競逐，後來連神聖羅馬帝國皇帝路德維希（亦稱路易四世，Wittelsbach Ludwig of Bavaria, 1282～1347; Holy Roman Emperor, 1328～1347）也都介入進行仲裁，1318 年簽訂〈都瑪茲利斯協議〉（*Domažlice Agreement*)。

約翰在協議簽署之後隨即回到日耳曼，貴族們接受國王要求償付特別稅之請，而交換條件是約翰也允許他們掌管王國，這個結果當然大大地威脅國王的自主權。根據當時史料的記載，約翰不在國內時，人民反而享有更多的寧靜，因為如果他在的話就是向全國百姓收取錢財的時候。所以百姓希望他拿了錢就快走，任由他去揮霍。

約翰有好大喜功的個性，將錢財揮霍在外交及軍事上的結果，倒是為波希米亞增添一些價值。約翰將若干西里西亞封邑據為附庸，他還因為提洛爾 (Tyrol) 和北義大利的統治權，而與哈布斯堡發生衝突。

約翰有兩次婚姻，第一次和伊莉莎白育有 7 名子女，第二次和波旁公爵路易一世 (Louis I, Duke of Bourbon, 1279～1342) 之女碧翠絲 (Beatrice of Bourbon, 1320～1383) 育有一子盧森堡的瓦茨拉夫一世 (Wenceslas I of Luxemburg, 1337～1383)。約翰曾將其領地分封諸子：長子瓦茨拉夫 (後來在堅信禮上改名為查理)，日後分別繼任波希米亞王位和神聖羅馬帝國皇帝，將波希米亞和神聖羅馬帝國結合在一起。同時作為王國和帝國的首都，此一時期的布拉格處於最輝煌的時刻；次子亨利 (Jan Jindřich, 1322～1375; Margrave of Moravia, 1349～1375) 獲得摩拉維亞 ；三子瓦茨拉夫一世則繼承盧森堡王朝的封邑。嚴格地來說，這些土地都是屬於「波希米亞王冠之地」。

二、查理四世與波希米亞

查理四世 (Charles IV Karel Lucembursky, 1316～1378; King of Bohemia, 1346～1378; Holy Roman Emperor, 1355～1378) 是盧森堡王朝第一位成為神聖羅馬帝國皇帝的波希米亞國王，1316 年出生於布拉格，1323 年被送進法蘭西宮廷接受教育，聰穎好學，因而熟悉卡佩王朝 (Capetian Dynasty) 的文化和政治，頗具國際視野與胸襟。大家都喜歡他，只管叫他查理。

圖 33：查理四世雕像

　　他七歲時和法蘭西伯爵查理的女兒布蘭琪‧瓦洛瓦 (Blanche z Valois, 1316～1348) 成婚，與法蘭西結下深遠的關係，強化了波希米亞王國的力量和聲望。而教廷也希望爭取和盧森堡家族結盟，來對抗神聖羅馬帝國路德維希皇帝，所以在日後有意幫助查理獲得帝位。

　　這對新人新婚之初的頭幾年是各自分開生活的，布蘭琪住在盧森堡，查理則是被父親盧森堡的約翰 (John of Luxembourg, Jan Lucemburský, 1296～1346) 召到義大利北部，在充滿挑戰的環境中一起為捍衛盧森堡王國而努力。許多波希米亞的貴族認為，如果王儲離開太遠的話，就可能影響到君主政體的存在以及自身的利益。所以，查理於 1333 年被父親約翰召回波希米亞，於次年受

封為摩拉維亞侯爵 (1334～1346)，確立了其在王國裡的地位。查理成了摩拉維亞侯爵之後，他們夫婦才回到布拉格生活在一起。起初他們與波希米亞貴族們的社交生活有些隔閡，但是他們努力學習融入波希米亞的生活。

約翰和查理父子都支援法蘭西對抗英格蘭，約翰雖然已經眼盲仍勇於參戰，戰死於 1346 年克雷希戰役 (Battle of Crécy)，那是英法百年戰爭中最具決定性的一場戰役。

查理 1346 年繼承父親遺位時，依然年輕。因為從小就在法國長大，所以不會說捷克語，有野心的權臣環伺其身邊，意圖操控他，但是他並非阿斗，可以聽任擺布。他識破權臣的計謀，因此勤習捷克語，得以親攬政事，使大權不致旁落。當時還有許多王侯還不諳讀寫，他卻早已通曉拉丁文、捷克文、德文、法文和義大利文，並且嶄露外交長才，周旋於國際事務之間。

查理雄心勃勃，除了取得波希米亞王位之外，還想競選神聖羅馬帝國皇位。教宗克肋孟六世 (Pope Clement VI, 1342～1352) 曾經是查理在法蘭西宮廷裡的家庭教師和顧問，藉由他同意提升布拉格主教教區成為大主教教區的方式，來支援查理繼承波希米亞王位，也為查理參與帝國皇位的競選而鋪路。查理終於在 1355 年的時候，如願以償得到神聖羅馬帝國皇帝寶座，封號查理四世。

查理在堅信禮受洗時，獲得波希米亞十世紀守護神聖瓦茨拉夫的聖名以及代表捷克的標誌。查理非常崇敬聖瓦茨拉夫，在起造聖維特大教堂時就在裡面特別修建了金碧輝煌的聖瓦茨拉夫小禮拜堂，裡頭供奉著日耳曼名建築設計師亨利·帕勒 (Jindřich

Parléř, ?～1387) 製作的瓦茨拉夫年輕雕像，旁邊還有兩個天使相伴隨。查理也是藝術的愛好者，喜歡珍藏聖品遺物，只有在復活節時才將之展示供人欣賞。查理大學的印信上顯示著他跪在聖瓦茨拉夫的腳下，手捧聖瓦茨拉夫的皇冠。

當時查理四世的對手們因為他和教廷結盟的關係，給他取個綽號，叫做「教宗的國王」。有趣的是，查理的墓碑上誇張地刻著「祖國之父」(pater patriae)，捷克和日耳曼具有民族主義情結的歷史學家，長期以來對於他的國籍究竟為何而爭辯不休。

查理的施政與盧森堡王朝的命運有著密切關聯。查理的第二次婚姻讓他獲得了上巴拉丁 (the Upper Palatinate) 的部分領地，第三次婚姻得到兩個西里西亞的領地，最後在 1373 年的時候獲得了布蘭登堡 (Brandenburg)，他已成為擁有散布在帝國各處許多城堡和市鎮的主人。

查理所關心的主要是波希米亞的福祉，他選擇布拉格作為官邸，改造布拉格成為帝國的城市，他延聘國際建築大師，如：馬嘉斯‧阿拉斯與彼得‧巴勒前來，在舊城的東南方進行打造新城市的大規模建築工程，皇宮赫拉德查尼城堡亦被重建。彼得‧巴勒是哥德式建築的天才，包括聖維特大教堂及舊城橋塔在內，布拉格在中世紀的幾座雄偉建築物都是他的精心傑作。

1344 年，查理提升布拉格主教區的地位，使之成為大主教區，脫離了梅茵茲大主教區和神聖羅馬帝國的管轄範圍，從此布拉格大主教就有權為波希米亞國王加冕。

波希米亞在查理的統治之下，其文化和政治的發展達於巔峰，

征服了西里西亞，曾經統治過布蘭登堡邊境 (Die Mark Brandenburg) 和上巴拉丁，國力盛況空前。他於 1348 年設立查理大學，這是在日耳曼本土上，也是阿爾卑斯山以北的第一所大學。他一心一意把布拉格打造成為國際級的學習重心，查理大學區分為捷克、波蘭、薩克森和巴伐利亞等區，每一個區域各有其自主的權利。

1355 年，查理登基成為神聖羅馬帝國的皇帝為查理四世。1356 年，他簽署了〈金璽詔書〉(*The Golden Bull*)，將競選帝國皇位予以系統化，並規範波希米亞國王列為七位選侯中之首位，給予波希米亞神聖羅馬帝國選侯的最高榮耀，一改波希米亞王國隸屬帝國封邑的關係。此外，〈金璽詔書〉還規範選侯必須教導孩子們學習義大利語、捷克語和日耳曼語。查理四世歿於 1378 年，波希米亞王位傳給次子瓦茨拉夫四世。

三、查理四世的四次婚姻

根據史實，查理四世一共有四次婚姻的紀錄，每次婚姻的對象都是皇室，典禮非常隆重盛大。他選擇未來的王后都是考量王室的利益，而不是根據個人的感情。四位王后總共替他生了 11 個孩子：6 男 5 女，不過有些未及成年就早夭了。

第一位王后是非常年輕的布蘭琪‧瓦洛瓦，根據歷史記載，查理和她的感情最深。他們從小一起在法國宮中成長，布蘭琪‧瓦洛瓦是法蘭西國王的妹妹，自然這場婚禮有其外交政治的背景因素考量。依據當時的禮儀，正式婚禮非常早就要進行，當時查

波羅的海

柏林　布蘭登堡
1373

波　蘭

下路沙奇亞
1370

神聖羅馬帝國

上路沙奇亞
1318

希維德尼察
1392

弗拉吉斯拉夫

海布
1322
1353
上巴拉丁

布拉格

西里西亞
1327&1335

波希米亞

奧帕瓦

摩拉維亞

下奧地利
1251

1251
上奧地利

維也納

匈牙利

施蒂利亞
1260

卡林西亞
1269

盧布爾雅那
1269
卡爾尼奧拉

亞德里亞海

中古波希米亞

普列米斯奧塔卡二世
(1253~1278)

查理四世
(1346~1378)

- - - - - - - - - - - - - - - - - -

深色部分為捷克共和國現有領土

圖 34：中古波希米亞地圖

理和新娘都只有 7 歲而已，那年是 1323 年。婚後小倆口還繼續住在巴黎宮中，所以等到 1329 年他們回到波希米亞後又舉辦一次婚宴。

1331 年他們到盧森堡旅遊，在那裡待了一陣子。因為查理隨父親參加對北義大利的一場戰役，1333 年查理獨自先回到波希米亞，次年布蘭琪‧瓦洛瓦也回到夫婿的身邊，並且贏得當地人民熱烈歡迎。

布蘭琪‧瓦洛瓦從遙遠的法國嫁來波希米亞，除了要適應不一樣的生活，還得學習捷克語和風俗習慣。她忠實地伴隨在查理身旁，替查理生了兩個女兒：大女兒瑪格麗特 (Margaret, 1335～1349)；小女兒凱薩琳 (Katharine, 1342～1395)。

布蘭琪‧瓦洛瓦死時年僅 31 歲，過世前一年才加冕成為波希米亞王后。她的逝世，讓查理哀傷多年。布蘭琪‧瓦洛瓦在波希米亞並沒有留下多少令人回憶的東西，這也就說明，何以聖維特大教堂三拱式拱廊上她的雕像是那麼的彌足珍貴。值得一提的是，查理本人和其四位王后的雕像都在聖維特大教堂裡。

查理的第二任妻子安娜‧法爾茲 (Anna von Rheinpfalz, 1329～1353) 是巴伐利亞貴族維特爾斯巴赫家族魯道夫二世伯爵 (Count Rudolf II of Wittelsbach, 1306～1353) 的女兒，1349 年成親的時候，她已是 21 歲了。次年她產下一子瓦茨拉夫，但是家族的歡娛沒有持續多久，這個未來的王位繼承人不幸早夭，兩年後安娜‧法爾茲王后也跟著離世了。

經歷過這場短暫的婚姻，37 歲的查理四世再度準備續絃。無

疑地，王室也期盼王位有子嗣繼承，而趕快成婚似乎是個解決問題的好方法。經過一番安排，希維德尼察的安娜 (Anna of Svídnická, 1339～1362) 成為查理的第三位妻子。她總算沒有辜負大家的期望，在產下一女伊莉莎白 (Elisabeth, 1358～1373) 後，終於生了個可以繼承大位的兒子，取名瓦茨拉夫，即後來繼承查理的瓦茨拉夫四世 (Wenceslas IV, 1361～1419)。

史料上記載，安娜王后個性機伶，愛交際，經常伴隨夫婿參加宮中宴會活動。由於她常出席公開場合，她的雕塑和畫像流傳得較為廣泛。

查理四世的最後一次婚姻，娶了波蘭波美拉尼亞－沃爾加斯特公爵瓦提斯拉夫四世 (Wartislaw IV, 1291～1326; Duke of Pomerania-Wolgast, 1309～1326) 的 16 歲孫女伊麗莎白‧波美蘭斯卡 (Alžběta Pomořanská, 1347～1393)，這段婚姻維持了十五年之久。雖然他們的年紀相差 31 歲，但是伊麗莎白‧波美蘭斯卡對於查理卻是體貼順從，尤其是充分照應查理的起居，讓查理十分疼愛。史料曾提到她的體力驚人，她是出了名的會把刀劍和馬蹄鐵用壞，還會用盔甲去砸武士。難怪當時流傳說，布拉格沒有比她更強悍的女人了。

1378 年查理四世去世時，伊麗莎白‧波美蘭斯卡只有 31 歲。儘管能再婚，但是她拒絕了其他的安排，留在布拉格，衷心為查理四世守寡終身。

四、瓦茨拉夫四世

瓦茨拉夫四世 (Václav IV Lucemburský, 1361～1419; King of Bohemia, 1378～1419) 是個「酒鬼」，個性優柔寡斷且易怒。他於 1363 年加冕為波希米亞國王，直到 1400 年才登基為帝國皇帝。

他雖然愛好和平，但是在位期間卻遭逢瘟疫流行，以及連綿頻仍的烽火。由於無法有效遏止其和城市聯盟之間的爭戰，以至於讓日耳曼呈現無政府狀態幾乎達十年之久。日耳曼諸侯怪罪他花較多的心思在波希米亞上，而且對他的軟弱深表不滿，最後終於被反叛的貴族罷黜了君權。事實上，他費心地處理當時被視為異教徒的宗教改革者胡斯和其追隨者的改革要求，甚至到 1419 年去世前，他在波希米亞的統治都被視為導致胡斯戰爭的先兆。

瓦茨拉夫四世統治波希米亞的成績比起治理日耳曼來可以說是還要差些，這是因為他的困難處始終來自於有野心的親戚家族。1394 年，他面臨了一場由表兄——摩拉維亞公爵約布斯特 (Jobst Bernhard von Aufsees, 1671～1738) 所發動的叛變，一度被拘禁於奧地利。後來在 1396 年得到日耳曼之助才得以逃脫，不過實際上的權力幾乎被剝奪殆盡。當時他被迫應許約布斯特的任命，並將政權交由貴族組成的議會來主掌。

1402 年，他的異母弟弟西吉蒙德——也就是日後的神聖羅馬帝國皇帝，罷黜了他的波希米亞王位。瓦茨拉夫四世再度成為階下囚，次年獲釋，幾年後才恢復王位，但是代價是將實際的權力拱讓給議會。之後，他漸漸變得呆滯無活力，終日靠酒尋求慰藉。

雖然他起初支持胡斯的宗教改革，但是在天主教會群起譴責胡斯之後，1415 年他就任憑胡斯被視為異教徒而遭處死。

瓦茨拉夫四世一生有兩次婚姻紀錄，第一次娶了下巴伐利亞的瓊安娜 (Joanna of Lower Bavaria, 1356～1386)，之後於 1389 年娶了巴伐利亞的蘇菲亞 (Sophia of Bavaria, 1376～1425)。他沒有子嗣，因此波希米亞的王位傳給了西吉蒙德。

瓦茨拉夫四世過世之後，西吉蒙德於 1419 年繼承了波希米亞王位，在沒有匈牙利和日耳曼軍隊的奧援之下，他難以統治這個王國。波希米亞人民轉而反對日耳曼人，許多人慘遭屠殺，教會的土地被剝奪，多數的倖存者逃亡到神聖羅馬帝國去。

第二節　宗教改革運動

宗教改革運動是因為查理大學裡的一場爭辯而引發的。在瓦茨拉夫四世統治時期，年輕的傳教士們開始對社會輿論發生深刻感人的影響。在這些人中，以擔任伯利恆小禮拜堂的牧師胡斯（Jan Hus，約 1369～1415）最為出名。

伯利恆小禮拜堂建立於十四世紀末期，是一個用捷克母語對人民傳教的教堂，布拉格人民都在這裡聽過胡斯熱情剴切地議論時政。

由於英國理查二世 (Richard II, 1367～1400) 和波希米亞安娜公主 (Anna Lucemburská, 1366～1394) 聯姻，開啟了英國和波希米亞之間交流的管道。許多波希米亞的學生被吸引到牛津大學去

深造，其中有一位就是來自於布拉格的耶柔米 (Jeroým Pražský, 1379～1416)。耶柔米受到威克理夫（John Wyclif，約 1329～1384）的影響，傳講「新」的教義，對胡斯有相當大的影響。

十五世紀初，在牛津大學爆發了英格蘭「宗教改革之星」威克理夫思想的追隨者和反對者之間的一場鬥爭。1403 年，擔任大學校長一職的改革派傳教士胡斯勇敢地和威克理夫站在同一陣線上，支援反羅馬教廷和反階級的學說，並將威克理夫的著作譯成捷克文。胡斯強烈地抨擊當時教會的過失，譴責教會流於腐化和崇尚階級制度的傾向、熱衷追求財富、剝削貧苦人民，因此觸怒了大主教，被指責為異端分子。

有一段時期，他的活動得到波希米亞國王瓦茨拉夫四世的支持，因為國王想利用胡斯派的活動，來提高捷克人民的愛國熱情。瓦茨拉夫四世甚至在 1409 年頒布 〈庫特納山法令〉 (*Decree of Kutná Hora, Dekret Kutnohorský*)，取消外國人在查理大學的特殊地位，規定波希米亞教師在大學會議和其他的機構中占有 3 席，而日耳曼教師只准占有 1 席。這對於日耳曼人來說是個沉重的打擊，使他們不得不離開布拉格，大學的管理權又回到波希米亞人的手中。瓦茨拉夫四世廢除日耳曼教授對查理大學的統治，確保了波希米亞的優勢，這個決定使大學完全波希米亞化，查理大學變成了方興未艾的胡斯運動的重要支柱，這是胡斯派的偉大勝利。

起初胡斯對教會犀利的批判，獲得國王瓦茨拉夫四世的支持。但是，後來國王的立場有所轉變，胡斯和其信徒喪失了國王的支持。他被大學停職，並且被逐出布拉格。1414 年康士坦丁議會

(the Council of Constance, 1414〜1418) 召開前夕 ，教宗非常關心波希米亞的人民受到有關威克理夫和胡斯的影響，就由神聖羅馬帝國皇帝西吉蒙德出面邀請胡斯赴會，並且保證他的安全。胡斯覺得他有義務在這樣一個各方領袖群聚的機會，將真理見證出來。胡斯卻發現上當了，他們保證的安全就是把他拘禁在一個地牢中，並且宣稱他們從聖靈得到啟示，對於傳布異端的人所做的承諾是不必遵守的。

胡斯在牢中遭受迫害，可是他還是堅持按照神的話語傳道。1415 年，議會宣判他是異教徒，就在木架上被活活燒死。那終結胡斯生命的火焰燃起十年之久的宗教戰爭，蔓延整個波希米亞，並且改變了它的歷史。後來為了紀念胡斯逝世五百週年，在位於布拉格的舊城區廣場中央，即當年燒死胡斯的原址上，建立雕像紀念碑。

胡斯為真理奮鬥，甚至不惜獻身的堅定性格和決心，使他不僅成了捷克民族史上最偉大的英雄之一，而且也是全人類歷史上的傳奇人物。他在傳教、寫作之中以及所有的社會活動裡，都表達出對民眾利益的關切和期望。他的主要貢獻就是反對當時教會的封建專斷。

一、胡斯的崛起

胡斯出生於農家，全憑著自己的努力，成為當時歐洲極負盛名的查理大學校長。胡斯流利的口才對神職人員的腐敗作了犀利的批判，也就無可避免地招致羅馬教會的打擊。教宗宣布把他從

圖 35：舊城區的胡斯雕像紀念碑

教會中開除，可是國王瓦茨拉夫四世卻支持胡斯，而且大多數的
人民也喜歡他。

　　從 1412 年起，胡斯和大主教之間的決裂達到了頂點。胡斯被
開除教籍，大主教宣布整個布拉格禁止進行禮拜儀式，並將其文
集著作銷毀，從此反對教會的浪潮風起雲湧，成為大規模的人民
運動。

　　胡斯用捷克文寫出其重要的著作《關於教會》(*De Ecclesia*)、
《十戒解釋》(*Exposition of the Ten Commandments*) 及其他作品，
因為他在與普通老百姓的接觸中體會，應該用母語來解釋社會改
革的思想及其重要性。

　　他的學說主要呼籲：以較高的標準要求教士的德行；以通用

語言來宣教和讀《聖經》，並要求讓所有的基督徒領受全套的聖餐；反對大赦券的買賣；反對教宗頒布與《聖經》有所牴觸的命令。

胡斯反對教會剝削受奴役的人們，宣稱：「被奴役的人們並沒有義務聽從那些違背基督教義的教宗或主教」(No pope or bishop had the right to take up the sword in the name of the Church)。這種思想在廣大的人民群眾中引起熱烈的回響。

胡斯的批判以及對於改革的籲求，激怒了教會的高層，被視為教會再統合的絆腳石，遭逐出教會。

1414 年，在康士坦丁召集旨在消除羅馬教廷分裂和教會組織紊亂狀況的教會代表會議。神聖羅馬帝國皇帝西吉蒙德邀請胡斯參加這個宗教會議，不僅保證胡斯旅途的安全，並允許在康士坦丁宗教會議前聽取他的見解，而且還保證即使是談判達不成和解，他還是可以自由返回祖國。

1414 年 11 月 3 日，胡斯在當地群眾的歡呼聲中到達了康士坦丁。雖然有了皇帝的安全保證，胡斯還是被逮捕入獄。他拒絕屈服於教會的權威之下，在法庭上堅持自己的理念，駁斥教會所強加的種種罪名。法庭根本不聽其申辯，1415 年 7 月 6 日在皇帝西吉蒙德同意之下，胡斯被處以火刑，骨灰被拋入萊茵河。臨刑前，胡斯作了最後一次的演

圖 36：胡斯

講，重申自己是無罪的。

　　胡斯死後，波希米亞人多次在布拉格舉行集會，甚至波希米亞的貴族會議也向康士坦丁宗教大會提出了抗議，人們自發地掀起了反抗教會的行動，拒絕交納稅金，驅逐日耳曼的教士。終於在 1419 年 7 月爆發了大規模的革命運動，各地參與的人數與日俱增。

二、革命運動的高漲

　　胡斯和耶柔米的遭遇，在波希米亞境內引起很大的同情與支持。一些跟隨他們的人們就開始組成了一些黨派，其中一個叫塔波爾派 (Taborites)，另一個叫雙重派 （或者稱作烏特拉奎 Utraquists，從拉丁文 sub utraque 衍生而來） 或者聖杯派 （Calixtines，這個字是從拉丁字 calix 衍生而來的）。

　　塔波爾派是胡斯運動最重要的思想中心，以南方的塔波爾城 (Tabor) 為中心，他們比較激進，參與者大部分是基層勞動者，是胡斯戰爭的主力。他們抵制教會的教條，並視《聖經》為所有信仰活動的唯一憑藉，他們深信「千禧年說」，即基督為了救贖而重返人世。塔波爾派激進的思想家們曾經號召消滅當時的統治階級，並由人民接管全部權力。土地、草原和森林都必須為公有，對人民的一切剝削都必須終止。

　　塔波爾派沒有一個明確的統一綱領，他們只是反對一切不合理的事物，要求廢除階級制度，廢除國王，取消繁苛的封建義務，要求將沒收來的土地分給農民，建立一個美好的共和國。

在宗教儀軌上，塔波爾派認為教堂裡不需要畫像、雕像和祭壇，教堂本身就是多餘的，因為人們可以在穀倉和田地裡做彌撒，這樣一來就摒棄了舊有的儀式，人們還要求廢除教會的節日，婦女也被允許進行傳教。像塔波爾派的類似思想，也在其他城市尤其是布拉格的激進派信徒中傳播開了。

聖杯派成員大多是社會中產階層和中小貴族，屬於溫和派。他們於 1420 年擬定了〈布拉格四條款〉，要求沒收教會財產，波希米亞宗教獨立，禁止外國人擔任波希米亞官吏。他們要求每個人都可以用聖杯領取聖餐，所以被稱為聖杯派。他們還主張傳教自由，可以用任何語言傳教，廢除教士對世俗財富的占有，教士犯罪也應該像平民一樣論處等。

當國王瓦茨拉夫四世去世時，日耳曼皇帝西吉蒙德繼而兼任波希米亞國王，激起人民更強烈的反彈，因而爆發了大規模的示威行動。

西吉蒙德從 1420 年 4 月到 1431 年 8 月共組織了五次十字軍來鎮壓革命運動。塔波爾派和聖杯派兩派團結在指揮官約翰·齊斯卡 (Jan Žižka, 1360～1424) 周圍。齊斯卡本名叫約翰·特羅茲諾 (Jan Žižka z Trocnova)，齊斯卡在捷克語的意思是「獨眼」，因為他失去了一隻眼睛。他出身於一個騎士家庭，曾經投效波蘭軍隊對抗日耳曼人，頗有戰功。他參加起義軍，被推舉為首領。齊斯卡採用「戰車堡壘」戰術，把戰車用鐵鏈聯結起來，圍在步兵的外圍，以抵禦敵人騎兵的衝擊，同時躲在裡面的步兵可以用鐵鉤把敵人拉下馬來。波希米亞軍隊用這種方法多次成功地擊退

了敵人的進攻，使敵人聞風而逃。

1422 年初，齊斯卡不但把西吉蒙德的軍隊打跑了，並且一直追擊到現今的哈夫利奇庫夫－布羅德 (Havlickuv Brod)，重挫他們。後來，齊斯卡離開塔波爾派，在波希米亞東北部建立以赫拉德茨－克拉洛維 (Hradec Králové) 為中心的所謂小塔波爾派，屬於這個小塔波爾派的有波希米亞東邊的城市聯盟，以及許多胡斯派貴族成員。齊斯卡也繼續和塔波爾派城市聯盟保持聯繫，並力求使胡斯宗教改革運動所有組織的步調一致。在整整十五年之中，曾經成功擊退羅馬教宗的勢力，但是由於國內聖杯派的妥協而造成內部鬥爭，至終到了 1434 年還是被教宗擊潰。

還有一些受胡斯影響的人，聚集在波希米亞東北克爾瓦德 (Kurlwald) 山谷中的一個村莊裡，他們堅持教會的規矩，每日生活都必須依循《聖經》的教義。1457 年他們教會組織組成之後，被稱做「聯合弟兄會」(Unitas Fratrum)。雖然他們並無意另立門戶，他們認知只要是主內弟兄，都是在一個聖靈中合而為一的，然而他們還是宣告須與羅馬教會分別出來。

到了十六世紀初期，教宗亞歷山大六世 (Pope Alexander VI, 1492～1503) 說服波希米亞的國王，使他相信「聯合弟兄會」的影響力早晚會成為政府的威脅，展開另一場迫害。這一次的迫害不但是由羅馬天主教所發起，並且加上聖杯派的人煽動。「聯合弟兄會」中也發生摩擦而告分裂，有一些人參加新教與天主教的戰爭，在 1547 年新教失敗了，許多信徒就四處逃散。有一些人到了波蘭，他們的工作後來傳遍全波蘭，另一批就成了後來摩拉維亞

運動 (Moravian movement) 的先驅。在 1579 年至 1593 年之間，他們有了捷克語譯本的《克拉麗茲聖經》(*Kralice Bible, Bible kralická*)。此版本的聖經成為古典捷克語的典範，也成為新教徒的標準版本。1609 年他們制定〈波希米亞憲章〉，主張人民有完全的信仰自由。1616 年，出版《教訓的章則——教會的組織》。

三、胡斯宗教改革運動的歷史意義

在胡斯宗教改革運動中，波希米亞民族為歐洲所有民族中，第一個出來反對羅馬教會的統治。胡斯運動使大量的教會財產世俗化，促使基督教會發生了分裂。在十六世紀裡，這一分裂由於新教教會對羅馬教廷的背離而達到高峰。

胡斯宗教改革運動的思想宗旨是消滅教會以及統治者的權力，雖然當時還不具有對社會制度進行改造的鮮明思想。但是，它在社會發展史中，還是具有重大的意義。

胡斯宗教改革運動的性質不僅是場社會革命運動，而且是波希米亞反抗外來壓迫的民族戰爭。

胡斯宗教改革運動給教會和神聖羅馬帝國極大的打擊，也使得波希米亞在很長一段時間內實際上脫離神聖羅馬帝國的掌控，提高波希米亞的民族精神，為捷克往後民族文化的發展創造有利條件，也對後來日耳曼的馬丁路德 (Martin Luther, 1483～1546) 宗教改革運動 (Reformation) 有極大影響。

第三節　犧牲胡斯的西吉蒙德

西吉蒙德是皇帝查理四世的兒子，他是第三位也是最後一位的日耳曼皇帝，同時又是盧森堡家族裡的第四位波希米亞國王，因為與匈牙利和波蘭國王路易的長女瑪麗亞 (Maria of Hungary, 1371～1395) 訂親的關係，奠定了盧森堡家族權力擴張的基礎。

在其兄長瓦茨拉夫四世國王統治的時期，匈牙利國王駕崩，西吉蒙德歷經一場艱辛的鬥爭，終於 1387 年 3 月 31 日掙得匈牙利王位的繼承權。1389 年，西吉蒙德領軍對抗土耳其人，防衛其新王國的疆界。這一年，蘇丹穆拉圖一世 (Murad I Hüdavendigâr, 1319?～1389; Ottoman Sultan, 1359～1389) 在科索夫平原 (Kosovo field) 一役，殲滅了塞爾維亞王國 (Servian Kingdom)，雙方交戰，各有外國部隊共組聯軍，塞爾維亞這一方有波蘭、波希米亞、匈牙利和克羅埃西亞參戰。

穆拉圖一世的兒子巴札傑特一世 (Bayezid I, 1354～1403) 在尼可波里斯 (Nicopolis) 一地擊潰了西吉蒙德率領的軍隊，沿著多瑙河一帶的地方被土耳其人再度攻克。1389 年，波希米亞的神職人員和貴族們在摩拉維亞和西吉蒙德的支持下，起而反抗瓦茨拉夫四世國王。瓦茨拉夫四世終於 1400 年被罷黜了日耳曼王位，而魯波特 (Rupert of Germany, 1352～1410) 被推舉而代之，但瓦茨拉夫四世始終不接受這項任命。瓦茨拉夫四世委派其弟西吉蒙德為日耳曼主教和波希米亞的總督，不過他們兄弟之間的齟齬加劇，

因為瓦茨拉夫四世其實不想讓弟弟繼任波希米亞的王位。西吉蒙德一度還被匈牙利人拘捕入獄。魯波特死於 1410 年，當時教會的分裂達到最高潮，神聖羅馬帝國的皇位也歷經兩次的選舉。

先是 1410 年 9 月 20 日西吉蒙德被選任，其後 10 月 1 日他的表弟波希米亞的約斯特 (Jost of Bohemia, 1351～1411) 也被選上。此時帝國和教會一樣，陷入兩股勢力對峙較勁的局面。約斯特隨後死了，緊張的情況頓時得以緩解，西吉蒙德獲得繼承的機會自然也就容易些，諸侯們乃於 1411 年 7 月 21 日推舉西吉蒙德繼位，但是直到 1414 年 11 月 8 日方告完成加冕登基大典。這位新科皇帝也是匈牙利國王和布蘭登堡的侯爵，所以他有權恢復日耳曼帝國的實權。

西吉蒙德頗有雄心壯志，他的目標是創建一個聯合的天主教國家，去對抗伊斯蘭強權，但是他缺乏持恆穩健的決心。儘管他相當有才華，卻易於陷入烏托邦的空泛理想。他也疏於防護其權位根基，其世襲的領地由於行政體制的失序而終告解體。

在他統治期間的重大事件就是教會的大分裂。對西吉蒙德而言，無疑地當屬對君士坦丁和巴賽爾議會 (the Council of Basle) 進行的大改革。1414 年他前往義大利的威尼斯，迫使教宗貴格利十二世 (Pope Gregory XII, 1406～1415) 召開會議。西吉蒙德曾是議會上的首腦人物，他再三強調日耳曼的重要性。然而，皇帝對議會關切的程度，隨著議會的運作無法符合期望而逐漸減低。西吉蒙德所關切議會的唯一成果，就是他犧牲胡斯所引起的波希米亞人民對他的憎恨。

　　1419 年瓦茨拉夫四世國王駕崩，西吉蒙德就在君士坦丁會議結束後登基成為波希米亞國王，他的統治面臨極大的挑戰，因為他下令燒死胡斯，被胡斯派軍隊逐出波希米亞。西吉蒙德企圖藉由嚴厲的措施重建秩序，但是失敗了，教宗瑪定五世 (Pope Martin V, 1417～1431) 在他的要求下號召十字軍發動聖戰。宗教和民族的狂熱讓胡斯戰爭打了十九年，烽火蔓延使整個波希米亞陷於水深火熱之中。

　　西吉蒙德在位期間亦遭受土耳其人的威脅，土耳其是非常危險的對手。當時唯一能給他提供奧援的就是奧地利公爵亞伯特五世 (Duke Albert V of Austria, 1397～1439; King of Bohemia, 1438～1439; King of Hungary, 1437～1439)，西吉蒙德將獨生女伊莉莎白 (Elisabeth II of Bohemia, 1409～1442) 許配給他以為回饋，還讓他擁有繼承匈牙利和波希米亞王位的資格。當胡斯改革派的軍隊威脅到日耳曼本土的時候，帝國軍隊組織已告鬆弛，而且日耳曼貴族們之間的分裂也趨於嚴重。

　　西吉蒙德雖想著手改革，但是心有餘力不足，終究無法實現其抱負。西吉蒙德的失敗不全是因為其個性軟弱，那些莊園貴族們的私心才是阻撓其大業的主因。1424 年貴族們企圖控制西吉蒙德，但是由於內鬨而終未能成功。西吉蒙德其實尚無能力實現這些改革，只能倚靠協商的方式促成波希米亞的和諧。為了強化其個人在歐洲的地位，西吉蒙德乃先後於 1431 年以及 1433 年爭取加冕成為義大利倫巴底國王 (King of Lombardy) 和神聖羅馬帝國皇帝，並以此身分協調溫和的聖杯派和激進的塔波爾派之間的不

和。藉由 1433 年的〈布拉格協議〉(*Compact of Prague*)、1436 年的伊戈勞議會 (Diet of Iglau) 以及後來 1437 年的巴賽爾議會，終將胡斯運動拉回教會當局所關切的議題。

伊戈勞議會之後，西吉蒙德的疲態已經顯露無遺，直到他過世為止。也因為他極端保守的作為導致另一場衝突的爆發，而他的第二任妻子芭芭拉‧契爾耶斯卡 (Barbara Celjska, 1390?～1451) 亦涉入其中。

西吉蒙德和第一任妻子瑪麗亞 (Maria of Hungary, 1371～1395) 沒有子嗣，但是與芭芭拉的婚姻育有獨生女伊莉莎白。伊莉莎白嫁給了奧地利的亞伯特二世。西吉蒙德死於 1437 年，波希米亞的貴族們公推亞伯特二世繼承王位。

第四節　「跛腳」皇帝亞伯特二世

亞伯特二世是奧地利公爵哈布斯堡家族亞伯特四世 (Albrecht IV "das Weltwunder", 1377～1404; Duke of Austria, 1395～1404) 的兒子，所以他在哈布斯堡家族的輩分應該是亞伯特五世 (Albert V, Archduke of Austria, 1404～1439)。從 1438 年到 1439 年去世為止，他還不全然是神聖羅馬帝國的皇帝，因為他是未受教宗加冕的日耳曼國王。

亞伯特二世於 1404 年繼承其父親遺下的奧地利爵位，在接受過良好的教育之後，於 1411 年接掌國政。他協助西吉蒙德皇帝對抗胡斯宗教改革運動，並娶了西吉蒙德的女兒伊莉莎白，而成為

西吉蒙德的繼承人。此外，伊莉莎白也是匈牙利阿爾帕德家族 (the Arpád) 的後裔，憑著伊莉莎白的家世和身分，亞伯特的婚姻讓他有資格繼承波希米亞和波蘭這些斯拉夫王國的王位和封邑。

西吉蒙德逝後，亞伯特二世隨即繼位，於 1438 年 1 月 1 日加冕成為匈牙利國王，並在 6 個月後登基為波希米亞國王，但是他實際上卻無法掌控這個國家。1438 年 3 月 18 日在他與波希米亞、波蘭交戰的時候，被選為日耳曼皇帝，但他無法前往法蘭克福接受教宗加冕成為帝國皇帝。之後，他參加了匈牙利對抗土耳其人的戰爭，殁於 1439 年 10 月 27 日。

亞伯特二世和伊莉莎白育有子女三名：遺腹子拉吉斯勞斯 (Ladislaus the Posthumus, 1440～1457; King of Bohemia, 1453～1457)，後來繼位成為匈牙利和波希米亞的國王；安納 (Anne von Habsburg, 1432～1462)，嫁給薩克森公爵威廉三世 (William III, Duke of Saxony, 1425～1482)；伊莉莎白 (Elisabeth von Habsburg, 1436?～1505)，嫁給日後亦繼承波希米亞和匈牙利王位的波蘭凱西米爾四世 (Casimir IV Jagiellon of Poland, 1427～1492; King of Poland, 1446～1492)。

第五節　遺腹子拉吉斯勞斯

遺腹子拉吉斯勞斯是神聖羅馬帝國皇帝亞伯特二世和西吉蒙德皇帝女兒伊莉莎白所生的獨子。他在父親死後四個月於匈牙利北部的柯瑪隆 (Komárom) 出生，隨即成為奧地利公國的統治者，

並且繼任波希米亞國王，他的叔父——奧地利統治者斐特烈三世 (Frederick III of Habsburg, 1415～1493; Archduke of Austria, 1457～1493; Holy Roman Emperor, 1452～1493) 則繼承神聖羅馬帝國皇帝。

匈牙利已經推選了來自於波蘭的拉吉斯勞斯三世 (Władysław III of Varna, Ladislaus III of Poland, 1424～1444) 當他們的國王，稱號拉斯洛一世（匈牙利語：Ulászló I, 1440～1444）。但是伊莉莎白安排由宮中一名叫做海倫‧柯特納的女僕偷取了在維雪堡的匈牙利王冠。

海倫‧柯特納出生於奧地利的歐登堡 (Odenburg)，起初是伊莉莎白王后的侍女。她結過兩次婚，生了兩個孩子。在 1436 年之前，海倫和她的第二任丈夫約翰‧柯特納都是亞伯特二世的僕傭。海倫在哈布斯堡家庭中的角色，是伊莉莎白女兒的褓姆。

海倫‧柯特納大約在 1451 年的時候寫了一本書《往事追憶》(*Denkwurdigkeiten*)，其中敘述如何在 1440 年 2 月 20 日竊取那時被保存在匈牙利維雪堡的聖史蒂芬王冠 (Crown of St. Stephen, Crown of Saint Stephen, Szent Korona)。海倫在書中還提到，在冒極大的風險盡力幫助王后得到王冠的時候，簡直是將自己全家的性命都豁出去了。在當時那種詭譎多變的政治氛圍之中，判處死刑是司空見慣的處罰方式。顯然海倫對於王后的要求有所保留，她說王后的吩咐讓她震驚，因為那會使自己和小孩們都身處危險之中。

海倫至少找了兩名男子協助竊取王冠，然後將之藏在枕頭中，

　　偷運出維雪堡後立即被轉送至柯瑪隆伊莉莎白王后那裡去。王冠頂端的十字架在運送途中被扭彎了，迄今仍舊可見其貌。

　　海倫在書中敘述，當王冠從普林頓堡 (Plintenburg) 送抵柯瑪隆的同時，遺腹子拉吉斯勞斯也誕生了，海倫認為這就是上帝的旨意。

　　1440 年，伊莉莎白王后強迫主教在塞克什白堡 (Székesfehérvár) 為尚在襁褓中的拉吉斯勞斯加冕。為了安全著想，伊莉莎白將拉吉斯勞斯和王冠一齊安置在哈布斯堡的遠房親戚——斐特烈三世皇帝那兒。

　　伊莉莎白王后為其子拉吉斯勞斯加冕的願望終於實現，所以優渥地獎賞海倫以為報答。王后相信只要戴上聖史蒂芬王冠，就會被全國人民接受為匈牙利王權的合法繼承人。匈牙利的貴族們對於任命一個來自波蘭的國王拉斯洛一世來兼統匈牙利頗有意見，倒是不排斥王后的新生兒。

　　不幸的是，支持王后新生兒和支持波蘭國王的兩派人馬之間爆發了一場內戰。王室家族為了安全而疏散以避禍，海倫的家庭也因而分散，她照顧年幼的國王逃亡，而丈夫和女兒凱薩琳 (Katharina) 則伴隨著王后。

　　拉斯洛一世曾經發動過兩次十字軍對抗土耳其人。第一次在 1443 年，戰果相當成功；但是第二次（1444 年）卻失利了，他敗死於保加利亞東邊濱海的瓦爾納 (Varna)。瓦爾納之役是基督教世界將土耳其勢力逐出歐洲之外的最後一場重要戰役。拉斯洛一世死後，匈牙利貴族如願地推舉遺腹子拉吉斯勞斯作為他們的國

王，並且遣使前往維也納，向皇帝獻上王冠，不過被斐特烈三世拒絕了。

拉斯洛一世死後，波希米亞由喬治‧波迪布萊德攝政，而匈牙利的攝政王是雅諾斯‧胡涅迪 (János Hunyadi, 1385～1456)。從 1450 年起，奧地利貴族們要求還給遺腹子拉吉斯勞斯自由之身的呼聲越來越強。1452 年他們在烏爾利‧艾勤 (Ulrich of Eyczing, 1398～1460) 和烏爾利‧采列 (Ulrich III of Celje, 1406～1456) 的領導下結為梅爾伯聯盟 (Mailberg Alliance)，並以武力成功地解救了他。烏爾利‧采列成為拉吉斯勞斯的監護人，實際掌握了統治權。

1453 年 10 月 28 日，遺腹子拉吉斯勞斯加冕為波希米亞國王，時年 13 歲。此後，他大部分時間都待在布拉格和維也納。當雅諾斯‧胡涅迪肩負對抗鄂圖曼帝國的任務時，烏爾利‧采列對他的敵意逐漸加深，反而對於土耳其的威脅顯得較不關心。在雅諾斯‧胡涅迪死後，拉吉斯勞斯讓烏爾利‧采列成為匈牙利侯爵。烏爾利‧采列的權位日益增長，讓胡涅迪家族心生不滿。

1456 年 11 月 8 日，烏爾利‧采列不顧警告仍舊隨同國王前往南道白堡 (Nándorfehérvár，即今之貝爾格勒)，次日被雅諾斯‧胡涅迪的長子拉斯洛‧胡涅迪 (László Hunyadi, 1440～1457) 率眾圍攻之後，烏爾利‧采列被刺身亡。另外還有一個原因，就是他亦曾經企圖暗殺拉斯洛‧胡涅迪，結果反遭報復。拉吉斯勞斯將拉斯洛‧胡涅迪梟首以為戒，時間是 1457 年 3 月 16 日。這個事件在匈牙利引起一場大風暴，拉吉斯勞斯潛逃至布拉格，最後

死在那裡。

拉吉斯勞斯在這年 11 月 23 日逝世，沒有子嗣繼位，當時他正籌備和法國查理七世 (Charles VII the Victorius, 1403～1461; King of France, 1422～1461) 女兒馬德萊娜 (Medeleine of France, 1443～1495) 的婚禮。有一謠傳說他是被波希米亞的政敵毒死的，不過並沒有直接的證據證實此事。直到二十世紀末，根據考古檢驗才發現，他其實是死於血癌，在當時是一種束手無策的不明病症。

在奧地利，他的叔父斐特烈三世繼位；匈牙利推選胡涅迪家族的馬嘉斯‧科維努斯 (Mátthiás Corvinus, 1443～1490; King of Hungary, 1458～1490) 為王；而波希米亞則推舉喬治‧波迪布萊德 (Jiří z Poděbrad, 1420～1471) 為王。

第六節　新教國王喬治‧波迪布萊德

喬治‧波迪布萊德是 1458 年至 1471 年之間波希米亞的國王，也是歐洲第一位宣告放棄羅馬天主教，改信胡斯新教派的國王。從他開始，整個波希米亞的教堂外面都擺置一個雕鏤的高腳聖餐杯，象徵著改革的宗教。

他的父親是波希米亞貴族，曾經是胡斯戰爭塔波爾派的領袖之一。1434 年喬治‧波迪布萊德 14 歲時，參加了里培尼戰役 (Battle of Lipany)，早就是胡斯派的領袖之一。他擊敗亞伯特二世的奧地利部隊後，迅速成為風雲人物。在遺腹子拉吉斯勞斯年幼時，波希米亞分裂成兩派：親奧地利、信天主教的一派，由烏爾

利‧洛森堡 (Ulrich von Rosenberg, 1403～1462) 領導；另一派則是人民這邊的，由喬治‧波迪布萊德所領導。

　　在進行多次的和解之後，波迪布萊德決定訴諸武力。他逐漸在波希米亞的東北部地區聚集武力，那裡的胡斯教派追隨者最多，也是他祖先城堡之所在。有了這批大約 9,000 人的部隊，1448 年他從庫特納山 (Kutná Hora) 開拔，在幾乎沒有抵抗的情況下占領布拉格。內戰爆發了，喬治‧波迪布萊德成功地擊敗信奉羅馬天主教的貴族。1451 年，皇帝斐特烈三世委託喬治‧波迪布萊德管理波希米亞。同年，布拉格議會也決議委任他攝政。

　　波希米亞人和羅馬教廷之間的鬥爭持續不斷，拉吉斯勞斯對於羅馬天主教表示同情，使得喬治‧波迪布萊德的立場變得非常尷尬。1457 年，拉吉斯勞斯突然死去，輿論紛紛指向喬治‧波迪布萊德，懷疑是他毒害了拉吉斯勞斯。不過，在 1458 年 2 月 27 日時，波希米亞貴族們全體一致推舉喬治‧波迪布萊德為王。雖然喬治‧波迪布萊德也設法討好梵蒂岡，企圖建立和平關係，不過都徒勞無功，因為教宗庇護二世 (Pope Pius II, 1458～1464) 仍舊敵視喬治‧波迪布萊德，視他為統治上最大的障礙。即使庇護二世死去前，無法實現組十字軍進攻波希米亞的計畫，但是他的後繼者依舊反對喬治‧波迪布萊德。

　　喬治‧波迪布萊德在波希米亞貴族中有許多仇敵，這些不滿者 1465 年聚在綠山 (Zelena Hora)，商議聯合抵制他，並且控訴他的一些罪狀。儘管喬治‧波迪布萊德在庇護二世死後仍舊設法與繼位的保祿二世 (Pope Paul II, 1464～1471) 溝通，但始終無法受

到教宗的支持。喬治‧波迪布萊德與教宗之間的談判，最終在國
王使者遭到羞辱之後宣告破局。

1466 年 12 月 23 日，教宗保祿二世將喬治‧波迪布萊德除
名，宣告將其王位罷黜，禁止所有的天主教徒繼續擁戴他。帝國
皇帝斐特烈三世和曾經結盟的匈牙利國王馬嘉斯都加入支持波希
米亞貴族的起事行動。馬嘉斯國王還攻下了摩拉維亞的一大部分，
並於 1469 年 5 月 3 日在摩拉維亞首府布爾諾加冕成為波希米亞
的新王。在往後的歲月裡，喬治‧波迪布萊德曾打贏幾場戰役，
但是最後戰死於 1471 年 3 月 22 日的一場戰役，戰爭隨即結束。

喬治‧波迪布萊德是個有雄心壯志的人，他的理想之一是建
立一個泛歐的「基督教聯盟」，把歐洲所有國家都結合起來。他曾
經遣使走訪歐洲各國，宣揚他的理想。

第七節　雅蓋隆家族諸王

一、雅蓋隆拉吉斯拉夫二世

雅蓋隆拉吉斯拉夫二世 (Ladislaus II Jagellion, 1456～1516;
King of Bohemia, 1471～1516; King of Hungary, 1490～1516) 在
1456 年出生於波蘭，父親是統治波蘭和立陶宛的國王——雅蓋隆
家族的凱西米爾四世，母親是神聖羅馬帝國皇帝哈布斯堡家族亞
伯特二世的女兒伊莉莎白。

雅蓋隆拉吉斯拉夫二世被波希米亞國王喬治‧波迪布萊德的

遺孀舉薦，於 1471 年 8 月 22 日加冕繼任波希米亞國王。他統治波希米亞之初，勢力尚不及摩拉維亞、西里西亞和路沙奇亞等地，那些地方是被匈牙利的馬嘉斯‧科維努斯所統治。一直到 1490 年馬嘉斯‧科維努斯死後，雅蓋隆拉吉斯拉夫二世被選任匈牙利國王，這些領土才被統一起來。馬嘉斯也曾經同是波希米亞王位的競爭者。

在喬治‧波迪布萊德死後有一段時期，波希米亞陷入王位爭奪的混亂情況中，雅蓋隆拉吉斯拉夫二世無法處理那種局面。實際上他去布拉格的時候年僅 15 歲，許多重大事情還得由攝政王來定奪。

直到 1478 至 1479 年間簽訂了〈奧洛莫茨條約〉(*Peace of Olomouc*) 之後始告平息下來。條約允許雅蓋隆拉吉斯拉夫二世和馬嘉斯‧科維努斯共用「波希米亞王」的頭銜。馬嘉斯‧科維努斯擁有摩拉維亞、西里西亞和路沙奇亞，雅蓋隆拉吉斯拉夫二世則統治波希米亞，還規定如果馬嘉斯‧科維努斯過世的話，雅蓋隆拉吉斯拉夫二世要支付 40 萬戈德（當時的幣制）以保障波希米亞的版圖。然而馬嘉斯‧科維努斯死後，雅蓋隆拉吉斯拉夫二世當上匈牙利國王，卻沒付過這筆帳。

他一生有四次婚姻，第一次娶的是馬嘉斯‧科維努斯的遺孀那不勒斯的貝德麗采 (Beatrice of Naples)，最後一次娶法國富瓦的安娜 (Anna of Foix-Candale; Anne de Foix, Anna z Foix a Candale, 1484～1506)，為他生了一對子女——安娜 (Anna Jagiellon , Anne Jagellonská, 1503～1547) 和路易二世 (Louis II Jagellion, Ludvík

Jagellonský, 1506～1526; King of Bohemia and Hungary, 1516～1526)。他死於 1516 年，葬在塞克什白堡。

他是一個樂天派的人，別人對他的任何要求，幾乎是有求必應，他都回答 "Bene"，拉丁話的意思就是「好」，所以他有個「好－拉吉斯拉夫」的外號。匈牙利在他的統治之下，雖然外有來自土耳其人犯邊、內有喬治‧馱若 (György Dózsa) 農民反叛的壓力，不過大致上說來局勢還算是平靜的。

後來他 10 歲大的兒子路易二世繼承波希米亞和匈牙利的王位 (King of Bohemia and Hungary, 1516～1526)，女兒安娜依據先前定的婚約，嫁給日後成為神聖羅馬帝國皇帝的哈布斯堡家族斐迪南 (Ferdinand of Austria, 1558～1564)。路易二世死於 1526 年莫哈蚩之役 (Battle of Mohács)，王位的繼承權因而轉讓給安娜和哈布斯堡家族。

二、路易二世

雅蓋隆拉吉斯拉夫二世的兒子路易二世生於 1506 年，1516 年繼承父位。他在 1515 年就被皇帝麥西米倫一世收養了，所以麥西米倫 1519 年過世，他就被法定監護人布蘭登堡－安斯巴赫伯爵 (Margrave of Brandenburg-Ansbach) 喬治‧霍亨索倫 (George Hohenzollern, 1484～1543) 撫養。

1522 年，路易二世娶了哈布斯堡家族公主瑪麗亞 (Maria of Austria, 1505～1558)，也就是皇帝麥西米倫一世的孫女，這個婚姻是依據 1515 年協議的〈維也納協定〉而履行的。路易二世的姊

姊安娜則嫁給麥西米倫之孫奧
地利的斐迪南大公，也就是日後
的皇帝斐迪南一世。

　　在雅蓋隆王朝統治時期，土
耳其人深入到了匈牙利境內。路
易二世死於 1526 年 8 月 29 日
和土耳其決戰的莫哈蚩之役，匈
牙利全軍盡被殲滅。這次失敗之
後，波希米亞貴族們推選哈布斯
堡大公斐迪南一世繼任波希米
亞的國王，　他是查理五世皇帝
(Charles Ⅴ, 1500～1558; Holy
Roman Emperor, Archduke of Austria, 1519～1556) 的弟弟，也是路
易二世的內兄。

圖 37：路易二世

　　土耳其人長期占據了匈牙利的大部分領土，因此匈牙利陷於
斐迪南一世和外西凡尼亞大公雅諾斯‧扎波亞 (János Zápolyai,
1487～1540) 相爭的局面，這對往後中歐歷史的發展產生了深遠
的影響。

第八節　十四世紀社會和經濟的變遷

一、經濟的活絡

　　波希米亞的經濟在十四世紀時發展得很快,隨著經濟的繁榮,城市的發展非常迅速,波希米亞大約已有 100 座城市,手工業行業多達 200 多種 。 布拉格在全國經濟發展中居於舉足輕重的地位。1348 年查理大學成立,成為歐洲重要的文化中心之一。在這個時期,波希米亞的紡織業在歐洲享有盛譽。城市經濟發展對農村經濟產生深遠的影響,加速農村生產的發展。

　　十四世紀的經濟發展,有利於波希米亞王權的強化。國王從採礦業和其他方面取得豐厚的收益,成為當時歐洲有名的富翁。隨著經濟實力的增強, 捷克在神聖羅馬帝國的地位不斷提高 。 1347年,盧森堡王朝的查理一世當選為神聖羅馬帝國皇帝 ,稱查理四世。他在捷克大力推行商業發展的政策,使得波希米亞在文化上和經濟上的卓越成就達到巔峰,特別是城鎮系統的開拓與發展。

　　波希米亞和西歐之間在文化上和政治上差距的縮小影響城市貴族、王室和教士,特別是商品經濟的發展刺激他們享受奢侈生活的慾望。為了掠取更多的貨幣,他們加緊對城鄉人民的剝削,尤其是移居波希米亞的日耳曼貴族更是橫徵暴斂,十分貪婪。伴隨著盧森堡家族與大地主間的衝突,引發一連串的內戰,統治者的聲望和權力式微。

二、矛盾的激化

在盧森堡王朝統治時期，相較於其東方的鄰國，捷克的經濟發展得很快，捷克成為當時最富有的王國之一。神聖羅馬帝國皇帝查理四世在捷克推行獎勵商業及發展經濟的政策，但是經濟發展的成果與影響卻讓人們對日耳曼人更為不滿。社會的緊張關係終於爆發暴動，1389 年 4 月 18 日布拉格的猶太區被洗劫縱火，以至於好幾百人喪生。這場大屠殺可能被視為大動亂來臨的前兆。

人們首要反抗的是被日耳曼人所把持的教會，幾個世紀來教會擁有大量的地產，這些資產都是透過虔誠教徒的捐獻和餽贈等方式所取得。在反對教會壓榨的行動中，出現以胡斯為代表的一批領袖。胡斯主張把教產收歸國有，認為教會占有土地是一切罪惡的根源，只有沒收教會的地產才能清除教會的貪婪，才能恢復真正的基督教。

從十四世紀到十五世紀初，高階教士的地產增長到了誇張的地步，以致教會竟成為最富有和最強力的剝削者。財富集中在高階教士的手中，這些人多半出身於侯門貴族階層。財富的集中引起很多低階教士的反感，他們多半是勞工出身，每天的食物常需要向信徒乞討。因此，許多低階教士自然而然地都投入反抗運動的最前線。

加上哈布斯堡王室們竭力擴大王權，並對新奪得的國土進行榨取，開始限制特權階級過分龐大的權力，為爾後的君主專制打下了初步的基礎。這種有意識地限制權力和自由，卻遇到部分貴

族和市民階層的反抗,從而導致反對哈布斯堡統治的潮流,這股潮流在思想上和反天主教的宗教派別是一致的,其中的新教徒不久就成為反抗哈布斯堡教權主義運動的主要中心。王室對新教徒採取強硬的措施,許多成員被監禁,或被迫遷往摩拉維亞、波蘭和普魯士等地。

絕大多數的波希米亞人日益要求加入聖杯派及反羅馬教廷的陣營,聖杯派教徒信仰宗教的自由得到了保障。從 1650 年代起,在羅馬教會中盛行一股排除和異教徒達成任何妥協的風氣,這個思潮的主要鼓吹者是新成立的耶穌會成員,他們在傳教和出版物中全力攻擊非天主教思想。不久他們也深入摩拉維亞、斯洛伐克建立據點。

十六世紀後半葉,有關爭取宗教自由的抗爭活動更形尖銳。面對哈布斯堡王朝和天主教貴族階層權勢的繼續增長,不論是胡斯派信徒中的貴族還是市民階層,都宣布加入反對派的行列,只有天主教貴族支持哈布斯堡王朝。在哈布斯堡家族成員之間的爭鬥中,反天主教聯盟成功地從魯道夫二世 (Rudolf II, 1552～1612; Holy Roman Emperor, 1576～1612; King of Hungary, King of Croatia, 1572～1608; King of Bohemia, 1575～1608/1611) 那裡取得宗教自由的特權,即所謂 1609 年的〈聖詔〉(*Majestät*),波希米亞新教徒的信仰自由因而得到暫時的保障。但是好景不長,這些自由並沒有持續多久,哈布斯堡教權主義派採取攻勢,使雙方間的緊張氣氛轉變成不可避免的衝突。

第五章 | *Chapter 5*

哈布斯堡王朝的統治

第一節　斐迪南一世的統治

　　路易二世死於 1526 年莫哈蚩戰役之後，短暫的捷克－匈牙利聯盟陷於分裂，波希米亞和匈牙利的王位又告虛懸，這對哈布斯堡家族來說無疑是個競奪王位的絕佳機會，最後，斐迪南一世大公 (Ferdinand I of Habsburg, 1503～1564; Archduke of Austria, 1520～1564; King of Bohemia and Hungary, 1526～1564; Holy Roman Emperor, 1558～1564) 終於取得了波希米亞和匈牙利的王位繼承。

　　奧地利的斐迪南一世大公自幼在西班牙馬德里成長，父親是哈布斯堡家族首位在西班牙的親王腓力普 (Philip the Handsome, 1478～1506)。斐迪南原先被期望可繼承祖父麥西米倫一世的王位，但是之後卻是由兄長查理五世繼位。1521 年查理五世給他哈布斯堡家族在奧地利的領地，這一年斐迪南一世也依約娶了匈牙

利和波希米亞國王雅蓋隆拉吉斯拉夫二世的女兒安娜‧雅蓋隆，奠下日後繼承波希米亞王位的機緣。

　　1526 年起斐迪南一世開啟哈布斯堡家族對波希米亞和斯洛伐克為時將近三個世紀的統治，首先他對權貴予以妥協讓步，等到權力穩固之後，就開始有計畫性地削弱地方權貴的權力。他採行中央集權式的統治，弱化波希米亞王室的權力。他企圖增加中央王權的作法，激起了地方權貴的疑懼與反感，貴族們積蘊已久的不滿情緒，終於在 1547 年爆發大規模的叛亂。

　　不過貴族們的反叛行動終告失利，斐迪南一世趁機擴大王權，徹底地削弱權貴們的地位。他也邀請耶穌會士前來波希米亞，雖然不曾進行宗教迫害干擾人民的生活，但貴族們仍起而反對斐迪南一世執意推動羅馬天主教的政策，表面上是為了捍衛波希米亞的宗教自由權，其實骨子裡卻是想要掙回昔日的權勢。這些衝突隨著文藝復興運動風氣的瀰漫而達到最高潮。由於這個衝突，波希米亞人失去他們大部分的精英、宗教信仰的特殊形式，甚至是捷克語的廣泛使用。

　　波希米亞的局勢受到宗教改革，和隨後在中歐發生的宗教戰爭的影響，更顯得複雜。波希米亞人民多改信新教，又因為波希米亞為斯拉夫國家，並有反羅馬天主教的傳統，所以是兼具民族與宗教雙重意識所組合而成的。

　　1517 年的馬丁路德宗教改革，更進一步地引發衝突的規模。波希米亞境內大多數的日耳曼人接受了新教（包括路德教派和喀爾文教派），胡斯派的教徒和日耳曼新教徒結合起來。1546 年，

日耳曼新教徒和城市貴族在舒馬爾卡登 (Schmalkalden) 締結聯盟，與神聖羅馬帝國皇帝查理五世對抗。

1547 年波希米亞貴族反抗斐迪南一世，因為他下令波希米亞軍隊去對抗日耳曼新教徒。查理五世在 1547 年贏得了慕爾堡之役 (Battle of Mühlberg)，擊敗舒馬爾卡登聯盟，終而讓斐迪南一世重新控制布拉格。之後斐迪南一世緊縮城市的基本權利，並且設立一套新的官僚體系，他於 1561 年恢復布拉格大主教區的地位。

查理五世退位之後，斐迪南一世僭取了神聖羅馬帝國皇位。查理五世同意將兒子腓力普二世 (Philip II, 1527～1598; King of Spain, 1556～1598) 排除在日耳曼王位的繼承之外，而讓斐迪南一世的長子麥西米倫二世 (Maximilian II, 1527～1576; Holy Roman Emperor, King of Bohemia and Hungary, 1564～1576) 繼承。

斐迪南一世在位期間，分別於 1551 年和 1556 年讓耶穌會士進入維也納和布拉格，並在布拉格設立耶穌會學院 (Jesuit Academy)，以擴展羅馬天主教在波希米亞境內的影響力。哈布斯堡和波希米亞人民之間，以及天主教徒和新教徒之間的不和諧，在十七世紀初再度公開爆發衝突。

第二節　發布〈聖詔〉(*Majestät*)

魯道夫二世 (Rudolf II von Habsburg, 1552～1612; King of Bohemia, 1575～1611; Holy Roman Emperor, 1576～1612) 是麥西米倫二世的長子，當他繼承哈布斯堡王位之後，一改父親對新教

徒的容忍政策，支持反宗教改革運動。雖然魯道夫二世是位有學問的人，但是卻無法治理國政，因為他屢為憂鬱症所苦，甚至到後來還因為精神錯亂而遭受軟禁，他家族的其他成員開始介入帝國事務。

魯道夫二世是歐洲君王行為舉止最奇特的一個，他非常喜好藝術和建築學，他把王宮從維也納遷至布拉格，敦聘巧奪天工的義大利米蘭畫家阿爾欽博多 (Giuseppe Arcimboldo, 1527～1593) 為宮廷畫家，並珍藏達文西、米開朗基羅等名家藝作。他著迷科學，聘請當時最精確的天文觀測者丹麥天文學家布拉赫 (Tycho Brahe, 1546～1601) 和提出行星運動三大定律的日耳曼天文學家克卜勒 (Johannes Kepler, 1571～1630) 入宮，也養了一批煉金術士。他還蒐集飼養異國情調的珍奇鳥獸。他讓布拉格充滿一種神祕的氣氛，就某方面來說，今天依舊保有那些風味。

1593 年，魯道夫二世任命弟弟馬嘉斯 (Matthias, 1557～1619; Holy Roman Emperor, 1612～1619) 為奧地利總督，馬嘉斯和維也納主教克雷瑟 (Bishop of Vienna, 1598～1630) 之間建立密切的關係，之後聘請其擔任高級顧問。1605 年，馬嘉斯迫使其柔弱的皇兄讓他來處理匈牙利新教徒的叛亂。結果於 1606 年簽訂了〈維也納和約〉 (*Peace of Vienna*)，保證匈牙利在信仰方面的自由。這一年因為魯道夫二世的病況，馬嘉斯被公推為哈布斯堡家族的領袖，也就是未來神聖羅馬帝國的皇帝。馬嘉斯和匈牙利、奧地利以及摩拉維亞的貴族們結盟，於 1608 年逼迫魯道夫二世讓出這些地方的統治權。為了獲取波希米亞的支持，魯道夫二世在 1609 年頒布

〈聖詔〉，寬容波希米亞新教，並且將查理大學的主管權交付波希米亞貴族，以及一些其他方面的讓步。但是這份心血白費了，魯道夫二世被迫於 1611 年放棄波希米亞，將之讓與馬嘉斯。

馬嘉斯繼承皇位之後，政策皆由克雷瑟主導，對其言聽計從。當初馬嘉斯籌劃聯合奧地利、摩拉維亞和匈牙利來對付魯道夫二世的時候，被迫允許對這些地方的新教徒做出宗教上的讓步，但是他的安撫妥協政策不為信奉天主教的哈布斯堡所同意，特別是馬嘉斯的弟弟奧地利大公麥西米倫三世 (Archduke Maximilian III of Austria, 1558～1618)，他其實是反改革的支持者，他希望確保斐迪南二世 (Ferdinand II, 1578～1637) 繼承神聖羅馬帝國的皇位。

此外，馬嘉斯其實是個忠實的天主教徒，很快地就和新教貴族對立起來。後來由於違背〈聖詔〉對於王室和教會領域的承諾，以及馬嘉斯信賴一個由熱誠的羅馬天主教徒所組成的議會，更加引發貴族和他之間的緊張關係。

1618 年爆發波希米亞新教徒的反叛行動，激怒了麥西米倫三世，乃至於將克雷瑟收押拘禁起來，並且改弦易轍修定以往對待新教徒的政策。這時候的馬嘉斯也已經上了年紀，在體弱多病精神耗弱的情況下，他無法阻止麥西米倫派的接管。後來，已經分別繼任匈牙利和波希米亞王位的斐迪南二世終而成功地繼任神聖羅馬帝國皇帝。

第三節　新教聯盟的挑戰

1617 年， 神聖羅馬帝國皇帝斐迪南二世 (Ferdinand II, Holy Roman Emperor, 1578～1637) 被波希米亞議會推選為波希米亞國王。馬嘉斯皇帝無子嗣，虛懸待補，呼聲最高的候選人斐迪南是日耳曼激進派領袖，他提出皇位繼承的要求，為了獲得來自西班牙哈布斯堡的支持， 他應允未來給予在法蘭西阿爾薩斯 (Alsace) 的管轄和在義大利的封地為酬。兩年後終於當選為神聖羅馬帝國皇帝，世稱斐迪南二世，他是狂熱的天主教徒，深受耶穌會和反宗教改革派勢力之影響，公然主張把波希米亞重新轉變為天主教國家。

波希米亞在接受斐迪南二世為國王後，波希米亞的新教徒非常恐慌，他們害怕會失去原來就不很穩固的宗教權利，唯一的希望是他能遵守魯道夫二世的諾言。稍早在 1609 年的時候，魯道夫二世曾被迫承諾維持波希米亞包括信教自由在內的傳統權利。但是斐迪南二世無意遵守那項承諾，他所指派的官員在波希米亞境內採取強硬的統治手段，因而引起波希米亞人民的反感。

斐迪南二世堅持的天主教義侵犯了非天主教徒的宗教自由，斐迪南二世並未履行早先魯道夫二世頒布的〈聖詔〉中所應允的宗教自由，那是允許貴族階層和城市居民信仰方面的自由權。

此外，斐迪南二世是個專制的人，他也干涉貴族們其他方面的權利。由於王國之內有相當多的新教徒，貴族階層中亦復如此，

因此斐迪南二世很快地就不得人心，若干不滿的人參加了抗議行動。1618 年布拉格有 2 位信奉羅馬天主教的官員竟被新教徒扔出城堡的窗外，墜落在糞堆之上，人雖未死，但是皇室的尊嚴大受損傷。此一事件史稱第二次「布拉格的拋出窗外事件」，這就是引發「三十年戰爭」的導火線。人民根據〈聖詔〉選出 30 名保護人，其中大部分是新教貴族，組成政府。另一方面，組成了義勇軍，由圖恩伯爵 (Henry Matthew Count of Thurn-Valsassina, Jindřich Matyáš Hrabě Thurn, 1567～1640) 率領，很快地進入奧地利境內。

1619 年馬嘉斯國王去世，斐迪南二世即位，還兼任波希米亞國王。但是波希米亞議會很快透過決議，廢黜斐迪南二世，選舉「新教聯盟」的領袖巴拉丁選侯斐特烈 (Frederick of the Palatinate, 1610～1623) 為波希米亞的國王，稱號斐特烈五世 (Frederick V, 1596～1632; Frederick I, King of Bohemia, 1619～1620)，並向哈布斯堡宣戰，他們將希望寄託於「新教聯盟」的援助。

這種情況下，斐迪南二世求援於「天主教聯盟」，得到了天主教同盟巴伐利亞的麥西米倫一世 (Maximilian I, Elector of Bavaria, 1573～1651; Holy Roman Emperor, 1623～1651) 的支持。從這時開始，新教聯盟和天主教聯盟就介入了戰爭。

1620 年 11 月 8 日，雙方軍隊在布拉格附近爆發白山之役，帝國聯軍取得決定性的勝利。戰敗的斐特烈五世流亡荷蘭。斐迪南二世重新獲得了波希米亞，麥西米倫一世則取代了原屬斐特烈五世的帝國選侯地位。

第四節　布拉格的拋出窗外事件

在波希米亞史上，「布拉格的拋出窗外事件」 竟然發生過兩次。第一次發生在 1419 年 7 月 30 日，當時有七位議員被一群激進的胡斯派宗教改革者殺害。事件起因是胡斯派的抗議群眾由牧師瑞里夫斯基 (Jan Želivský, 1380～1422) 所領導， 在布拉格的大街小巷遊行示威。他們到達了查理廣場上，晉見議員，要求議會釋放被拘禁的胡斯派成員，但是議員們拒絕了他們的請求。當雙方正在對峙的時候，反胡斯派陣營中有個人忽然對胡斯派抗議群眾拋石頭，被激怒的齊斯卡率眾衝上前去，抓了幾個倒楣的議員往窗外扔，結果掉在窗外群眾所持的長矛上被戳死了。之後，就爆發了「胡斯戰爭」，那場戰爭一直持續到 1437 年方告結束。

第二次的「拋出窗外事件」，則是 1618 年三十年戰爭的導火線。若干波希米亞貴族成員實際上在 1617 年斐迪南二世繼任波希米亞王位之後就已經進行反抗活動了。當時羅馬天主教當局下令停止在天主教會所有的土地上興建新教徒的教堂，而新教徒貴族宣稱那些土地是屬於王室的，非天主教會所有，所以他們有權使用，並且還說，天主教會違背了 1609 年魯道夫二世簽署〈聖詔〉所應允的宗教自由權，新教徒貴族憂心信奉天主教的斐迪南二世一旦登上王位會廢除新教徒的權利。

1618 年 5 月 23 日在布拉格城堡，圖恩伯爵帶領一行新教徒與帝國官員史拉瓦塔威爾漢伯爵 (Wilhelm Graf Slavata, 1572～1652)

和馬丁尼茲的波爾齊塔伯爵 (Jaroslav Borzita Graf von Martinicz, 1582～1649) 談判，指控他們違反〈聖詔〉，乃將他們拋出高約 15 公尺的窗外，落在糞堆上，還好倖免於死。事件發生後，波希米亞組成以圖恩伯爵為首的政府，宣布脫離哈布斯堡王朝。

信奉羅馬天主教的帝國官員們聲稱，他們之所以倖免於難全都是蒙受天使之助，新教徒則取笑他們要不是落在馬糞堆上，早就蒙主恩召了。

第五節　白山之役象徵的意義

一、受壓迫的捷克斯洛伐克民族

白山之役以前的經濟和政治危機，釀成 1618 年的戰爭衝突。非天主教貴族們反對哈布斯堡教權主義派的壓迫，拉開衝突的序幕，伴隨著爭取民族獨立的起義行動，所以得到了全民族的響應。

1618 年 5 月 23 日發生的「布拉格的拋出窗外事件」，被視為是波希米亞新教貴族公開對抗哈布斯堡的徵兆。他們組成的代表政府決議把天主教耶穌會教士驅逐出波希米亞，沒收他們的土地，並進行反對哈布斯堡王朝的反抗行動。波希米亞貴族決定徵兵，頒布法令驅逐耶穌會信徒，並且宣告波希米亞王位的繼承需要經過遴選。結果選出一位喀爾文教徒——巴拉丁的斐特烈來繼承波希米亞王位。

波希米亞出兵對抗神聖羅馬帝國，開啟所謂的「捷克戰爭」，

　　成了大規模國際衝突的警訊，這一衝突後來發展為「三十年戰爭」。那是一場造成波希米亞政治脫序和經濟荒蕪的災難，大批的捷克人和日耳曼新教徒被迫遷居移往他處或者改信羅馬天主教。

　　但是，波希米亞人民反哈布斯堡的行動沒有轉變為反抗外國統治的民族戰爭。在反抗陣營裡存在著許多的矛盾，為爭權奪利而相互傾軋爭鬥的貴族們分裂成兩個陣營：反哈布斯堡和非天主教的多數派，以及依附哈布斯堡王朝和羅馬天主教會結盟的少數派。貴族階層中的某些人遊走於兩個陣營之間，或者只是在表面上加入反抗行動的行列。這種搖擺投機的特性為哈布斯堡王朝提供了動員軍事力量的機會。但是，在反抗哈布斯堡的陣營中，貴族和騎士之間的不同利益，以及在貴族和市民之間的磨擦歧見也就表現出來了。

　　農村受奴役的人民和反抗行動初期的城市貧民積極參與對抗哈布斯堡軍隊，平民群眾又恢復了胡斯運動的傳統。群眾意識到，他們的敵人不僅僅是哈布斯堡－羅馬天主教陣營，而且還有參加反抗哈布斯堡的地主新教徒。於是，波希米亞農民和日耳曼農民便一起反抗波希米亞和日耳曼貴族。全國各地都點燃了農民投入反抗行動的烈火，領導反抗的貴族不是把主要希望寄託於動員人民，而是寄望於軍隊和外國同盟者的幫助。反哈布斯堡陣營首先依靠的是日耳曼新教公爵聯盟，可是，哈布斯堡－羅馬天主教方面背後有著哈布斯堡王朝西班牙、教廷以及日耳曼天主教同盟的支持。於是，反哈布斯堡陣營寄予外援的希望並沒有實現。

二、白山之役

1619 年 7 月，在布拉格議會上邦聯從根本上改變了捷克國家的憲法，統治權力受到很大的限制。與此同時，哈布斯堡家族從波希米亞王位上被趕了下來，日耳曼新教徒公爵的代表巴拉丁選侯斐特烈被選為波希米亞國王。他因為與英國王室的親近關係，便試圖說服英國也加入反哈布斯堡戰爭的行列。但是，不論是英國還是荷蘭，都未給予他所期待的幫助。

1620 年 11 月 8 日，雙方軍隊在布拉格附近的白山 (Bílá Hora) 展開決戰。波希米亞軍三萬名，由指揮官日耳曼侯爵克里斯汀·安侯 (Kristián I Anhaltský, 1568～1630) 率領，部署於白山的山坡上，企圖阻絕通往布拉格的道路。他的部隊占據堅實的據點，右翼有著城堡憑恃，左翼是條河，在他們的前方則有小溪，裡面還有些沼澤，在地理環境上具有優勢。

聯軍的組成有 25,000 名，哈布斯堡軍隊由卡爾·波納文塔拉 (Karel Bonaventura Buquoy, 1571～1621) 帶領，天主教聯盟方面則由蒂利伯爵約翰·瑟克勒斯 (Johan Tzerclaes of Tilly, 1559～1632) 率領。瑟克勒斯看了看敵軍的部署，派出訓練精良的好手越過河面小橋，直攻敵陣。

在兩小時的激戰中，聯軍穿突敵軍防線，波希米亞軍隊被擊潰，聯軍趁勝攻進布拉格，斐特烈五世拋下波希米亞，攜同妻子伊莉莎白 (Elisabeth, Electress Palatine and Queen of Bohemia, 1596～1662) 逃回荷蘭，他統治的時間沒有超過 1620 年的冬季，

所以又被稱為「冬王」(Winter King, Zimní král)，伊莉莎白則被稱作「冬后」(Winter Queen, Zimní královna)。西班牙軍隊一路追擊，還放縱士兵掠奪搶劫。

三、戰後的苦難

波希米亞的反抗行動失敗，哈布斯堡皇帝重新統治波希米亞，對新教徒展開血腥的報復，反抗行動的主要參加者都遭到逮捕、監禁，被指控參加反叛行動的人的財產全被沒收。 1621 年 6 月 21 日，27 名波希米亞和日耳曼的反抗行動領導人在布拉格舊城廣場上被處決，他們之中 3 名是貴族成員、7 名騎士和 17 名市民。

當時他們的首級被高高懸掛在城牆四周，長達十一年之久，警告意味十足，直到 1632 年（三十年戰爭期間）薩克森人攻占布拉格的時候，才被取下予以盛葬。相傳每年這一天在梟首的時刻，往往會在當時行刑的地方見著這些無頭冤魂遊蕩。今天在舊城廣場上 27 個鵝卵石十字架就是紀念他們的。

斐迪南二世撕毀了〈聖詔〉，取消波希米亞人民的信仰自由，宣布羅馬天主教為國教，驅逐新教徒。波希米亞的國家地位消失了，波希米亞的最高領導中心被移往維也納，成為哈布斯堡的一個行省。1622 年查理大學和耶穌會學院合併，而波希米亞的整個教育體制被納入羅馬天主教耶穌會的控制之下。 甚至到了 1624 年，還頒令驅離所有非天主教的神職人員。整個波希米亞被宣告屬於哈布斯堡家族世代所承襲。波希米亞王國的最高階官員是從本地的貴族中遴選出來的，他們將嚴格地效忠國王。所以幾經折

騰下來，波希米亞王國變得面目全非，原先的那種自主性和獨特性已不復存在。信奉羅馬天主教的日耳曼人奪取從新教徒手中沒收得來的土地，因而晉階成為波希米亞新的貴族階層。那些信奉羅馬天主教的波希米亞貴族逐漸地放棄了波希米亞的黨派意識，改而效忠這個帝國體制。

四、持續三十年的宗教戰爭

　　宗教戰爭在波希米亞人戰敗之後仍舊持續著，信奉新教的日耳曼親王們對抗神聖羅馬帝國所引發的三十年戰爭延燒至日耳曼領土之外。波希米亞人展開全面作戰，多數參與的波希米亞將領加入了新教徒軍隊，後來被刺殺身亡的華倫斯坦就是波希米亞反抗帝國最著名的人物之一，而波希米亞成為這場戰爭的主要戰場。匈牙利的新教徒們亦群起反抗哈布斯堡政權的壓迫，支持外西凡尼亞親王加布里爾‧貝特倫 (Gabriel Bethlen, Bethlen Gábor, 1580～1629; Prince of Transylvania, 1613～1629) 自立為王 (the titular King of Hungary, 1620～1621)，對抗哈布斯堡神聖羅馬帝國皇帝。戰火頻仍的情況下，使得斯洛伐克和摩拉維亞經常荒蕪一片、哀鴻遍野。信奉新教的日耳曼部隊以及隨後而至的丹麥軍隊、瑞典軍隊破壞了波希米亞的家園，城市、鄉村還有城堡要塞都慘遭戰火的蹂躪。

　　之後的二十多年中，這片土地遭受到歐洲列強的蹂躪，幾成焦土。波希米亞以前馳名歐洲的礦山全部被破壞，經濟工業嚴重後退，工廠手工業遭到摧殘，貿易額急劇下降，農民更是一貧如

洗。從此以後，波希米亞再也沒有恢復到以前「實力最強的選侯」的地位，而成為歐洲的次等國家。波希米亞人民飽受戰爭失敗所帶來的經濟、社會、民族和文化的後果。

在三十年戰爭時期，人口銳減，波希米亞地區約有四分之三的土地被沒收，富者越富，貧者越貧，加深了波希米亞經濟的破產，引起生活必需品價格的大幅上漲和通貨膨脹，甚至導致國家財政的完全崩潰。

隨著經濟的瓦解，對捷克的政治、社會和文化的壓力也加強了。哈布斯堡竭力透過對波希米亞民族的思想鉗制，來摧毀波希米亞反對派的活動。耶穌會教團把消滅所有繼承胡斯運動傳統的宗教信仰作為首要任務，他們要使波希米亞民族天主教化，並將其重置於羅馬教廷的隸屬之下。新教傳道者被驅逐，在軍隊的脅迫下波希米亞人民開始轉信羅馬天主教。根據 1627 年的命令，所有特權階級的成員在規定的期限內不加入羅馬天主教會，都必須離開國家，沒有被允許自由遷徙的人民也就成群地逃到鄰國去了。

統治者的勝利，透過頒布新憲法而得以完成，這部新憲法也就是 1627 年在波希米亞、1628 年在摩拉維亞頒布的所謂「解放地區的制度」。它的基本原則就是，波希米亞民族由於進行暴動而喪失自己的全部權利和自由；宣布波希米亞王位由哈布斯堡王朝繼承；對地區議會的組成和權限進行了大幅度的改變，「高級教士階層」，即天主教教階制度的上層，又重新成為最重要的階層，羅馬天主教被宣布為波希米亞唯一得到承認的宗教。德文成了除捷克文之外的官方語言，波希米亞的統治重心和權力核心轉移到維

也納，這一切作為使得波希米亞王國牢牢地依附於奧地利。

　　三十年戰爭為歐洲最激烈殘酷的一場宗教戰爭，也是整個歐洲首度權力平衡政治的衝突。1618 年波希米亞的叛亂拉開了序曲，這場戰爭演變成日耳曼新教親王和神聖羅馬帝國皇帝之間的戰爭，到後來成為法蘭西和哈布斯堡兩個王朝，還包括其他強權之間的競奪。1648 年，瑞典人占領小城區，進行掠奪，帶走許多珍貴藝術品，用來裝飾瑞典的城堡和王宮。後來在最後一役，他們被查理大學的學生和查理大橋附近猶太居民共組的義勇軍擊退。據說這些瑞典軍隊是被逐的新教領袖約翰‧阿摩司‧考門斯基 (Jan Amos Komensky, 1592～1670) 懇求前來援助新教勢力的，不過還是無濟於事。終至 1648 年訂立〈西發里亞和約〉(*Peace of Westphalia*) 結束，其中規定神聖羅馬帝國在波希米亞以西的領土和權利一律放棄。自此之後，神聖羅馬帝國乃將注意力集中於東部領域。

　　飽經戰亂之後，瑪麗亞‧泰瑞莎女王和其長子約瑟夫二世皇帝 (Joseph II, 1741～1790; Holy Roman Emperor, 1765～1790; King of Bohemia and Hungary, 1780～1790) 勵精圖治，減賦薄斂，休養生息。母子倆人取消所有天主教貴族的特權，於 1773 年將天主教耶穌會士驅逐，並在 1781 年廢除農奴制度，以消弭社會的壓榨現象。

　　約瑟夫二世頒布了〈寬容法令〉(*Patent of Toleration, Toleranční patent*)。這個〈寬容法令〉主要是承認哈布斯堡帝國內非天主教徒的存在，並允許他們擁有某些權利。〈寬容法令〉允

許來自其他國家的新教徒移民到奧地利並從事藥劑師、木匠和鐵匠等工作。但是，允許在私人住宅中被寬容的宗教團體的人數不超過 100 人。在一個地區中如果某個教派居住著 100 多個家庭，則只有在該教會沒有從街道直接入口且沒有明顯外觀是教會的情況下，才允許他們建造教會。至於配偶信奉不同宗教的婚姻，還必須遵守一些法律：天主教徒男士與非天主教徒婦女生的孩子，長大了都是天主教徒;如果天主教婦女與非天主教男士生的孩子，則女孩將被教養成天主教徒，而男孩將被歸為非天主教徒。

1782 年約瑟夫二世頒布了〈解禁令〉(*Tolerance Edict*)，允許宗教信仰自由，將宗教自由擴展到居住在哈布斯堡地區的非天主教徒的基督教徒，此外還容許推動教育、科學和藝術的世俗化。猶太人紛紛從鄉村、城鎮移民到布拉格，因此城內的猶太區就叫做 Josefov，以紀念約瑟夫二世的德政。不過，最後約瑟夫二世在臨終前還是撤銷了 1781 年的〈寬容法令〉。

在十七世紀末的時候，神聖羅馬帝國已經只是一個空洞的名義，300 多個大小領主國各自為政，各邦國擁有實質的地位，使得帝國變成一個空洞的聯邦，皇帝只是帝國名義元首，其有效統治地區僅限於由日耳曼人組成的「奧地利大公國」和由非日耳曼人組成的「波希米亞王國」、「匈牙利王國」。

第六節　推動文教

十七世紀初哈布斯堡王朝對波希米亞的統治，可說是達於巔

峰狀態。皇帝約瑟夫一世 (Joseph I, 1678～1711; Holy Roman Emperor, 1705～1711; King of Bohemia and Hungary, 1705～1711) 可以說是一位有遠見膽識的明君，即位後銳意興革，將從前父親利奧波德一世 (Leopold I, 1640～1705; Holy Roman Emperor, 1658～1705) 時代所制定的迂腐陋規廢除，採取懷柔手腕以化解反對勢力的怨懟，並且謹慎處理與教宗和耶穌會的關係，保持自己的自主性，因此國內逐漸呈現新興氣象。

　　他愛好藝術和音樂，更重視教育，1707 年 1 月 18 日核准設立捷克工業大學，並且頒令克利斯蒂安‧約瑟夫‧威崙堡 (Christian Josef Willenberg, 1655～1731) 著手任教工程學，所有的學費皆由波希米亞貴族支付。但是當時的貴族們還不是很心甘情願地支付這筆學費，十年之後，直到 1717 年年底才支付，同時克利斯蒂安‧約瑟夫‧威崙堡也才正式執教。第一批的學生人數有 12 位。他們的課程有數學、土木工程等，主要是軍事上的技術。當時的教室設在小城區克利斯蒂安‧約瑟夫‧威崙堡的公寓裡，之後曾數度搬遷，不過都還在查理大學的校園裡。學生人數雖然略有增加，但是教授始終只有一位，不過倒是有幾位助理。授課時使用的是德語和捷克語，在十八世紀有些課程還是用當時大學教育的標準語言——拉丁文。在十八世紀末的時候，法蘭西斯‧約瑟夫‧葛斯納 (František Josef Gerstner, 1756～1832) 請求哈布斯堡皇帝允許開授工程學方面的課程，起初他計畫在維也納開設一個工藝專科學校，但是由於經費過於龐大而未同意，後經刪減計畫幅度，於 1806 年轉型為布拉格理工學院 (Prague

Polytechnical Institute; Pražský polytechnický institute)。奧匈帝國解
體後，在 1920 年更名為布拉格捷克理工大學 (Czech Technical
University in Prague, CTU; České vysoké učení technické v Praze,
ČVUT)。十九世紀末，學生人數已超過 1,000 名。

　　布拉格捷克理工大學是中歐歷史最悠久的大學之一，創校迄
今三百年的歷史中，培養的知名科學家有：發現都卜勒效應的克
利斯蒂安‧都卜勒 (Christian Doppler, 1803～1853)、電機工程師
法蘭西斯‧克禮吉 (František Křižík, 1847～1941) 和建築師約瑟
夫‧吉德克 (Josef Zitek, 1832～1909) 等。

　　約瑟夫一世皇帝在位沒幾年便辭世，弟弟查理六世 (Charles
VI, 1685～1740; Holy Roman Emperor, 1711～1740; King of
Bohemia and Hungary, 1711～1740) 繼位。雖然查理六世皇帝個性
不若其兄，政治手腕稍嫌木訥，但是在其任內帝國勢力鼎盛。他
也是個愛樂者，能作詞譜曲，亦喜彈唱，對於文教的重視程度不
亞於哥哥。

第六章 | *Chapter 6*

1848～1918 年的社會

第一節　從專制到立憲

　　自 1830 年代起，捷克斯洛伐克人民對哈布斯堡政體的反抗日益增強，資本家亦加入反對哈布斯堡政體的行列，因為他們的基本權利被剝奪了，不許擁有自己的學校，並且捷克語和斯洛伐克語不被承認為官方語言。儘管奧地利嚴密地監視著公眾生活，但自由主義的精神在這裡繼續傳播著，要求「立憲」、人民在議會中有其政治代表、實行普選和廢除農奴制。

　　1831 年，斯洛伐克東部爆發了農奴和城市平民的反抗行動，撼動了君主政體。1840 年代，捷克經歷嚴重的經濟危機，眾多的人民無法營生。

　　1848 年，捷克民族運動終於提升至政治層面。捷克自由主義者的政治訴求主要是實現憲法制度的建立，並在哈布斯堡帝國的統治下爭取捷克人的自治權。3 月 11 日布拉格人民提出請願，要

求在官署和學校中使用捷克文，建立自治機關。

不久之後，在維也納發生的革命推翻了專制政權，宣布實行憲政，政府發表聲明，答應賦予基本的公民權利，並準備召開「立憲會議」。這個會議於 1848 年 6 月 2 日至 11 日之間在相當不安的氣氛下召開，奧地利政府派遣軍隊來到布拉格「維持秩序」，不久便發生衝突，接著發展成為「布拉格六月革命」，但隨即被帝國軍隊擊潰。維也納政府趁機撤銷原來的捷克議會選舉，解散民族委員會，只允許參加帝國議會的選舉。

多數的捷克自由主義代表們總是認為，捷克民族的利益是與王朝及皇帝的利益一致的，他們以為對哈布斯堡王朝的服務可以換取承認捷克民族的權利。他們卻沒有看到，捷克民族的利益和革命運動有著不可分割的關聯性。

奧皇弗朗茲‧約瑟夫一世 (Franz Josef I, 1848～1916) 繼位後，未經國會的同意，就片面公布了一部〈欽定憲法〉來替代當時的憲法。1851 年底〈欽定憲法〉又被廢除，哈布斯堡王朝再度成為沒有憲法的體制。

1859 年和義大利戰爭的挫敗，並沒有使專制政體有所鬆緩，為了增闢新財源以解救瀕臨破產的局面，於是哈布斯堡在政治上讓步。約瑟夫一世不得不在 1860 年放棄獨裁政體，並於次年頒布憲法。根據憲法使得資產階級獲得部分政權，在新建立的帝國議會擁有相當大的立法權。

1866 年爆發了哈布斯堡和普魯士之間的戰爭，這次衝突起因於普魯士企圖控制包括奧地利在內的日耳曼聯邦。戰爭的結果，

普魯士獲勝，因而奠定一個新的日耳曼帝國的基礎。

　　1867 年奧匈帝國分成兩部分：一部分包括萊塔河 (Leitha, Litava) 以西的所有奧地利領土（即波希米亞王室領土，奧地利和加里西亞 Galicia）；另一部分則包括萊塔河以東的地方（即匈牙利王室領土），形成名為「奧匈帝國」的雙元體制，匈牙利有其自己的議會和政府，除了外交政策、財政等之外，其他權力則掌握在他們手中。匈牙利推行沙文主義政策，以排斥非匈牙利民族，特別是斯洛伐克人。在斯洛伐克境內嚴格地推行匈牙利化措施，在 1848 年以後所開辦的一些斯洛伐克學校都被封閉，斯洛伐克人只能夠在匈牙利學校裡接受教育，斯洛伐克的文化發展再度受到阻礙。

　　1867 年頒行的〈十二月憲法〉對於帝國體制的建構有新的規範，例如集會結社權利、信教自由、出版和教育自由等，這部憲法一直維持到 1918 年君主體制終結為止。

　　1878 年捷克斯洛伐克社會民主黨 (Czechoslavonic Social-democratic Party; Sociálně Demokratickástrana Českoslovanskáv Rakousku) 成立，工人運動的興起讓統治階層驚慌失措而不得不採取高壓手段。一直到 1880 年代末期，政府才意識到對工人運動採取鎮壓手段是徒勞無益的，於是放鬆壓制，自此之後社會民主黨就變成半合法的政黨。

　　到了 1890 年代，工人階級已經成為捷克的一個重要勢力。由於不斷發生大規模的罷工，迫使煤礦和其他工業部門減少勞動時間，1897 年工人才掙得參選權。

　　1905 年俄國革命對捷克人民產生強烈的影響 ，刺激工人運動。在 1907 年，歷經大規模的示威和罷工之後，奧地利政府終於允許在奧匈帝國境內實行普選。

　　由於彼此都畏懼工人群眾運動，捷克和日耳曼的資本家們便結合在一起。當人民要求捷克地方政治獨立的時候，捷克資本家們卻緊緊地投靠奧匈帝國。

　　1917 年俄國的十月革命，大大地影響奧匈帝國的命運。俄國工農政府頒布〈和平法令〉，並宣布所有民族都享有自決權，提供捷克人民爭取民族和社會解放的典範。1918 年 1 月間發生大規模的罷工行動，在布拉格參加的人數就達 15 萬。罷工者要求結束戰爭，締結和約，要求賦予捷克民族自決權和宣布建立共和國。

　　在斯洛伐克，工人們的情緒也變得激昂。1918 年 5 月 1 日，斯洛伐克舉行了一次重要的示威行動，要求斯洛伐克和捷克民族建立一個共同的國家。在十月革命的影響下，越來越多的捷克和斯洛伐克的士兵拒絕為奧匈帝國作戰，士兵們在被送往前線的途中就逃散了，奧地利的各個戰線開始崩潰。

　　1918 年 5 月底，在俄國的捷克裔和斯洛伐克裔僑民及戰俘所組成的代表，在莫斯科成立旅俄捷克斯洛伐克人共產黨。7 月，民族委員會開始執行最高機關的職能。在 10 月 14 日號召舉行一次總罷工，提出建立一個獨立的社會主義「捷克斯洛伐克共和國」的要求。當時，奧地利政府已接受威爾遜總統的「十四點和平原則」，這也就意味著奧匈帝國業已投降。在同維也納政府直接達成協議之後，民族委員會立即以新國家的名義接收了政權。在斯洛

伐克同樣組成一個斯洛伐克民族會議，於10月30日宣布斯洛伐克與捷克合併。

第二節 民主的激盪

十九世紀中期的政治形勢非常複雜。在1848至1849年的革命運動中，那些激進主義者拒絕使用德語，排斥德國人和奧地利人。但是，捷克的政治家們卻傾向於與奧匈帝國同化的想法。他們支持「奧地利－斯拉夫主義」，提出了民族平等的訴求，認為奧地利是保護捷克民族反抗日耳曼壓迫的最好保證。他們強調說，哈布斯堡帝國裡斯拉夫人占絕大多數，因此應該成為斯拉夫的國家，而不是日耳曼－匈牙利人的國家。

在第一次世界大戰期間，奧匈帝國站在德國這一邊，因為哈布斯堡對巴爾幹也抱有極大的興趣。多數捷克政客相信奧匈帝國會取得勝利，因而支持了政府。可是，有一部分捷克資本家則公開支持俄國沙皇那一邊。許多捷克人和斯洛伐克人在參加奧軍，開拔到前線的時候，投向對方自願成為俘虜，他們指望有一天能同俄國人一道並肩攻打哈布斯堡。但是也有另一部分人因為俄國的衰弱，而選擇投向西方大國。

西方各大國在戰爭中的主要對手是德國，他們並沒有真正想打垮奧匈帝國。美國於1917年參加協約國一方對德作戰，從威爾遜總統發表的「十四點和平原則」中看得出來，這個文件中並沒有提到要廢除哈布斯堡的意圖。

圖 38：一次大戰前夕搭載奧匈帝國斐迪南大公夫婦的座車

　　第一次世界大戰給了捷克斯洛伐克一次機會，並催生捷克斯洛伐克的獨立憲法。這個憲法受到奧匈帝國的政治、俄國的十月革命等因素的影響。

　　1918 年 10 月 28 日，捷克人終於獲得獨立，這個時刻他們已經等待了三百年。但斯洛伐克只有在政府形式上的獨立，而不是真正意義上的國家獨立。

　　儘管政治生活徹底地轉變，但捷克是一個多民族的國家，雖然捷克曾經譴責奧匈帝國的少數民族政策，但現在為了防止權力的分散，以確保一個強大國家的存在，他們不得不採取類似的政

策。因此,「國籍的問題」是困擾共和國最重要的問題之一。

從 1890 年代初起,捷克和斯洛伐克人民爭取基本民權的努力進入了一個新的階段。在國際上,民主革命運動的時期也同時進行,爭取普遍、平等選舉權的奮鬥,在整個 1890 年代以及二十世紀初,是捷克國內各民族民主派的政治要求之一,也是民主革命時期的目標之一,在這個時期已經不得不考慮到群眾透過自己的要求而表現出來的政治積極性。

在這個時期,奧地利議會被激烈的民族糾紛所折騰,機關和學校中使用語言的問題是衝突主因,最後新政府在教育和其他涉及使用民族語言的問題方面作出一些讓步。

關於語言方面的法規引起日耳曼民族主義者的反對,他們過分誇大這些法規的重要性,把這個作為口實來製造反捷克的示威和在維也納議會中製造障礙,最終使政府不得不廢除語言法規。這種混亂是奧匈帝國內民族糾紛的特徵,是帝國內部分裂的表現。

群眾民主運動也不得不觸及到民族問題,他們譴責政客們空洞而庸俗的愛國主義,政客一方面標榜爭取捷克的國家權力而自誇,另一方面又與維也納政府聯合起來壓迫捷克人民。他們完全低估了民族問題在革命運動中的意義,從而要求人民完全放棄對民族問題的任何訴求。

正當人民積極爭取經濟權利以及基本民主權利的時候,政府的軟弱, 在 1900 年捷克地區煤礦區總罷工行動中就已經表露無遺。罷工的主要要求是提高工資和實行 8 小時工作制,有 6 萬多名礦工參加,是第一次世界大戰前捷克地區最大的,同時也是整

個歐洲大陸規模最大一次的罷工行動。因而礦主和政府被迫稍作讓步，實行 9 小時的工作制，並且約略提高礦工工資。

從 1903 年起，罷工、反對物價上漲的遊行示威以及反對軍國主義的情勢急速上升。1904 年在匈牙利爆發第一次大規模罷工，波及到斯洛伐克發動鐵路員工的總罷工，改善經濟條件的要求和呼籲政府承認基本民權的集體罷工結合在一起了。

1905 年受到俄國沙皇被迫批准憲法和普選的刺激，捷克發生流血衝突，鐵路員工也開始罷工，使得交通嚴重癱瘓。在許多農村及城鎮發生大規模的示威活動，政府除了讓步，並答應對選舉制度進行修訂之外，別無選擇。直到 1907 年初，普選權才以法律形式在波希米亞確定下來。但是，工人、婦女和士兵仍未享有選舉權，直到捷克斯洛伐克共和國誕生以後才獲得改善。

Czech Republic

第 II 篇

捷克斯洛伐克

第七章 | *Chapter 7*

1945 年之前的共和政體

第一節　捷克斯洛伐克的創立

　　第一次世界大戰後，奧匈帝國瓦解，給中歐的經濟和政治帶來新的契機。在民族自決的原則下，捷克斯洛伐克共和國 (the Czechoslovak Republic) 誕生了。不過英、法、美等國又為了懲治戰敗國，並且加強對捷克斯洛伐克、南斯拉夫兩國的保障，反而不顧民族自決的原則，把德國、奧地利和匈牙利的部分領土劃進捷克斯洛伐克、南斯拉夫兩國的版圖之中，於是乎又為下一次的戰爭埋下了導火線。

　　捷克斯洛伐克於 1918 年 10 月 28 日宣告獨立，才不過數年之前而已，獨立的口號只是少數知識分子的夢想。要將夢想化為現實是件何其困難的事，捷克斯洛伐克是從哈布斯堡帝國的若干部分中締造出來的，將好幾個具有不同歷史、政治和經濟傳統的民族結合在一個新的國家架構之內。在這樣複雜的情況之下，捷

克斯洛伐克的民主創建其實是一項奇蹟。但是捷克斯洛伐克共和國，也就是一般所說的第一共和，經歷了來自於內部的陣痛期，其困頓可以說是數倍於外國的侵略。

新政府的最高當局是 1918 年 11 月 14 日新成立的國民議會，但是因為疆界還未確定，無法舉辦選舉，所以臨時國民議會係根據 1911 年的大選結果，加上來自於斯洛伐克的 54 名代表而組成的。少數族裔在議會沒有代表的情況下，蘇臺德的日耳曼人心懷分離之念，匈牙利人只對其祖國效忠。國民議會推選托馬斯·馬薩里克 (Tomáš Garrigue Masaryk, 1850～1937) 擔任首屆總統，

圖 39：托馬斯·馬薩里克

卡雷爾·克拉瑪 (Karel Kramář, 1860～1937) 為臨時政府的總理，並簽署了一份臨時憲法。

「巴黎和會」 (the Paris Peace Conference) 於 1919 年元月召開，承認捷克斯洛伐克共和國的誕生，也承認它的領土範圍涵蓋歷史上的波希米亞王國（包括波希米亞、摩拉維亞和西里西亞）、斯洛伐克和魯西尼亞 (Ruthenia)。捷克人要求魯西尼亞的範圍還大些，與羅馬尼亞相接壤。

　　然而波蘭就在 1 月 23 日到 2 月 5 日期間和獨立未幾的捷克斯洛伐克就泰辛 (Těšin) 地區歸屬問題發生邊境衝突，史稱捷波戰爭。直到 1920 年 7 月 28 日，和蘇俄、立陶宛激戰正酣的波蘭不得不與捷克斯洛伐克簽署條約，泰辛分別被占有。捷克對路沙奇亞的主權宣告則被拒絕，那裡在「三十年戰爭」之前曾經是波希米亞王國的版圖。1919 年 9 月 10 日，捷克斯洛伐克共和國簽署了〈少數族裔條約〉，應許將境內少數族裔納入「國際聯盟」的保障。

　　這個新興國家的人口超過 1,350 萬，囊括了奧匈帝國 70% 至 80% 的企業，特別是瓷器、玻璃業、煉糖業、以及位於皮爾森生產武器、汽車、機械的斯庫達 (Škoda) 汽車工廠。當時，捷克是世界十大工業化國家之一。

　　由於喪失從前奧匈帝國時代的廣大市場，和受到工業發達國家競爭的壓力，使得捷克從國家成立之初就處於困境。因而推動一項重要的經濟措施，就是不僅要轉移工業中心，把商業與運輸企業轉移到捷克境內，同時也要擺脫維也納方面的經濟鉗制。另外一項措施是 1919 年的幣制改革，使捷克斯洛伐克的貨幣擺脫奧地利貨幣貶值的影響。

　　另外一個大問題是土地問題。捷克的田地和森林約有 30% 為大地主所有，整個農業用地和森林的三分之一掌握在少數貴族地主的手上，他們大多數是日耳曼人、匈牙利人和教會。統治者害怕農村地區醞釀的革命事件會與工運聯合起來，因此進行土地改革。但是因為工運越來越激烈，迫使政府於 1918 年進行了一項決議：沒收大地產、礦山、大企業和銀行。其實農業改革計畫在共

和國成立的初始即被引進，其目的在於調整土地資源的分配不均。1919 年 4 月頒行的〈土地控管法案〉(*Land Control Act*) 要求徵收所有的地產，逐步實施土地重新分配。

此外還做出了許多讓步，立法保障言論出版自由、集會自由、罷工權、八小時工作權、佃租、失業救濟金、健康保險等權益。

1918 年，弗拉斯蒂米爾‧突薩 (Vlastimil Tusar, 1880～1924) 在捷克斯洛伐克成為新國家的進程中發揮了關鍵作用。7 月，捷克斯洛伐克獨立的前夕，捷克斯洛伐克國家委員會 (Národní výbor československý) 成立，以接管該國的權力並製定新法律。10 月 27 日，突薩在維也納致電政治元老拉辛 (Alois Rašín, 1867～1923)，他說這是宣布捷克斯洛伐克獨立的最佳時機。

在 1919 年 6 月間捷克地方的市議會選舉，社會黨獲得多數。克拉瑪政府辭職，弗拉斯蒂米爾‧突薩受命和農民黨組成聯合政府，他出任總理，大體上延續前政府的政策。最主要的是，阻止資本家企業實行國有化。為了反對社會民主黨的這個行動，馬克思主義者組織起來宣布擁護第三國際的原則。

捷克斯洛伐克政府成立以來一直依靠法國支持其反蘇政策。1920 年夏，捷克斯洛伐克、羅馬尼亞和南斯拉夫成立小協約國，依靠法國以加強它在中歐和東南歐的勢力。

1921 至 1923 年期間，捷克斯洛伐克經濟遭遇嚴重的危機，受影響最重的是煤鐵工業。在這個時期，資本進一步集中，銀行成為最強而有力的集團，資產階級之間的競爭加劇，許多較弱的企業整個倒閉了。

在 1924 至 1929 年間，歐戰後的經濟危機度過了，隨之而來的是市場的爭奪，從而加深各國間的矛盾。在反蘇的陣線上，德國帝國主義在西方列強的推動下又再度復活。1925 年的〈羅加洛協定〉(*Locarno Treaties, Locarnské dohody*) 穩固了德國西部的疆界，使德國能放手向東擴，這意味著法國外交的失敗，對捷克斯洛伐克外交政策也是沉重的一擊，法國在歐洲所占的優勢逐漸被美國和英國所取代。因此，捷克斯洛伐克不得不力求靠攏英國，同時也力圖改善與德國的關係，企圖透過對反蘇運動所作出的努力，以彌補其不利地位。

戰後的經濟復甦和市場爭奪的尖銳化帶來一些新的麻煩，受犧牲的則是勞動人民，而人民的一般生活水準並未見提高，甚至年年不斷下降。

1929 年的世界經濟危機打亂整個世界經濟體系，導致生產銳減，失業人口大增，國際貿易崩潰，國際局勢發生變化。蘇聯是唯一沒有受到影響的國家，於是捷克斯洛伐克政府開始改善與它的關係，在 1934 年 6 月正式承認蘇聯。經濟危機讓人民的生活水準惡化，國內政治情況也因民族問題的糾紛而每況愈下。

後來當納粹政府在德國執政之後，捷克的處境變得異常惡劣，因為納粹德國主張強行修改〈凡爾賽和約〉，也就是要改變捷克斯洛伐克的疆界。於是捷克政府不得不採取一些措施以求自保，於 1935 年 5 月與蘇聯簽訂〈互助條約〉。捷克斯洛伐克政府也試圖不惜一切代價以維持與西方國家的外交方針。然而英國、法國和美國因為想要利用德國來對抗蘇聯，所以積極支持納粹德國。

由於英法的縱容，納粹德國野心勃勃，無視於〈凡爾賽和約〉的規定，1936 年進兵萊茵非武裝區。1938 年 3 月 15 日吞併了奧地利。英、法等國僅僅表示抗議，不久，又承認了德國的這一些侵略舉動。希特勒 (Adolf Hitler, 1889～1945) 得寸進尺，又圖染指捷克斯洛伐克，要求割占兩國邊境附近的「蘇臺德區」。時任捷克斯洛伐克總統的貝奈斯 (Edvard Beneš, 1884～1948; President of Czechoslovakia, 1935～1938) 開始增兵，並希望英國和法國能夠支持他。1938 年 9 月貝奈斯向法國建議將蘇臺德地區的一部分讓予德國，並將大多數留在捷克斯洛伐克境內的日耳曼裔驅逐出境。英國和法國初表同意，但後來為免開啟戰端，才又反對。

1938 年 9 月 29 日英、法、德、義四國首腦在德國慕尼黑舉行會議，次日簽訂了〈慕尼黑協定〉(*Munich Agreement*)，這次會議中沒有捷克斯洛伐克的代表參加。〈慕尼黑協定〉承認了納粹對領土的要求，等於同意對捷克斯洛伐克主權的侵犯。1938 年 10 月，貝奈斯總統在他的外交政策失敗之後宣告辭職。

鑑於斯洛伐克分離主義者的挑戰，捷克政府於 1939 年 3 月宣布在斯洛伐克實施戒嚴。斯洛伐克請求柏林政府給予他們援助，於是在希特勒的建議下，斯洛伐克國 (The Slovak Republic, Slovenská republika) 便在 3 月 14 日宣告成立。當夜哈恰總統 (Emil Hácha, 1872～1945; President of Czechoslovakia, 1938～1939) 與希特勒和戈林 (Hermann Wilhelm Göring, 1893～1946) 密會，在擔心布拉格遭受空襲的威脅之下，於次日未徵得國會的授權，就在柏林簽訂一項協議，把「捷克人民的命運交託給德國元

首的手裡」，並建立所謂的 「波希米亞和摩拉維亞保護國」 (The Protectorate of Bohemia and Moravia; Protektorát Čechy a Morava)。西方各大國在輿論的壓力下也曾對德國政府的這種侵略行為提出抗議，但他們仍舊在事實上承認這種占領，只有蘇聯政府拒絕承認這種新局面。

第二節　〈慕尼黑協定〉的簽訂與影響

1937 年 6 月，納粹德國制定代號為「綠色方案」的計畫，準備進攻捷克斯洛伐克。次年 3 月，希特勒吞併奧地利之後，就把矛頭指向捷克斯洛伐克。

1938 年希特勒向英、法施壓，召開「慕尼黑會議」，捷克政府沒有受到邀請。會議討論將捷克斯洛伐克的部分領土歸還德國、波蘭與匈牙利，還討論「蘇臺德問題」。

蘇臺德位於捷克斯洛伐克西北部波希米亞和摩拉維亞的交界處，和德國接壤，第一次世界大戰前屬於奧匈帝國，從來不是德國的領土。當時居民中有 300 萬的日耳曼人，占捷克斯洛伐克總人口的五分之一。日耳曼人是捷克斯洛伐克境內的少數民族，在議會中擁有自己的代表，有許多人在政府機構中任職，沒有受到任何歧視。

1933 年德國在蘇臺德區極力扶持納粹勢力，成立一個「蘇臺德日耳曼人黨」 (Sudetoněmecká strana)，專門從事分裂和破壞活動。那麼德國侵略的藉口和理由是什麼？希特勒一方面指使納粹

黨徒和部分民眾要求「民族自治」、「脫離捷克」；另一方面又聲稱不能容忍德國境外的日耳曼人受到壓迫，要替他們「伸張正義」，準備用「軍事行動掃蕩捷克」，為其出兵創造輿論條件。

　　捷克斯洛伐克此時三面被擴張了的納粹德國所包圍。更嚴重的是，有跡象顯示英、法政府準備放棄捷克斯洛伐克，如同先前放棄奧地利一樣。3 月 24 日，英相張伯倫 (Neville Chamberlain, 1869～1940) 在眾議院宣布，不能保證援助捷克斯洛伐克，也不能保證在法國援助捷克斯洛伐克的情況後援助法國，因為「英國的利益與法國和比利時的利益不相同」。與英國相比，法國受到〈慕尼黑協定〉的約束，協助捷克斯洛伐克反對侵略。但是，法國的將領們警告說，法軍不得派赴國境以外地方作戰，因為整個軍事建構只適應於馬奇諾防線的防禦工事。因此，法國政府不得不尊重對〈慕尼黑協定〉的承諾，但在實際上根本不作為。當然，它終究拒絕了援助捷克斯洛伐克。

　　希特勒於 9 月 12 日威脅說，如果捷克斯洛伐克政府不給蘇臺德區的日耳曼人「公平待遇」，德國就要採取行動。希特勒的態度引起英法的擔憂，9 月 13 日法國內閣開了一整天的會尋求對策。當晚總理達拉第 (Édouard Daladier, 1884～1970) 決定請張伯倫出面調解。張伯倫給希特勒發出一封緊急電報，希望晤面以和平解決這一問題。

　　9 月 15 日張伯倫飛往德國。會面結束後，張伯倫帶著希特勒的要求連夜趕回倫敦，立即與法國共同起草對捷克斯洛伐克的最後通牒，並於 19 日送至捷克斯洛伐克政府。

　　最後通牒聲稱，捷克斯洛伐克如果不立即把主要是日耳曼人居住的地區割讓給德國，「和平地維護和捷克斯洛伐克切身利益的安全，便不可能獲得確實的保障」。

　　英、法政府表示，對捷克斯洛伐克作出如此巨大的犧牲後，他們同意參加對捷克斯洛伐克新疆界的國際保證。但同時他們也威脅說，如果捷克斯洛伐克不改變態度，法國「將不履行它的條約義務」，英國也「置身事外」。

　　在無可奈何的情況下，9 月 21 日捷克斯洛伐克政府照會英、法政府，聲明「捷克斯洛伐克政府為時勢所迫，不得不對這種毫無商量餘地的勸告表示讓步，只好以沉痛的心情接受法、英兩國的建議」。貝奈斯總統在向國民演講時悲憤地說：「我們沒有別的選擇，因為我們被拋棄了。」

　　第二天，張伯倫就帶著以此為基礎的英、法兩國的建議，再次飛到德國，和希特勒第二次會談。但是，希特勒卻給他當頭潑了一盆冷水，並提出新的要求：日耳曼民族占 50% 以上的地區由德國進行軍事占領，日耳曼民族未占多數的地區應由「公民投票」決定其歸屬，同時還要捷克斯洛伐克滿足匈牙利和波蘭所提出的領土要求。

　　張伯倫對希特勒的貪婪蠻橫感到震驚和氣憤，但是他也害怕德捷衝突會把英法捲入戰爭，更擔心他以個人名譽擔保維護和平的努力失敗，因此他答應把希特勒新議的條件轉交給捷克斯洛伐克政府。

　　希特勒的步步緊逼，使捷克斯洛伐克掀起了抗議的浪潮，要

求政府抵抗侵略。25 日，捷克斯洛伐克駐英公使向英國首相遞交了拒絕照會，隨後發布了〈動員令〉，立即徵召了 100 萬兵員。

蘇聯政府因而先後在 9 月 20 日、22 日和 23 日多次聲明，將依〈互助條約〉對捷克斯洛伐克提供援助。因此蘇聯在西部集結了 30 個步兵師，並且命令空軍和坦克部隊進入備戰狀態。

25 日法國政府宣布，如果捷克斯洛伐克遭到攻擊，法國將履約提供援助，並於 27 日宣布部分動員。

在國內外的壓力下，張伯倫也不得不向希特勒發出警告，「法國已經通知，如果捷克人拒絕那份備忘錄，而且德國向捷進攻的話，他們就要履行對捷的條約義務。要是法軍因此而轉與德國交戰，英國即有義務支援他們」。9 月 27 日，德軍 7 個師進入德捷邊界前沿陣地，戰爭大有一觸即發之勢，歐洲局勢頓時更加緊張起來。

希特勒一方面對捷克斯洛伐克大肆威脅，蠻橫地限定捷克斯洛伐克政府必須在 9 月 28 日下午 2 時以前全部撤出蘇臺德地區，另一方面又別具用心地向英法喊話，聲稱德國並不希望和英法打仗，並感謝張伯倫爭取和平的努力，重申這是德方在歐洲的最後一次領土要求。

而張伯倫在從德國回來之後，仍執意向希特勒退讓。他表示：「不論我們多麼同情一個強鄰壓境的小國，我們總不能僅僅為了它的緣故就不顧一切地把整個大英帝國拖入一場戰爭。」為此他還兩次致電貝奈斯，要求接受德方對蘇臺德區進行「某種有限度的占領」。他說「這個計畫如果不被採納，取而代之的就只有武力

入侵一途了」。

此時，義大利墨索里尼提議召開一個由英、法、德、義四國參加的國際會議，希特勒同意了這個建議並且發出邀請。29日，張伯倫第三次飛往德國，在慕尼黑和達拉第、墨索里尼、希特勒討論瓜分捷克斯洛伐克的方案，這就是〈慕尼黑協定〉。

9月30日，捷克政府表示拒絕接受該協定，但英法表示，如果捷克政府不同意，那麼英法就沒有義務協防。捷克政府最終妥協了，同意割讓領土。

在德國的操控下，捷克斯洛伐克分裂成三小塊：自治的斯洛伐克和魯西尼亞、捷克斯洛伐克人的波希米亞省和摩拉維亞省。

希特勒在慕尼黑會議上聲稱，蘇臺德區是他對西方的最後一次領土要求。英國與法國輕信了他的話，然而希特勒終究沒有實踐諾言。1939年3月，最後一場戲上演了，希特勒鯨吞了整個捷克斯洛伐克：捷克（波希米亞）和摩拉維亞被併入德國，成為德國的「保護國」；斯洛伐克成立了傀儡的「獨立國」；外喀爾巴阡烏克蘭割讓給匈牙利。1943年德國加緊投入戰爭，波希米亞和摩拉維亞保護國在蘇臺德區出身的納粹國務大臣卡爾‧赫曼‧法蘭克 (Karl Hermann Frank, 1898～1946) 的統治之下，派遣3萬名捷克勞工至德國。捷克處於這種保護關係之下，所有與備戰無關的企業都被禁絕，直到解放前捷克人始終都默默地承受這種待遇。

〈慕尼黑協定〉等於宣判了捷克斯洛伐克的死刑，捷克斯洛伐克不但喪失了五分之一的領土、大約四分之一的人口，而且境內堅固的防禦工事不復存在，其全部鐵公路、電話和電訊系統都

遭瓦解。與此同時，暗中得到波蘭支援的匈牙利軍隊也開進他們所要的魯西尼亞。

捷克的淪陷不僅使得協約國喪失他們的山地防線，和可以牽制德國 30 個師兵力的捷克軍隊，而且將中歐第二大兵工廠——斯庫達兵工廠也讓給了對方。這個兵工廠在 1938 年 8 月至 1939 年 9 月間的產量與同期英國各兵工廠的實際產量幾乎相當，德英雙方的軍事實力對比終於發生可怕的逆轉。

第二次世界大戰前，英法原為避免戰爭爆發而簽署〈慕尼黑協定〉，犧牲了捷克的蘇臺德區，卻助長德義侵略者的氣焰，使得國際局勢更為混亂，就在協定簽署不到一年的時間裡，第二次世界大戰便全面爆發了。

第三節　德蘇間的拉鋸

所謂波希米亞和摩拉維亞「保護國」，其實大權握在德國占領軍手裡，保護國政府只是一個傀儡。德國試圖對捷克全國的文化和經濟生活實行德化，直接影響人民。1939 年 11 月的學生示威遊行引起國際關注，德方為了進行鎮壓，於 11 月 7 日封閉捷克所有的大學，並把數千名大學生關進集中營。大戰之後，11 月 7 日被宣布為國際學生節。

斯洛伐克藉由新憲法剝奪工人組織工會的權利，沒收捷克人和猶太人的財產，一度擁有假象的經濟繁榮時期。

英法姑息的目的是要促使德國對蘇聯宣戰，而在英法的捷克

斯洛伐克的流亡分子也不得不同意這個政策。1938 年 10 月 5 日，貝斯奈辭去捷克斯洛伐克共和國總統職務，次年和其他的捷克斯洛伐克流亡者在倫敦共組流亡政府，並藉由談判以爭取國際承認，以及放棄〈慕尼黑協定〉和其後果。在大戰的末期，貝奈斯力圖解決日耳曼少數族裔的問題，並獲得同盟國的允諾，戰後將蘇臺德地區的日耳曼人遣返。

　　1940 年法國淪陷之後，流亡政府遷往英國，並改組為捷克斯洛伐克臨時政府。在這個政府中，貝奈斯總統扮演重要角色。西歐各國承認了這個臨時政府，但他們卻不保證捷克斯洛伐克將在慕尼黑會議前的境界內重新建國。臨時政府也和西方大國一樣地認為戰爭結束後，蘇聯的勢力將被削弱。

　　在這個時期裡，貝奈斯總統曾經與在波蘭的流亡政府舉行談判，籌組一個捷克斯洛伐克－波蘭聯邦，這個聯邦將在戰後作為反對蘇聯的基地。另一方面，戰時集中在莫斯科的捷克斯洛伐克共產黨領袖所抱持的想法，卻和倫敦流亡政府根本不同。人們開始對在戰後究竟應該成為一個資本主義的民主國家，或是應該著手建設一個社會主義國家有了不同的思考。

　　1941 年 6 月 22 日，希特勒突然向蘇聯進攻。雖然德軍在波蘭、丹麥、挪威、南斯拉夫、希臘、比利時、荷蘭和法國節節勝利，但是，在 1941 年 12 月時卻被遏阻於莫斯科的大門外。國際局勢的轉變也使得在倫敦的捷克斯洛伐克臨時政府修改其反蘇的態度。

　　德蘇之間的戰爭爆發之後，波希米亞和摩拉維亞發生怠工事

件，激怒了德國占領者，於是恐怖的鎮壓行動展開了。報復行動層出不窮，並招致大規模的屠殺行動。而蘇軍的前進給捷克人和斯洛伐克人帶來更大的鼓舞，抗爭運動也集聚力量，支持重建捷克斯洛伐克共和國。

1944 年 8 月，爆發反抗德國的行動。形勢的發展迫使以貝奈斯總統為首的倫敦流亡政府於 1945 年春天移往莫斯科，並同捷共代表舉行談判，共組民族陣線聯盟政府，恢復了捷克斯洛伐克共和國。

到 5 月初的時候，捷克的抗爭活動發展到了頂點。從戰事的結局和德軍所選擇的撤退路線來判斷，布拉格顯然是粉碎德軍的最後防線。5 月 5 日，起事者強占布拉格電臺，並呼籲各地支援，於是其他城市也加入抗爭行動。蘇軍坦克部隊於 5 月 9 日黎明時刻開抵布拉格，不久其餘地區相繼結束戰爭。捷克斯洛伐克重新建立一個新的共和國政府。

鐵幕下的捷克斯洛伐克

第一節　臨時政府 (1945～1948)

　　在被納粹德國占領期間，捷克斯洛伐克人民持續為反抗殖民統治而奮鬥。蘇聯政府從 1941 年蘇德戰爭開始，就對捷克斯洛伐克提供援助。捷克斯洛伐克還組織地方國民兵，從德國戰俘營裡逃出來的蘇軍和盟軍士兵也加入反抗行動。1944 年 10 月 28 日，蘇軍進入捷克斯洛伐克境內。

　　1945 年 4 月底到 5 月初，捷克的抗戰活動發展到頂點。英國基於政治上的考量強烈地要求美國攻入布拉格。5 月，美軍攻克皮爾森 (Plzeň) 和西波希米亞的大部分地區，而布拉格人民也同時爆發攻擊德國駐軍的反抗行動。與德軍經過一番激戰，法國的兩個裝甲師包圍了布拉格。5 月 7 日和 8 日，布拉格起事者連續發出求援。盟軍最高司令部卻按兵不動，只把請求的訊息轉告蘇軍。9 日黎明，蘇軍坦克開抵布拉格，支援浴血奮戰的布拉格起事者，

克復捷克斯洛伐克首都。

　　捷克斯洛伐克民族陣線聯盟政府和同盟國協議,準備將蘇臺德地區的日耳曼人(除了已經宣誓效忠捷克政府的之外)都予以遣返德國。在德國投降之後,約 290 萬的日耳曼人被逐出捷克,財產悉數被沒收。所有的納粹官員和祕密警察都被起訴。

　　1945 年 5 月,捷克斯洛伐克軍隊占領蘇臺德區。蘇臺德區的日耳曼人被限制行動,並且還被徵召去修復被損毀的工事。對日耳曼人施予報復,是這個地區被光復後的特色。7 月,〈波茨坦協定〉(*Potsdam Agreement*) 為蘇臺德區的日耳曼人遣返德國預作準備。正式的遣返作業於 1946 年 1 月開始執行,到了年底有將近 170 萬的日耳曼人被安置在美國區,有 75 萬人在蘇聯區,大約 22.5 萬的日耳曼人留在捷克斯洛伐克。所有和納粹合作的資產都被沒收充公了,沒有任何補償。他們的土地被改分配給農人,他們的企業也全都國有化了。

　　布拉格光復後,倫敦流亡政府遷回首都,捷克斯洛伐克共產黨臨時中央委員會也遷到布拉格。1946 年 5 月 26 日,全國舉行大選,捷共獲得了 38% 的選票,在 300 個議席中占 114 席,成為第一大黨。6 月 18 日,共產黨人薩波托斯基 (Antonín Zápotocký, 1884～1957) 當選為制憲會議主席。6 月 19 日,制憲會議一致選舉貝奈斯繼任總統,貝奈斯授權哥特瓦爾德 (Klement Gottwald, 1896～1953) 組織新政府。雖然共產黨僅掌握少數部長席位,但是卻控制了主管新聞、外貿、財政、內政和警政等重要部門。

　　1947 年 7 月,捷克斯洛伐克政府應英法政府之邀,參加「馬

歇爾計畫」的初期會商。蘇聯宣稱捷克斯洛伐克意圖投靠西方陣營，史達林召請捷克總理哥特瓦爾德至莫斯科晤談。1948 年 2 月，就在哥特瓦爾德回布拉格的時候，捷克斯洛伐克改國號為「人民民主共和國」，這是其步上共產主義國家的開端。於是，捷克斯洛伐克淪為蘇聯的衛星國之一。

第二節　改革運動

　　第二次世界大戰結束，捷克與斯洛伐克再度統一，收復戰時被德國、奧地利、匈牙利占領的土地。1948 年 2 月起，捷克由共產黨執政。

　　捷克斯洛伐克是一個工業比較發達的國家，它的生產水準、外貿能力和文化教育程度，曾經高於其他東歐國家。戰後雖然曾經主張走社會主義的道路，但在蘇聯的影響和壓力下，很快地全盤蘇化，蘇聯實際控制著捷克斯洛伐克政治、經濟甚至軍事的重要部門。

　　1950 年代以後，捷共以蘇聯馬首是瞻，實施高度集中的經濟管理體制，進行工業化和農業集體化，經濟失去原有的活力，效率低下。1960 年代受蘇聯強制推行的「國際分工」與「生活專業化」影響，捷克斯洛伐克原有的工業體系遭到破壞，經濟發展和人民的生活水準大受影響。

　　1953 年 3 月，身兼捷共中央主席、政府總理和國家總統三職的哥特瓦爾德在參加史達林葬禮回國後不久就去世了，即由薩波

托斯基繼任總統,西羅基 (Viliam Široký, 1902～1971) 擔任總理,
黨中央第一書記則由諾瓦提尼 (Antonín Novotný, 1904～1975) 接
任。在親蘇的程度上來說,更是有過之而無不及,經濟繼續惡化,
人民的生活水準更是難以改善。

　　諾瓦提尼在政治上表現平常,對蘇聯唯命是從。當時捷克斯
洛伐克廣為流行的一則政治笑話說:有一天布拉格天氣晴朗,陽
光燦爛,唯有諾瓦提尼腳穿雨鞋,手撐雨傘,有人問他為什麼要
這樣,他回答說因為現在莫斯科在下雨。

　　蘇共二十大以及之後波蘭、匈牙利發生的抗暴事件,對於捷
克斯洛伐克也產生了衝擊效應。為了緩和社會的矛盾與緊張,防
止出現類似波匈兩國發生的社會動盪,乃同意進行經濟改革。

　　諾瓦提尼在 1957 年又兼任共和國總統,依恃蘇聯的支持,集
大權於一身,並培植私人勢力,極力安置親信於黨和國家的重要
職務上。對黨內持反對意見和批評的人,扣上「反黨」、「反社會
主義」等罪名,進行打擊迫害。倒行逆施,使得國家積累的問題
越來越多。

　　1960 年代中期,捷克斯洛伐克經濟困難加深,生產停滯,財
政赤字增加,通貨膨脹加重,市場供應不足,人民不滿情緒鼎沸。
此時,在捷共黨內要求改革的力量迅速崛起,改革派和保守派的
鬥爭日趨尖銳。

　　1958 年在整個共產國際,開展大規模的批判南斯拉夫「修正
主義」的運動,其核心內容就是否定對蘇聯社會主義模式的任何
改革。在這樣的背景下,1962 年召開的捷共第十二次代表大會便

完全否定捷克斯洛伐克 1958 年剛邁出改革步伐的經濟計畫，全面恢復以前的管理體制。1960 年 7 月 11 日，國民議會通過新憲法，宣布將國名改為捷克斯洛伐克社會主義共和國 (Československá socialistická republika, ČSSR)。

　　改革停滯下來後，捷克斯洛伐克的各種社會情況越來越糟，改革的呼聲則越來越高，捷共的一部分人試圖重新進行經濟改革。1964 年 12 月，著名的經濟學家，當時擔任捷共政府副總理和國家計畫委員會主席的希克 (Ota Šik, 1919～2004) 在全會上提出捷共民主化的計畫，打算擴大企業生產經營的自主權及活化市場機制。可是，這個計畫草案一出爐，就遇到保守派的抵制，所以推行步調艱難。

　　在社會和企業倒退的情況下，主張擺脫蘇聯模式的改革派與堅持蘇聯模式的保守派間衝突日益尖銳，到了 1965 年 12 月，改革派進一步提出進行政治改革的籲求。

第三節　杜布契克的崛起

　　1967 年 10 月 30、31 日捷共召開中央全會，一位斯洛伐克人開始嶄露頭角，對諾瓦提尼形成挑戰。他就是捷共中央主席團成員，兼任斯洛伐克共產黨第一書記的杜布契克 (Alexander Dubček, 1921～1992)。

　　在全會上，杜布契克猛烈抨擊諾瓦提尼，要求將黨政分家，反對諾瓦提尼獨攬大權。捷共黨內要求諾瓦提尼辭職的分貝越來

越高，但他仍企圖得到來自蘇聯的奧援。

12 月 8 日，蘇共總書記布里茲涅夫 (Leonid Ilyich Brezhnev, Леони́д Ильи́ч Бре́жнев, 1906～1982; General Secretary of the Communist Party of the Soviet Union, 1964～1982) 應邀來訪，次日捷共中央主席團設宴款待。席間布里茲涅夫宣布：「捷共黨內的權力鬥爭，蘇共不干涉」。言畢離座而去，使得諾瓦提尼大感詫異。

布里茲涅夫之所以如此，是因為見到了諾瓦提尼的不得人心，也就順勢而為了。另外一方面，諾瓦提尼和布里茲涅夫之間也有些心結。1964 年赫魯雪夫 (Nikita Sergeyevich Khrushchev, Ники́та Серге́евич Хрущёв, 1894～1971) 失勢下臺時，私誼頗密的諾瓦提尼致電表達遺憾。因此，當諾瓦提尼希望布里茲涅夫來幫助他度過危機的時候，布里茲涅夫就毫不客氣地回敬了諾瓦提尼。

陷入絕望的諾瓦提尼試圖作最後掙扎，竟然指使親信策劃軍事政變，但是這一陰謀被揭發而失敗。在 1968 年 1 月中央全會上，位居黨中央第一書記長達十四年之久的諾瓦提尼被迫辭職，由杜布契克接替。

杜布契克於 1921 年出生於斯洛伐克的知識分子家庭，父親是一位由社會黨轉變而來的共產黨員，曾經為美國「伊利諾社會主義黨」的創始人之一。在杜布契克出生前不久，他父親才舉家從美國遷回捷克斯洛伐克。第一次世界大戰後，舉家又遷往蘇聯。杜布契克於 1939 年加入捷克斯洛伐克共產黨，1955 年前往莫斯科留學，1958 年回國，1963 年出任捷克斯洛伐克共產黨第一書記。杜布契克在莫斯科黨校學習的時期，正值蘇共二十大結束史

達林個人崇拜時期，對他的思想產生很大的影響。

1968 年 1 月初，捷共中央作出決定將中央第一書記和共和國總統這兩個職務分開，選舉杜布契克為捷共中央第一書記，諾瓦提尼擔任共和國總統。2 月，捷克斯洛伐克軍方透露諾瓦提尼曾在 1967 年底圖謀策動軍事政變，結果全國譁然，諾瓦提尼不得不於 3 月辭去總統職務。

圖 40：杜布契克

捷共在 1968 年 3 月 28 日到 4 月 4 日舉行的中央全會有三項重大決定：一是提名斯瓦博達 (Ludvík Svoboda, 1895～1979) 為共和國總統。捷克獨立後，他先後擔任過國防部長、國民議會議員，參加過兩次世界大戰。二是透過〈捷克斯洛伐克共產黨行動綱領〉提出進行政治、經濟改革的構想，宣布捷克斯洛伐克要走自己的社會主義道路。三是改組捷共中央領導機構。

5 月，捷共中央撤銷諾瓦提尼的中央委員資格，並將其開除黨籍。諾瓦提尼的政治生涯也就告終。杜布契克上臺一個月後，來到莫斯科，會見蘇共總書記布里茲涅夫和蘇聯最高蘇維埃主席

波德戈爾尼 (Nikolai Viktorovich Podgorny, Николай Викторович Подгорный, 1903～1983; the Chairman of the Presidium of the Supreme Soviet, 1965～1977)。雙方共同發表的公報表示，對於所涉及的問題取得完全一致的共識。這多少透露出一些端倪，諾瓦提尼的去職和杜布契克的繼任，在當時應該是得到蘇聯的默許與支持的。

8月20日爆發蘇聯、匈牙利、保加利亞、波蘭和東德等五國出兵鎮壓改革運動的事件，改革運動未經流血反抗而告流產，這就是舉世著名的「布拉格之春」(Prague Spring, Pražské jaro)，蘇軍並「暫時留駐」布拉格。

第四節　布拉格之春

一、春潮湧現

「布拉格之春」實際上是自 1956 年赫魯雪夫推行非史達林化之後，社會解放運動發展的最高峰。第二次世界大戰之後，捷克共產黨大力推行社會改造，給捷克經濟造成重大創痛，儘管捷克曾有較佳的工業基礎，但至 1950 年代，經濟困難顯現，民怨沸騰。至 1960 年代中期，捷克斯洛伐克在情勢迫不得已下，展開經濟改革，向西方國家有限度的開放。正是在這種形勢下，杜布契克當選為捷共第一書記。杜布契克的上臺的確不負眾望，將捷克斯洛伐克的改革推向新的高峰。

　　當杜布契克擔任第一書記時，莫斯科發來一封賀電，希望在他的領導之下，蘇聯和捷克兩國人民之間「兄弟般的誠摯友誼」將進一步鞏固和發展。

　　起初，最高領導階層的變動並沒有引起騷動，更沒有人意料到將會興起一場革命。捷克斯洛伐克各地並沒有出現群眾熱烈歡呼的場面，甚至連斯洛伐克人也沒有十分重視這件事，儘管這是共和國史上破天荒由一位斯洛伐克人擔任國家最高領導人。

　　布拉格一如既往的平靜，在這種平靜的氣氛下，一種新的希望在悄悄醞釀著，捷克斯洛伐克共產黨中央發動了一場全面社會主義改革的浪潮。

　　杜布契克上臺之後，提出建設「人道社會主義」(Socialism with a human face, Socialismus s lidskou tváří) 的口號，推動被稱為「布拉格之春」的改革運動，放寬書報檢查，擴大報刊言論的範圍和人民參政的權利，重新激起群眾的政治熱情。

　　知識分子也許比別的階層有著更深沉的歷史和社會責任感，因此本能地對社會變革作出直接的反應。新聞工作者也意識到自己的使命，他們闡示當前捷克斯洛伐克正面臨的歷史新機，以及改革的重要意義。很快的，整個社會融入了復甦活潑的氛圍。

　　1968 年 3 月 28 日，捷共中央全會在人民的期望中召開，全會批准諾瓦提尼辭去總統職務的要求，由象徵捷克斯洛伐克民族獨立鬥爭的英雄，年邁古稀的斯瓦博達將軍接任。全會撤換保守派人物，使得改革派在中央領導機構中占盡優勢。

　　4 月 5 日，捷共中央全會發布〈行動綱領——捷克斯洛伐克

通向社會主義的道路〉的政治文件。杜布契克團隊全面提出對社
會主義的歷史發展途徑與現實問題的檢討，猛烈批評過去的錯誤
和對社會主義的扭曲，主張發展社會主義民主。

綱領還表示要堅決與其他社會主義盟友保持友好關係的同
時，著重強調與西方恢復聯繫的重要意義，要求執行一條更加積
極的歐洲政策。

〈行動綱領〉頒布後，捷克全國上下展開熱烈的討論，報紙、
電臺也大量反映群眾對政治的要求，提出許多批評，一時之間民
主自由化氣氛瀰漫全國，出現了「布拉格之春」的局面。

二、莫斯科施壓

布拉格春天的氣息吸引全世界的注意，其中最為關注的首推
莫斯科當局。

二十多年來，東歐國家對蘇聯亦步亦趨的狀態產生一種思維
模式，那就是未經蘇聯允許，絕不能妄自為之，否則必遭懲罰。

4月底，布拉格接待了兩位不速之客。一位是華沙公約組織
的總司令、蘇聯元帥雅庫鮑夫斯基 (Ivan Ignatjevich Jakubovski,
1912～1976)。據說，他來到布拉格是為會晤捷克斯洛伐克新的黨
政領導人。這個月他已經兩次來到布拉格。第二位則是保加利亞
的日夫科夫 (Todor Khristov Zhivkov, 1911～1998)。捷克斯洛伐克
人對他的印象不好，保加利亞是春風從來吹拂不到的地方，這其
中日夫科夫功不可沒。他之所以來到布拉格，真實目的是為簽署
新的〈保捷友好條約〉。

　　捷共〈行動綱領〉公布後，蘇聯以捷克出現某些帶有民主自由思想的言論和對蘇聯公開批判為藉口，指責捷克改革運動是反蘇的。5月4日，杜布契克被召到莫斯科，欲施壓使他改弦易轍。杜布契克拒絕蘇聯的指責，要求經援遭到蘇方拒絕，雙方的矛盾加深。當天捷克國防部宣布，華約各國軍隊將在捷克斯洛伐克領土上進行一場聯合軍事演習。不過，演習的規模還沒有確定，只在特定的軍事基地內進行，可能是一種參謀演習，而不是那種大規模的軍事演習。但是，這個消息無疑給捷克斯洛伐克人當頭潑下一盆冷水。在這種敏感時刻，莫斯科要在捷克斯洛伐克舉行軍事演習不是給布拉格的黨政領導施加壓力嗎？有一位捷克人就擔心地說：「放他們進來之後，誰知道他們還走不走？」這種擔心不是多餘的，此後軍事演習就像一場惡夢，一直縈繞在捷克斯洛伐克人心頭。

　　5月17日，蘇聯國防部長格列奇科 (Andrei Antonovich Grechko, 1903～1976) 率領軍事代表團來到捷克，接著總理科錫金 (Alexey Nikolayevich Kosygin, 1904～1980) 也趕到布拉格。蘇聯以共同防禦東德為名，要求在捷駐軍，被捷克拒絕。6月份又提出在捷境內舉行華沙公約組織的軍事演習，蘇軍在演習後藉故不撤離，為後來的武裝入侵做準備，這也顯示捷克斯洛伐克正陷於危機之中。

　　蘇聯領導人尤其對〈行動綱領〉中提出的「更加積極的歐洲政策」和同西歐發展貿易關係表示強烈不滿，懼怕捷克獨立於蘇聯集團之外。另外，捷共提出實行黨政分離及政治體制改革，也

是引起蘇聯不滿的主因之一。他們懼怕捷克的行動會在東歐引起連鎖效應。

蘇聯報刊對布拉格的改革進行批判和指責，蘇捷雙方報刊發生激烈的論戰。6月27日，捷克知識界的一些名人在捷克作家協會機關刊物《文學通訊》和捷克工會機關報《勞動報》上發表了公開信，表示「面對一切局勢，要莊嚴地堅持自己的立場，……向自己的政府表示，只要按照委託辦事，我們就支援它，甚至可以拿起武器幫助它。我們還可以向盟國保證，我們將履行同盟、友好和貿易條約」。這個宣言發表後，立刻受到熱烈響應，卻惹惱蘇聯。儘管杜布契克一再向蘇聯解釋，這僅是部分公民的觀點，並非官方意見。但是布里茲涅夫指責這些資料具有強烈的「反蘇」情結，好比1956年匈牙利的裴多菲俱樂部 (Petofi Circle) 號召「反革命叛亂」行動一樣。

7月初，蘇聯一方面繼續指揮華沙公約組織軍隊在捷克邊境進行軍事演習，另一方面向捷共發出祕密信件，認為捷克局勢嚴重，要杜布契克參加華約最高領導人協商會議。捷共中央主席團經過討論，杜布契克拒絕了邀請。7月15日，蘇聯、波蘭、匈牙利、東德和保加利亞五國對捷克斯洛伐克發出聯名信，警告不同意讓「敵對勢力」把捷克從社會主義道路上拉開，這已不僅是捷克的事，也是華沙公約組織會員國群體的事。捷共中央主席團回信中說，沒有任何現實理由把捷克斯洛伐克當前局勢稱為反革命局勢，沒有任何理由說捷克斯洛伐克的社會主義制度遭到危險和存在脫離社會主義大家庭的危險，並且要求不要對捷克斯洛伐克

進行干涉，同時表示願意與五國分別舉行雙邊會談。

　　7 月 29 日，蘇捷雙方在捷克斯洛伐克邊境切爾納 (Černá) 舉行會談，沒有結果。8 月 3 日雙方在布拉迪斯拉瓦 (Bratislava) 舉行與五國領導人聯席會議，與此同時，蘇聯宣布撤出在捷克的演習部隊，實際上蘇聯在 7 月 23 日以後就不斷在西部邊境及波蘭、東德進行軍事演習，為入侵捷克作了準備，捷克面臨著嚴重的軍事危機。

　　8 月 9 日 ， 南斯拉夫總理狄托 (Josip Broz Tito, 1892～1980; the President of the Socialist Federal Republic of Yugoslavia, 1953～1980) 訪問捷克，向杜布契克表達蘇聯入侵的可能性。15 日，羅馬尼亞最高領導人西奧塞古 (Nicolae Ceauşescu, 1918～1989; the General secretary of the Romanian Communist Party, 1965～1989) 訪問捷克，雙方簽訂〈捷羅友好合作互助條約〉，杜布契克力圖加強同南斯拉夫、羅馬尼亞的友好關係來抗衡蘇聯的壓力。這反而使蘇聯產生了更大的疑懼，擔心這三個國家可能會形成聯盟。

　　8 月 20 日當晚 11 時，蘇軍採取行動。一架蘇聯客機飛臨布拉格上空，發出故障求援信號，要求緊急迫降。布拉格機場當即准予迫降。可是，飛機降落後衝出來的卻是蘇聯武裝部隊，迅速占領整個機場。

　　與此同時，蘇聯空軍向準備行經的空域，釋放大量干擾性化學物質以干擾雷達，大批載運空降部隊的巨型 AN-12 運輸機闖入機場。入夜時分，蘇軍占領了布拉格主要據點，包圍捷共中央大樓和總統府。緊接著蘇聯、波蘭、東德、匈牙利和保加利亞的軍

隊，兵分多路越過邊境，攻占捷克斯洛伐克各主要城市和戰略要地，並封鎖全部邊境。

三、坦克鎮壓改革

布拉格春天的氣息自然不能見容於莫斯科，蘇聯驚懼捷克的這一改革行動將會在整個東歐社會主義陣營引起連鎖反應，乃至於對於蘇聯的勢力有所影響。1968 年的 3 月至 8 月之間，蘇聯布里茲涅夫及華沙公約組織會員國其他領導人與杜布契克舉行過五次會談，企圖迫使杜布契克終止捷克民主改革的進行。此時杜布契克拒不屈從，於是蘇聯採取軍事鎮壓的行動似乎就在所難免了。

8 月 3 日，華約組織會員國首腦在布拉迪斯拉瓦舉行入侵捷克之前的最後一次高峰會議。出乎意料地，會上布里茲涅夫及包括杜布契克在內的東歐國家首腦們簽訂一項「加強華沙公約組織會員國之間合作」的協定，華約組織各國領袖共同祝賀捷克斯洛伐克在華沙公約組織內部繼續推進民主試驗。

正當捷克人民歡欣鼓舞，西方自由世界都大鬆一口氣的時候，以蘇軍為首的華約組織軍隊從陸空兩路開進布拉格，占領整個捷克斯洛伐克。

蘇聯發表聲明，「應捷克斯洛伐克社會主義共和國和政府領導人的請求，給予兄弟的捷克斯洛伐克人民國際主義的緊急援助，包括武裝部隊的支援在內」。但是聲明稿中始終未指明「請求援助」的捷克領導人的名字，實際上沒有任何一個捷共領導人承認曾經請求外國的干涉。

　　為了確保此次軍事行動的成功，華沙公約組織從 4 月 8 日就開始準備了。蘇聯調動駐紮在東德、波蘭、匈牙利的大批坦克，這是自從第二次世界大戰以來最大的一次軍事行動。據統計，第一批進入捷克的軍隊就達 16 萬人、坦克 4,600 輛。五天之後，入侵軍隊人數高達 40 萬、坦克 6,300 輛、飛機 800 架、大砲 2,000 門。

　　21 日當天，布拉格電臺廣播捷共中央主席團和捷克政府的聲明，指責五國軍隊「在未通知捷克斯洛伐克政府，未獲得其同意的情況下入侵捷克斯洛伐克，是非法的行動，是違反國際法和社會主義國際主義的原則」。

　　華約軍隊入侵的初期幾乎沒有遇到任何抵抗，當時捷共中央主席團正在開會，討論籌備捷克第十四次非常代表大會的問題。當杜布契克得知華約軍隊已經入侵境內時，非常氣憤地說：「作夢也沒有想到，那些傢伙竟會對我們採取這樣卑鄙的手段！」他慨然長嘆：「一生奮鬥的事業完了！」

　　21 日清晨，蘇軍衝進杜布契克的辦公室，將他逮捕送往布拉格機場的一架飛機，同時被拘押的還有國會主席和幾位黨的高級領導人，先是押往波蘭，之後又到烏克蘭，最後在 23 日才被押解到莫斯科，同時捷總統斯瓦博達一行也到來。布里茲涅夫和科錫金原本打算勸說杜布契克接受蘇聯介入的事實，但是杜布契克拒絕了，他根本不想和蘇方領導談。蘇方不得已乃和斯瓦博達一行談判，準備另外組織新內閣。但蘇方的計畫得不到斯瓦博達的首肯，最後只好讓步，接受建議，釋回杜布契克等人。

　　蘇聯軍隊的入侵，激怒了捷克斯洛伐克的人民，儘管當局要

圖 41：1968 年布拉格之春

求全國人民保持冷靜，但人民用各種可能的方式進行反抗。首都
布拉格一下子變成漫畫和標語的海洋。人們用筆做武器，把想說
的話、想罵的、想挖苦諷刺的，通通表現出來，貼滿大街小巷。
捷克斯洛伐克人民還發明出「十不配合戒律」：「我不知道、我不
認識、我不說、我沒有、我不曉得怎麼做、我不給、我不會、我
不想、我不告知、我不做」。

　　甚至布拉格的電臺號召人民在全國掀起了「無名化運動」，人
們把路標摘去，有的把路標的方向顛倒過來，還有的用油漆將字
抹掉，企圖影響蘇軍行動的進度。

四、終止改革行動

8 月 22 日，捷共十四大提前召開，並透過決議重申對杜布契克的信任，決議要求占領軍撤出，並釋放所有被捕的黨政領導人。23 日，蘇聯「邀請」斯瓦博達到莫斯科舉行談判。斯瓦博達堅持要杜布契克等主要領導人都出席才進行談判。24 日，蘇聯被迫同意，雙方開始談判。蘇方表示出兵是為了制止「反革命」，提供「國際主義援助」，要求捷共宣布十四大是非法的。科錫金甚至出言恐嚇如果發生內戰，後果全由杜布契克和其他捷克領導人負責。捷克則堅持五國必須先行撤軍，並將繼續執行 1 月全會以後的政策。雙方的爭辯非常激烈。

8 月 26 日，捷克領導人在蘇聯的威脅下，終於簽署了〈莫斯科協議〉。在協議書中，捷克斯洛伐克被迫接受蘇聯占領「不是干涉內政」，而是「保衛社會主義」，更重要的是，蘇軍的撤離沒有時間表，只待捷克斯洛伐克局勢「正常化」後，蘇軍即行撤走。迫於情勢，莫斯科讓杜布契克、總理切爾尼克 (Oldřich Černík, 1921～1994) 和總統斯瓦博達等人飛回布拉格，仍回復原有的職務，但是〈莫斯科協議〉已然達成其干預捷克內政的政治目的。

當 8 月 27 日他們返抵捷克時，在電臺公開發表談話。斯瓦博達簡短致詞，承認過去數日對大家都不好受，要求捷克人民認清武力占領直到情況正常的「政治現實」。數小時之後，杜布契克亦出面對期待的群眾發表演說，他言詞誠摯，聽者無不動容，演講數度被掌聲打斷，但是仍未消除民眾的疑慮。他說捷克斯洛伐克

所需要的，是讓情況盡快恢復和維持正常運作。他呼籲人民要切合實際，「即使我們必須採行若干權宜措施來約束民主的尺度和言論的自由，這些民主和言論是我們既得的成就」。

10 月 16 日，蘇聯又脅迫捷克在〈蘇軍暫時留駐捷克斯洛伐克的協議〉上簽字，在這個會談公報中，蘇聯出兵捷克斯洛伐克的行徑被稱為是正義的，而「布拉格之春」的改革被否定，蘇、捷之間的城下之盟硬是把歷史完全顛倒了。

1969 年 1 月、2 月陸續發生了大學生帕拉許 (Jan Palach, 1948～1969) 和薩吉奇 (Jan Zajíc, 1950～1969) 在瓦茨拉夫廣場上，抗議華約組織軍隊入侵捷克而引火自焚的行動事件，舉國譁然，觸發全國更大規模反對行動，蘇軍開槍造成了流血事件。

4 月 1 日，蘇聯國防部長再次到布拉格，對 1 月至 3 月發生

圖 42：自焚學生紀念碑

的反蘇示威行動提出強硬警告。終於在 4 月 17 日，捷共中央委員會解除杜布契克的第一書記職務，由胡薩克 (Gustáv Husák, 1913～1991; First Secretary of the Communist Party of Czechoslovakia, 1969～1987; 9th President of Czechoslovakia, 1975～1989) 接替。杜布契克被派往土耳其擔任大使，在此期間他雖然不能繼續進行民主改革，但捷克民族的自主權仍不斷地擴大。

　　1970 年 5 月，杜布契克被召回，一個月後開除黨籍。杜布契克後來有段時間在祕密警察的監視下，於布拉迪斯拉瓦附近的伐木廠工作，其他改革派的成員也被解職或開除黨籍。「布拉格之春」被克里姆林宮的嚴寒摧殘了，取而代之的是長達二十年的「蘇維埃之冬」。

第五節　胡薩克掌權

　　「布拉格之春」 發生的時期，胡薩克被視為改革者，但是在往後階段證明他只不過是個熱衷名利的共產黨員，擅於見風轉舵，他一接掌政權便很快地著手完成蘇聯所能接受程度的正常化。

　　胡薩克上臺伊始，首先否定1968 年的改革 ，隨即開始所謂

圖 43：胡薩克

的「正常化」運動。包括杜布契克在內共有 50 餘萬共產黨員被開除黨籍,占全黨總人數的三分之一。全國 70% 的各級領導人被撤換,有 200 餘萬人遭株連,約 20 萬人被迫逃亡西方。人才外流最顯著的影響,就是在公共政策方面技術專家和人才的枯竭,捷克進入其現代史上最黑暗的時期。

胡薩克進行清黨的時候,藉機鞏固自己的地位。胡薩克向克里姆林宮大獻殷勤,光在 1969 年他就去了蘇聯 5 次,1970 年則有 4 次。在 1970 年 5 月蘇捷雙方簽訂〈互助友好條約〉,蘇方展現其支持胡薩克的決心。對胡薩克的領導寄以厚望。胡薩克在蘇聯的卵翼之下,讓捷克斯洛伐克共產黨被莫斯科緊緊掌握。

但是,當經濟的困境逐漸累積增加時,捷克斯洛伐克共產黨內部的緊張狀態也浮現檯面,而胡薩克始終緊隨著蘇聯的政策。當 戈 巴 契 夫 (Mikhail　　 Gorbachev,　 Михаи́л　　 Серге́евич Горбачёв,1931～ ; the General Secretary of the Communist Party of the Soviet Union, 1985～1991) 繼任蘇聯共產黨總書記之後,事件的發展變得更為有趣,在一片去史達林化的運動中,蘇聯處於焦頭爛額之際,捷克斯洛伐克共產黨發現自己亦身陷於莫斯科改革的困境中一籌莫展。

在戈巴契夫開始推動 「改造」 (perestroika, перестро́йка) 及「開放」(openness, гла́сность) 兩項政策之後,捷克斯洛伐克境內的批判之聲更加強烈。當捷克斯洛伐克人民等著看待「改造」的影響時,捷克版的「改造」開始進入他們的日常生活之中,人民對於經濟物資短缺的忍耐度也越趨有限,生活條件不比在納粹統

治下還要好。當時流傳著一個「社會主義經濟五律」的笑話：「儘管沒人在幹活，計畫總是能完成；儘管計畫能完成，倉庫還是空如也；儘管倉庫空如也，人人卻有萬般物；儘管人有萬般物，各個還得偷過癮；儘管各個偷過癮，東西一個不見少。」

在 1980 年代，最大的問題就是在這樣的經濟情況下，胡薩克的政權還能撐多久。

第六節　《七七憲章》的產生背景和意義

1968 年，華約組織軍隊入侵捷克，鎮壓「布拉格之春」行動。在稍後的數年中，專制統治手段日益強化，人民的政治權利和言論自由被剝奪。整個社會也走向冷漠，許多曾經參加自由運動的人士面對嚴酷的現實環境也開始退卻。

這種沉悶的狀況在 1970 年代中期漸漸出現轉變，許多人開始意識到個人自由被壓抑的可悲狀況。要求改變現狀的最初動力來自於青年，他們不斷地和當政者發生衝突。

另一方面，在 1970 年代，東西方的緊張關係正漸趨緩和，1975 年〈赫爾辛基協議〉(Helsinki Accords) 的簽署明確地保障了人權和自由。美國積極地推動人權外交，力圖把東歐和蘇聯的人權問題作為國際談判的一個重要內容，從而引發廣泛的國際關注，這些變化鼓舞捷克人民爭取自由和人權的勇氣。

1977 年 1 月，241 位捷克斯洛伐克的知識分子及其他社會階層的人士共同簽署要求保護基本人權的《七七憲章》(Charta 77)

宣言。為了維護《七七憲章》宣言所主張的人權原則，簽署人先後和統治政權挑戰了十年，然而捷克當權者不僅完全漠視，拒不採納憲章活動者的建議和批評，而且尋找各種機會，加強迫害憲章宣言的簽名者。包括哈維爾在內的許多人權運動者，先後被捕入獄，直到 1987 年捷克前政府的垮臺，這就是著名的《七七憲章》人權運動。

　　《七七憲章》人權運動的根本宗旨，是喚醒 1968 年蘇聯軍隊入侵後被摧殘的公民意識和道德準則。它促進捷克公民意識的覺醒和抗爭行動，終而導致專制政府的垮臺，是爭取人權和民主的一個具有代表性的運動，對今日社會及知識分子而言，仍然具有啟示作用。

　　《七七憲章》宣言主張喚起公民意識的第一步是使人民認識到自己的權力，這些權力是憲法和國際公約等所保障的，是不可被剝奪的。其次是讓人民實際上行使這些權力，維持人格尊嚴的自由。向政府當局抗議，或公開聲明立場，這種行動就是公民意識的覺醒與實踐。

　　《七七憲章》宣言的力量不在於人數的多寡，而在於其在道德層面發揮的影響力，以不屈服的人格來為社會樹立一種社會良知。正如哈維爾最有影響力的一句話：「無權者的權力」。沒有權力的個人卻擁有一種權力，一種藉著選擇「活在真理之中」以揭露謊言的權力。

第七節　共產主義的崩潰與聯邦政體的瓦解

一、捷克斯洛伐克式的社會主義道路

　　第二次世界大戰爆發後，捷克斯洛伐克共產黨成立，組織反納粹占領的抵抗運動，在當時大大提高共產黨的形象，其影響遠在右翼和中產階級政黨之上。與其他東歐國家不同，絕大多數捷克斯洛伐克人民都視蘇聯為斯拉夫民族的英雄。儘管如此，1946年捷克共產黨仍然宣稱要走獨立自主的「捷克斯洛伐克式的社會主義道路」。

　　這條獨特道路在 1946 年 5 月的民主選舉中獲得多數選民的支持，捷共贏得了執政權。

　　冷戰的環境造成社會主義的崩潰，使捷克除依附於蘇聯霸權之外別無選擇。捷克所犯的錯誤或許在於，為尋求蘇聯的庇護而放棄自己的獨立。

　　1948 年，南斯拉夫被逐出共產黨情報局之後，狄托主義被看作資本主義間諜，保加利亞、匈牙利和波蘭領導人紛紛被處決或監禁。捷共進行整肅的範圍迅速擴大，黨內的一些高層領導人也被指控與西方勾結，以間諜罪被逮補。

　　1951 年 11 月更是達到頂點，擔任總書記的斯蘭斯基 (Rudolf Slánský, 1901～1952) 和同僚一齊被捕，被迫承認建立 「叛國組織」，這個事件成為捷共黨史上的分水嶺。斯蘭斯基等人被處決

時，全國上下群情激憤，遊行者高呼處死「賣國賊」的口號。此事對捷克斯洛伐克具有嚴重的影響，忠誠黨員把這種審判視為少發言的警告，隨之而來的是官僚主義和虛偽作風的迅速蔓延。在這種氛圍中，對社會主義過分忠誠反而遭到懷疑，而消極處世就平安無事。

在冷戰時期持不同政見者都會被視為外國間諜和賣國賊，對斯蘭斯基的審訊已充分顯現捷共放棄走「捷克斯洛伐克式社會主義道路」的自主政策。1968 年「布拉格之春」之後，華約軍隊的入侵和占領，破壞了捷克斯洛伐克的社會主義事業。

時隔十一年之後，即 1989 年底，改革之風席捲東歐，蘇聯東歐國家的政局發生重大變化。當年入侵捷克斯洛伐克的蘇聯、保加利亞、匈牙利、波蘭和東德等五國領導人在莫斯科聯合宣布，1968 年出兵捷克斯洛伐克是「對捷克內政的干涉」，應當受到譴責。

二、戈巴契夫因素

建構胡薩克政策的永恆真理之一是 1968 年之後散播的布里茲涅夫主義 (the Brezhnev doctrine)，那是蘇聯對於社會主義國家的最高統治權。可以這麼說，胡薩克是完全地受到布里茲涅夫主義的威脅和鉗制。布里茲涅夫之後的繼位者安德洛波夫 (Yuri Andropov, Юрий Владимирович Андропов, 1914～1984; the fourth General Secretary of the Communist Party of the Soviet Union, 1982～1984)、契爾年科 (Konstantin Chernenko;

Константин Устинович Черненко, 1911～1985; the fifth General Secretary of the Communist Party of the Soviet Union, 1984～1985) 都沒有什麼改變，戈巴契夫倒是個異數。

戈巴契夫對於蘇聯經濟發展的前景甚是憂慮，擔心會對經濟互助委員會 (CMEA) 和雙邊的經濟關係有所影響，乃將經濟的變化納入議題。捷克斯洛伐克共產黨中央委員會在 1987 年 1 月接受新的經濟取向，要求分權並且引進若干市場機制。到了 1980 年代末期，捷克斯洛伐克的經濟回到 1968 年以前的景況，經濟改革意味著政治的變化。

雖然戈巴契夫小心翼翼地避免直接觸及布里茲涅夫主義，他對於集團成員國間面對改變的歧見相當容忍，也知道如果強迫捷克斯洛伐克採行相似政策會對於捷克斯洛伐克的政權造成威脅。在 1987 年訪問捷克斯洛伐克之後，戈巴契夫注意到布拉格之春對於捷克斯洛伐克而言具有相當重要的意義。他並不想在經濟上促使捷克斯洛伐克有何作為，他說：「我們已經見到捷克斯洛伐克正依照他們自己的條件進行社會主義的改造。」

同時，戈巴契夫發現自己推動了「改造」的風潮，儼然成為能夠符合大眾需求的改革派共產黨領袖。所以他容忍 1988 年匈牙利和波蘭進行政權移轉的改變，開啟了未來大變革的閘門，這股洪流從華沙經由布達佩斯、德勒斯登 (Dresden)、柏林，最後橫掃布拉格、布拉迪斯拉瓦，吹向索菲亞和布加勒斯特。要不是受了 1988 年到 1989 年大環境的影響，捷克斯洛伐克共產黨的崩潰是不可能的。捷克斯洛伐克共產黨的終結為捷克人民和斯洛伐克人

民開啟新的遠景、挑戰和責任。

第八節　絲絨革命

　　「絲絨革命」(Velvet Revolution, Sametová Revoluce) 為捷克斯洛伐克於 1989 年 11 月發生的反共產統治的民主化革命。「絲絨革命」以不流血的和平方式推翻不能充分代表民意的專制或是半專制政權，達到和平轉移政權的目的。捷克斯洛伐克 1989 年的劇變並不是偶然發生的。早在 1968 年，由杜布契克領導的捷克社會主義改革運動遭到蘇軍鎮壓的當時，就已經埋下這個種子。

　　1968 年的「布拉格之春」被蘇共領導人視為離經叛道，用武力將其鎮壓下去。但是國內對共產黨統治不滿的知識分子仍然以地下方式活動，並且於 1977 年提出要求政府遵守 1975 年〈赫爾辛基協議〉中人權條款的《七七憲章》宣言；而蘇聯扶持的領導人胡薩克、 雅克什 (Miloš Jakeš, 1922～) 卻始終堅持 1968 年事件是「反革命事件」，蘇聯的軍事入侵是「國際主義援助」。

　　1980 年代後期，捷克斯洛伐克再度掀起改革的浪潮。同時，國內以〈七七憲章〉為代表的各種反對派組織，也開始活躍起來，他們發出的訴求就是要重新評價 1968 年的事件，終於在 1989 年釀成了 11 月事變——「絲絨革命」。

　　在改革運動期間，捷共改革派平反史達林時代的冤案，釋放被關押的無辜知識分子，放寬新聞尺度，鼓勵學術討論，允許公民出國，放鬆對宗教的控制，在選舉中推動無記名投票方式，限

制領導人的任期等措施。改革期間黨內改革與民間力量相互配合，一股解放的清流從這裡向東歐蔓延開來，布拉格一時之間成為世界注目的焦點。

「絲絨革命」讓許多人驚訝，不只因為它的特質，而且其轉變之速就像戲劇般，讓人難以置信胡薩克政權和雅克什為首的領導班子竟是那麼的脆弱。

1989 年 8 月 21 日是蘇聯入侵捷克二十一週年紀念日，然而在前一年的週年紀念日就有徵兆顯示即將引發大震撼。

反對派在布拉格首度組織萬人遊行，呼喊支持戈巴契夫的口號，要求更多的民主，要求為 1968 年事件平反，結果被鎮暴警察施以催淚彈驅離。當局非常訝異地發現，幾乎沒有什麼知名的異議分子涉入其中。 10 月 28 日那天約有 5,000 人群聚在瓦茨拉夫廣場呼喊馬薩里克的名字，呼求自由。12 月 10 日，政府當局核准一場紀念〈全球人權宣言〉(*the Universal Declaration on Human Rights*) 四十週年的示威行動， 那時的法國總統密特朗 (François Mitterrand, 1916～1996) 正好在布拉格訪問，可能是獲准的主因。然而，捷克政府當局在面對來自於蘇聯和西方對人權問題的雙重壓力下，卻沒有把握如何回應社會的籲求。

1989 年 1 月 16 日，數以千計的人在布拉格市中心廣場舉行示威活動，並悼念二十年前為抗議而自焚的大學生帕拉許和薩吉奇。捷共顯然決定要展現其鐵腕了，當局對抗議群眾施以水柱和催淚瓦斯，逮捕數名帶頭的異議分子，包括哈維爾。

臨近蘇軍入侵捷克二十一週年紀念日，捷克國內出現一種緊

張氣氛。有數萬民眾連署要求政府當局履行「開放」和民主化的
承諾,釋放所有的政治犯,實施基本人權,重新評價 1968 年事件。
波蘭、匈牙利在 8 月份亦先後發表聲明,對 1968 年事件表示「遺
憾」。捷共認為這是「客觀上幫助了捷克反社會主義的勢力」,而反
對勢力針對 1968 年事件大做文章,發表宣言,組織示威遊行。

　　結果在 9 月份,事件有了戲劇性的發展,當匈牙利開始允許
來渡假探親的東德人民前往西德的同時,也有數以千計的東德人
民湧向布拉格的西德大使館。9 月 30 日,東德國家主席何內克
(Erich Honecker, 1912～1994) 宣布那些在布拉格西德大使館前聚
集的東德人民將被驅逐至西德。於是乎那些東德人喜孜孜地表示
東德的政權可能不久就會瓦解了。果然,11 月 10 日柏林圍牆倒
了,12 日許多捷克人請波蘭籍教宗若望保祿二世 (John Paul II,
1978～2005) 來為奧塔卡一世之女雅妮絲 (the Blessed Agnes,
1205～1282) 封聖,也象徵著改革終將來臨。

　　捷共前領導人杜布契克等人致信捷共中央,要求重新評價
1968 年事件。在如何評價 1968 年事件以及如何處理示威遊行的
問題上,捷共黨內發生分歧。捷共總書記雅克什主張用行政手段
解決,1968 年事件的結論不能改變;總理阿達麥茨 (Ladislav
Adamec, 1926～2007) 主張用政治手段加以解決,可以重新評價
1968 年事件。阿達麥茨將黨內的分歧暴露於社會,黨內兩種不同
聲音加劇了社會的動亂。

　　11 月中旬,在蘇聯、東歐形勢變化,特別是東德政局突變的
影響下,加上西方的支持和影響,捷克反對勢力吸取以往反政府

示威活動失敗的教訓，經過周密的策劃和準備，再度向捷共發起攻勢。

11 月 19 日，在群眾示威活動中，《七七憲章》等 12 個反對派組織在布拉格舉行「公民論壇」(Civic Forum, Občanské Fórum, OF) 成立大會，提出了結束一黨執政，取消憲法中有關捷共領導地位的條款，實行政治多元化，進行自由選舉，實行新聞自由等主張。「公民論壇」成了主宰局勢發展的一支主要政治力量，在它的領導下群眾示威活動進一步擴大。在國內反對派和蘇聯的壓力下，以雅克什為首的捷共中央主席團和書記處於 11 月 24 日集體辭職，烏爾巴內克 (Karel Urbánek, 1941～) 接任總書記。

然而反對派繼續組織更大規模的示威遊行，向捷共施加壓力，要求取消憲法中關於黨的領導作用的條款，承認反對派組織的合法地位，實行以多黨制為基礎的議會民主，進行自由選舉等。烏爾巴內克作出重大的讓步，滿足反對派的要求：為 1968 年事件平反，承認「公民論壇」的合法地位。

就在這種背景之下，反對派又透過更大規模的群眾示威活動，欲迫使共產黨交出國家政權，布拉格不斷興起反共排共的浪潮。為緩解遊行示威造成的壓力，捷共發表聲明，表示欲重新評價 1968 年事件。此後，捷克國內局勢急轉直下。

11 月 17 日在布拉格市區有一個被官方批准的活動，以紀念反抗納粹德國示威行動中犧牲的查理大學醫學系的學生歐普列塔 (Jan Opletal, 1915～1939) 和大學被納粹德國關閉的五十週年。當時約有 15,000 名學生參與，其中有人呼籲爭取民主以及要求雅克

圖 44：斯拉溫紀念碑

什下臺，之後他們在斯拉溫紀念碑 (Hrobka Slavín) 前進行燭光追悼儀式。數以千計的人群決定將示威活動移往瓦茨拉夫廣場，在布拉格那是一個傳統上進行政治抗爭的地點。當他們發覺既定路線被鎮暴警察封鎖之後，就改向國民大街 (Národní třída) 前進，經過國家劇院，走進狹窄街道和成方陣隊形的鎮暴警察碰面的時候，群眾估計可能有 55,000 人。雙方對峙了一陣子之後，鎮暴警察開始痛毆隊伍前頭的示威者。當人群逃竄之際，鎮暴警察還繼續毆打他們，這次殘酷的鎮壓行徑引發推翻共黨政權的抗議示威行動的浪潮，並迅速擴及全國。

11 月 24 日，在群眾大規模街頭示威抗議浪潮中，捷共中央總書記雅克什宣布辭去總書記職務。29 日，捷克聯邦議會批准憲法修正案，取消共產黨的領導地位。

當時發生在捷克斯洛伐克十天的過程，在波蘭曾經是十年，在匈牙利是十個月，而在東德是十週。捷克斯洛伐克共黨的崩潰

既不完全類似於在波蘭和匈牙利那樣是經過談判協商而得來的，也不像 12 月發生在布加勒斯特那樣吸引全球關注的群眾暴動。因為它平和的特質，所以被稱作「絲絨革命」。

12 月 3 日，組成了有異議人士參加的聯合政府，然而反對勢力的活動更為猛烈。5 日，捷政府再次被迫改組，10 日組成新的聯合政府，反對派在新政府中占優勢。12 月 29 日，議會根據「圓桌會議」協商的決定，選舉反對派哈維爾任總統，開創東歐國家之中由非共產黨人士擔任國家元首的先例。12 月徹底改組政府，共產黨基本上失去政權，胡薩克也辭職下臺。

1990 年更改國名為捷克斯洛伐克聯邦共和國 (Česká a Slovenská Federativní Republika, ČSFR)，6 月舉行首次大選。選舉結果反對派獲勝。由知識分子組成的「公民論壇」（捷克）和「公眾反暴力」(Public Against Violence, Verejnosť proti násilí, VPN) 組織（斯洛伐克）取得聯邦議會 300 席位中的 170 個議席，而捷共只獲得 47 個議席，這是 1968 年以來捷共首度在野。

共產黨一黨專政體制瓦解之後，在「布拉格之春」失勢的杜布契克復出政壇，於 1992 年出任斯洛伐克社會民主黨主席與聯邦國會議長，由領導「公民論壇」的哈維爾擔任總統，完成政權的和平轉移。不幸的是，9 月 1 日杜布契克因為車禍重傷，於 11 月 7 日逝世。

「絲絨革命」在其發生的十年後，依舊被認為充滿傳奇性。由一小群的異議人士結合了學生和群眾參加示威行動，和政府對抗，終而推翻其統治權。雖然說「絲絨革命」促進捷克斯洛伐克

的民主化與和平移轉政權,新政府以實行政治多元化和三權分立原則,在經濟上則推行私有化。但是隨著民主化的影響,斯洛伐克也出現日益強烈的獨立建國主張。

1992年7月,捷克、斯洛伐克雙方議會達成協議,決定分裂。8月,雙方總理磋商解散聯邦。10月8日,聯邦議會透過〈權限法〉,將聯邦政府部分職權轉到各共和國。11月25日聯邦議會通過 〈捷克斯洛伐克聯邦共和國解體法〉(*Dissolution of Czechoslovakia*;捷克語:*Rozdělení Československa*;斯洛伐克語:*Rozdelenie Česko-Slovenska*),12月31日捷克斯洛伐克聯邦宣告解體。從1993年1月1日起,捷克和斯洛伐克正式成為兩個獨立的主權國家。這次斯洛伐克的和平獨立與聯邦體制的和平瓦解,也被稱為「絲絨離異」(Sametový rozvod)。

第九章 | *Chapter 9*

今日捷克

第一節　轉型坎途

　　冷戰結束後，歐洲的安全環境發生巨大的變化。隨著華約解散、蘇聯解體、北約東擴到科索沃戰爭等重大歷史事件的發生，歐洲大陸原有的平衡遭受挑戰，歐洲處於極度的動盪不安之中，促使各國不得不重新轉型變革及尋求定位，從而給轉型時期的歐洲安全帶來極大的不穩定性。

　　從地緣政治的角度看，捷克地處歐洲心臟地帶，是歐洲大陸政經文化的交匯處，捷克的轉型進程關係著地緣政治的轉向，首要突破的是如何從一個共產國家蛻變成為一個新生的現代化、民主化和市場經濟自由化改革的西方國家，因此是否成功進入歐盟是其施政的重要任務之一。然而捷克的政黨中存在著一股強大的疑歐力量，影響著其歐洲政策。捷克的疑歐主義源於捷克幾百年來長期受控於奧匈帝國、納粹德國和蘇聯等強權而無法獨立自主

的歷史經驗，而其在歐盟內尚無能力左右大局的情況下，導致不少捷克精英對於歐洲一體化的發展，抱持慎疑的態度，認為捷克回歸歐洲、加入歐盟意味著告別極權主義，走向穩定與繁榮的途徑，卻也擔心歐洲一體化的發展會損及捷克的獨立性。

1992 年 6 月 5 日至 6 日捷克斯洛伐克聯邦共和國大選。在捷克方面，以公民民主黨 (Civic Democratic Party; Občanská demokratická strana, ODS) 得票最多，成為議會第一大黨。斯洛伐克以人民黨－爭取民主斯洛伐克運動 (People's Party-Movement for a Democratic Slovakia; Ľudová strana-Hnutie za demokratické Slovensko, ĽS-HZDS or HZDS) 勝出居次。

大選後，獲勝的兩大政黨擬商組閣，歷經四回而無結果。面對雙方嚴重對立，捷斯兩國政府各自向本國的民族議會提出施政綱領。捷方強調，起草《捷克共和國憲法》(*Ústava České republiky*) 為獨立的捷克國家奠基。斯方亦以宣布〈斯洛伐克民族的獨立宣言〉(*Národní rady o svrchovanosti Slovenské republiky*)，謀求其主權獨立。

7 月 22 日捷斯雙方舉行第五次會談，23 日終於達成協議，同意捷斯聯邦分解成兩個獨立的主權國家。11 月 25 日捷斯聯邦議會通過了〈捷克斯洛伐克聯邦共和國解體法〉(*Ústavní zákon o zániku české a slovenské federativní republiky*)，決定聯邦於年底自動解體。

12 月 16 日捷克民族議會 (Česká národní rada) 通過第一部《捷克共和國憲法》，確立捷克共和國為一個主權統一的民主法制

國家。捷克議會實行參眾兩院制。

1993 年 1 月 1 日捷克共和國正式誕生 ，26 日哈維爾當選總統 。 最大的右翼政黨——公民民主黨的主要創始人之一瓦茨拉夫‧克勞斯 (Václav Klaus, 1941～) 擔任首任總理 (1992～1997)。

在獨立初期的數年期間，經濟衰退、失業率猛增，貿易赤字持續成長，國內經濟結構趨於脆弱，甚至有一些銀行相繼倒閉。企業缺乏資金進行現代化，私有化的前景坎坷。當時經濟改革計畫的崩潰和政治腐敗引發社會動盪，加深了大眾的挫折感和空虛感。

1996 年，捷克舉行了獨立以來的首次參眾議院選舉，右翼的公民民主黨勝出，克勞斯連任總理。但是 1997 年年底，克勞斯政府因涉入「政治獻金」案而集體辭職。議會大選提前進行，捷克社會民主黨 (Česká strana sociálně demokratická, ČSSD) 成為捷克議會第一大黨 ， 終於 1998 年上臺執政 ， 黨主席澤曼 (Miloš Zeman, 1944～) 出任總理，2002 年蟬聯執政。該黨主張建立「以社會福利和環保為導向的社會市場經濟」，反對完全由市場解決問題的自由市場經濟主張。

1998 年捷克社會民主黨與公民民主黨簽定〈反對黨協定〉，協議兩黨共享權力，讓捷克社會民主黨獨家組閣，該黨主席澤曼出任政府總理，而由公民黨成員擔任議會參眾兩院主席等職務，並保證政府信任案順利通過，結束了 1989 年劇變後右翼持續掌權的局面。

自從捷克共和國獨立之後，公民民主黨曾兩度組閣執政。公民民主黨具有濃厚的民族主義色彩，是歐盟中的疑歐政黨，對於

歐洲一體化抱持批判態度，反對政治一體化和聯邦式的歐洲。不過公民民主黨在 1990 年代曾支持加入歐盟，雖然之後於 1998 年下臺，卻依然支持捷克保有歐盟成員資格。在 2002 年的大選，公民民主黨還把要求歐盟承認〈貝奈斯法令〉(*Beneš decrees*; *Benešovy dekrety*) 的合法地位作為競選政見。

　　2002 年大選結果，捷克社會民主黨獲勝，並與基督教民主聯盟－捷克斯洛伐克人民黨 (Křesťanská a demokratická unie-Československá strana lidová, KDU-ČSL) 與自由聯盟－民主聯盟 (Unie Svobody-Demokratickáunie, US-DEU) 組成執政聯盟。可是執政政策出現右傾傾向，在捷克社會民主黨黨內引發分歧，民眾支持率也大幅下降。與此同時，聯合執政的兩個右翼政黨與捷克社會民主黨貌合神離，在許多重大改革議題上明爭暗鬥，未能兌現競選承諾，失信於民。

　　2004 年 5 月 1 日正式加入歐盟後，捷克就面臨簽署建立《歐盟憲法》條約的問題。該條約於 2004 年 10 月 29 日由當時的歐盟二十五個國家簽署，雖然當時有超過六成的捷克民眾支持《歐盟憲法》，但時任總統的克勞斯和公民民主黨強烈批評，簽署《歐盟憲法》即意味著捷克主權的受限。

　　2007 年 12 月 13 日，歐盟成員國的領袖簽署用以取代《歐盟憲法》的〈里斯本條約〉(*Treaty of Lisbon*)，讓當時捷克政府的立場面臨兩難：一來若不支持〈里斯本條約〉，對於 2009 年捷克擔任歐盟輪值主席一職難有所作為；再者，捷克內部對於條約批准的阻力主要來自於國內的疑歐派，尤其是總統克勞斯及公民民主

黨的支持者。

2009 年，議會通過法案，限制政府在未獲得議會授權之前，不得將職能讓與歐盟，並在此先決條件下通過了對〈里斯本條約〉的批准。總統克勞斯提出除非捷克可以獲得對《歐盟憲法》的選擇退出權，否則捷克不參加〈里斯本條約〉的〈基本人權憲章〉。最後，在 10 月 29、30 日的歐盟高峰會上同意捷克不參加〈基本人權憲章〉的例外條件。

2012 年 2 月 8 日，捷克參議院通過 《憲法》 修正案，自 2013 年起總統選舉改採人民直選，不再由國會選出。之後眾議院也通過相關的法案，雖然時任第二任總統的克勞斯簽署了該法案，但他其實是反對這項《憲法》修正案的，認為條件還未俱足，這是一個「致命的錯誤」。不過當年大多數捷克人民認為總統直選是一很好的措施，並認為總統應該由超然的無黨派人士擔任為宜。

2013 年舉行總統直選，代表公民權利黨 (Strana Práv Občanů, SPO) 出戰的前總理澤曼勝出，取代了強烈疑歐派的克勞斯，成為捷克史上首位直選產生的總統。澤曼是什麼樣風格的政治人物呢？他的個性粗獷豪邁、直言無諱，遠近馳名。他常說，英相邱吉爾喜好威士忌、抽雪茄，是他的偶像。面臨國家高額負債的困境，澤曼上任之後極力爭取國內企業界的協助，以減輕國家債務，並著手公民社會的發展，協助非政府組織的拓展與運作。他還推動公職人員財產申報、利益衝突迴避的制度，以端正政風，確立公職人員清廉之作為，遏阻貪汙腐化及不當利益輸送。

2013 年 6 月，右翼內閣陷入政治醜聞而集體辭職。10 月，捷

克提前舉行大選，捷克社會民主黨以些微優勢贏得選舉。2014 年初，捷克社會民主黨與不滿公民行動黨 (ANO 2011)、基督教民主聯盟－捷克斯洛伐克人民黨共組聯合政府。大選產生的議會再次形成多黨林立的局面，導致捷克未來政局複雜的發展。

2017 年的國會選舉，巴比斯 (Andrej Babiš, 1954～) 帶領的不滿公民行動黨贏得了大選。巴比斯極力主張減稅、反貪腐、反歐元、反移民，被視為是個民粹色彩濃厚、具反體制性格的政治人物。總統澤曼宣布任命巴比斯為總理。由於不滿公民行動黨得票數未過半，巴比斯須尋求他黨共同組織聯合政府。經過長達 8 個月的協商，在「捷克和摩拉維亞共產黨」(KSCM) 的「信任和支持」下，與不滿公民行動黨和捷克社會民主黨 (ČSSD) 共組聯合政府。這是自 1989 年共黨政權結束以來，共產黨首次入閣參與國家政治。

在這次的大選中，捷克社會民主黨的獲票率是捷克 1993 年獨立之後選舉成果最差的一次。而代表極右派勢力的「自由和直接民主黨」 (Freedom and Direct Democracy, Svoboda a přímá demokracie, SPD) 在此次大選中大有斬獲， 其高舉退出歐盟和反移民的大旗，受到許多選民的青睞。親歐盟派在大選中則黯然失色， 時任總理的索博特卡 (Bohuslav Sobotka, 1971～ ; the Prime Minister of the Czech Republic, 2014～2017) 對於極右勢力的崛起感到憂心。

澤曼在 2018 年連任第二屆總統，他反移民的立場鮮明，以些微差距擊敗了親歐主流學者德拉霍什 (Jiří Drahoš, 1949～)。澤曼

的再次當選，加上他與疑歐派總理巴比斯的立場親密，意味著捷克與歐盟之間的未來將是扞格不勝的。

在歐債危機的治理中，2012 年捷克和英國是歐盟成員國之中拒絕簽署歐盟財政契約 (TSCG) 的兩個國家。英國向來以疑歐著稱，它的態度並未出人意料。捷克與其同道在東歐國家中可謂獨樹一幟。2014 年 3 月 12 日，捷克新任總理索博特卡在柏林會見德國總理梅克爾 (Angela Merkel, 1954〜) 時，表明了捷克願意加入歐洲一體化核心的立場，歐洲一體化符合捷克的利益。終於在 2019 年 3 月 6 日，捷克總統澤曼簽署了歐盟財政契約。

改革轉型之途崎嶇坎坷，其中在面對處理族群融合、〈貝奈斯法令〉、廉能開放等議題至為繁緒，影響至為深遠，加以「重返歐洲」和「退出歐盟」的議題錯雜糾結在現實環境之中，深深地鏤刻著歷經滄桑的印記。

一、族群融合問題

捷克的社會領域裡還存有相當普遍的歧視。最敏感的話題，當屬居多數的捷克族群和為數 20〜25 萬的吉卜賽人之間的關係。從前共黨政府一直盡力將他們融入社會主義的社會之中，吉卜賽人雖然失去了傳統的社會習俗和往來關係，卻獲得較大的安全度、就業以及子女義務就學的機會。捷斯聯邦瓦解以來，社會的變革帶來的衝擊更大，讓弱勢的他們墮入社會的底層，遭受更大的歧視難以翻身。

長久以來，社會上對吉卜賽人的態度常不友善，而各級政府

也不以為意。曾有數以千計的吉卜賽人因為恐懼和絕望之餘而遠走海外尋求庇護，1997 年電視紀錄片報導吉卜賽人成功移居加拿大的事蹟之後，興起的移民潮讓捷克政府頗為尷尬。因此，哈維爾呼籲捷克人民共同袪除社會中 「潛在的種族主義」 (latentní rasismus)。

在國際輿論的壓力之下，近年來捷克政府對於吉卜賽人遭受不友善待遇的情形，正式公開致歉，並加以改善，拆除區隔吉卜賽人和其他居民生活區的圍牆；修法給予在捷克的外國孩童，包括沒有取得合法居留權的吉卜賽兒童，享有免費受教的機會；對於 1966 年 7 月至 2012 年 3 月之間非法絕育手術的受害者，主要是捷克吉卜賽婦女，給予補償。然而要袪除根深蒂固的種族歧視的成見，非短時間內即能克竟其功的。2014 年總理索博特卡上任之後，積極面對及處理少數族裔遭受歧視的問題，獲得正面肯定，但這是一條漫漫長路，需要更多的關注和包容方得以解決。

二、〈貝奈斯法令〉懸議

此外，捷克還必須要面對的一個歷史遺留下來的特殊政治議題，是關於處理〈貝奈斯法令〉的態度。〈貝奈斯法令〉造成的蘇臺德日耳曼裔人民被驅逐迫害，以及所要求的賠償問題，一直影響和困擾著德捷、匈捷和德斯、匈斯之間關係，然而長期以來未獲具體解決。

第一次世界大戰結束後奧匈帝國瓦解，蘇臺德地區被劃入新的國家捷克斯洛伐克的版圖之內。結果三百多萬的日耳曼人從原

本奧匈帝國的主體民族，成為捷克斯洛伐克的少數民族。

　　十六世紀波希米亞胡斯教派與奧地利天主教派長期衝突，1526 年奧地利哈布斯堡王朝繼承了波希米亞的王權，而波希米亞貴族於 1620 年兵敗於白山之役。波希米亞最終淪為奧地利統治下的地方行政區，波希米亞民族被奧地利日耳曼人統治長達三百年。因此捷克斯洛伐克建國之後，國內充滿了對蘇臺德地區日耳曼的仇恨與敵視，日耳曼族裔的土地被掠奪，求學及工作機會被排擠，救濟品更得不到公平的分配，這種情形讓捷克的日耳曼人感到痛苦萬分。曾任捷克斯洛伐克總統的貝奈斯認為，解決民族矛盾的妥善辦法，就是逐步遷走所有的日耳曼裔人口。

　　在第二次世界大戰期間，擔任總統的貝奈斯流亡英國倫敦，戰後返國推行「去日耳曼化」（其歷史背景因素詳見於第七章的敘述）。貝奈斯是個「捷克斯洛伐克主義者」，鼓吹捷克人和斯洛伐克人是一個民族，強調捷克斯洛伐克的一體性。他曾發表演說主張驅逐捷克的德國人和斯洛伐克的匈牙利人，在文化上、經濟上和政治上徹底的去日耳曼化，以追求建立統一的民族國家利益。

　　〈貝奈斯法令〉是指貝奈斯第二任總統任內所頒布的一系列政令。根據該法令的規定，凡是日耳曼裔和匈牙利裔人民，一律褫奪捷克斯洛伐克國籍，財產予以沒收，並驅逐出境。此外，還赦免了捷克人對日耳曼裔和匈牙利裔人民的驅逐罪行。因此有大約 300 萬的蘇臺德日耳曼裔和數十萬匈牙利居民被迫逐出捷境，這是二戰結束以來大規模的種族淨化事件之一。

　　許多捷克人則認為，二戰後驅逐捷克斯洛伐克西部和北部的

日耳曼裔人民是對納粹罪行的合理懲罰。大量證據顯示捷克民眾進行瘋狂報復和侵占。之後，幾乎所有日耳曼裔人民被迫集體遷離。即使到了 1992 年，波昂與布拉格簽署睦鄰友好協定時，在布拉格迎接德國總理科爾的仍是憤怒的群眾。毫無疑問的，時至今日，捷克人民還是不能忘懷納粹德國的併吞侵略行為。

1989 年底總統哈維爾曾建議，蘇臺德地區的前日耳曼裔居民可申請恢復捷克國籍及相關權益。1997 年，德捷雙方政府亦為彼此在戰時之劣行簽署了相互道歉的聲明。但是在面對匈牙利、奧地利和德國巴伐利亞州同聲要求以廢除〈貝奈斯法令〉作為捷克進入歐盟的前提之下，2002 年 4 月捷克國會還是一致通過了拒絕對於廢止〈貝奈斯法令〉效力的呼籲，而且在這年的參議院選舉中，公民民主黨的競選主張還是要求歐盟承認〈貝奈斯法令〉的合法性。

2003 年外交部長楊‧卡萬 (Jan Kavan, 1946～) 直言，「已經過往的歷史事件，就讓其留在歷史裡。」總統澤曼亦表示，捷克不考慮廢除該法令，以免有難以控制的情況發生。

2004 年 5 月 1 日，捷克獲准成為歐盟正式成員。入盟之後，捷克繼續保持與波、匈、斯洛伐克等國家傳統夥伴關係的發展，並致力加強和奧地利、德國的關係，在處理戰後遺留問題方面，力求擱置爭議，確保雙邊關係的穩定發展。

但是，〈貝奈斯法令〉仍是捷克發展對外關係的絆腳石。例如在 2009 年，捷克總統克勞斯即曾要求退出《歐洲聯盟基本權利憲章》(*Charter of Fundamental Rights of the European Union*; *Listina*

základních práv Evropské unie) 的簽署，理由是認為該憲章將否定
〈貝奈斯法令〉的有效性。

蘇臺德日耳曼人聯合會 (Sudeten German Homeland
Association; Sudetendeutsche Landsmannschaft) 過去在組織章程中
一直主張要「重獲家鄉」，2015 年 3 月，出現歷史性的轉折，刪
除對故鄉的主權要求，進一步帶給德捷關係的正常化。對聯合會
成員來說，這或許是改善關係的前提之一。

總之，在過去根據〈貝奈斯法令〉執行的非日耳曼化所造成
的傷害與影響，是否真能平撫消逝在歷史的洪流中，終究還是捷
克政府未來仍須面對及思考的歷史課題。

三、廉能開放問題

政府的廉能治理與改革開放，是捷克人民至所期盼的。二十
一世紀初，捷克政府曾經因為經濟危機處置失策，貪汙濫權的醜
聞連連，民怨高漲。街頭抗議活動頻傳，抗議政府緊縮財政、削
減預算、提高稅收以及腐敗無能，因此要求解散內閣政府。

「絲絨革命」十年之後，也就是在 1998 年，當時人民對於社
會轉型的殷望益形迫切，但是貪腐濫權坐貪分贓的問題未曾稍歇，
這些醜聞引發了廣泛的公眾譴責，所有的公民、媒體都在積極譴
責濫用權力的行為。儘管政府發起「清白運動」(Čisté ruce
kampaně)，誓言清查私有化涉貪案件，同時要求官員潔身自愛，
但是貪汙收賄依然還是社會常態。因為腐敗行徑被視為推展業務
的必要代價，而這種觀念與文化根深蒂固，以至於打擊腐敗的改

革推展得相當吃力。

　　捷克在轉型開放的進程裡，清廉一直是捷克黨派和政壇人物的考驗，而能夠通過這個檢驗，贏得民眾信賴的政黨或人物實不多見。例如，共和國誕生時，首任總理克勞斯後來因為涉入政治獻金案而辭職。捷克史上最年輕卻因漸凍人症早逝的前總理格羅斯 (Stanislav Gross, 1969～2015)，就因為其個人巨額財產來源不明以及妻子經商受賄而引發信任危機，為了平息眾議，不得不於 2005 年 4 月黯然辭去總理及黨魁職務。2006 年，繼任的帕勞貝克 (Jiří Paroubek, 1952～) 也在擔任總理一年後，因貪腐案中箭落馬。2009 年，托波拉內克 (Mirek Topolánek, 1956～) 因內閣貪腐被迫辭去總理和黨魁之職。2013 年，尼恰斯 (Petr Nečas, 1964～) 在總理任內爆發捷克二十多年來最大的貪腐醜聞的陰影下狼狽下臺，連帶右翼三黨執政聯盟崩解，捷克不得不提前進行議會大選。2019 年，總理巴比斯涉嫌貪瀆、不當得利，於是先有 6 月 4 日超過十二萬人湧入布拉格瓦茨拉夫廣場抗議，繼而在 11 月 16 日爆發自 1989 年「絲絨革命」以來，最大規模的群眾示威行動，有二十五萬民眾湧入舊城區對岸的萊特納公園 (Letenské sady)，要求巴比斯下臺。

　　從 1995 年起，國際知名反貪汙組織——「國際透明組織」(Transparency International) 每年都會制定和公布「透明國際清廉指數」(Transparency International Corruption Perceptions Index)，並提供一個列表。當年在受評的 41 個國家中，東歐國家只有匈牙利入列，居 28。次年，捷克也入列了，在 54 個受評國家中居於

25。1999 年，也就是「絲絨革命」之後的第十年，捷克在受評的 99 個國家中排序第 39。在捷克政府推動「清白運動」的十年後，2009 年的指數排名為 52/180。到了 2019 年，排序提升至 44/180。

此外，對於捷克在經濟表現、政府效能、企業效能、基礎建設等方面的努力成效，也可以從「經商環境便利度」(Ease of Doing Business) 和「經濟自由度指數」(Index of Economic Freedom) 窺得端倪。

從世界銀行公布的〈2020 年經商環境報告〉(*Doing Business 2020*) 之中可見，在全世界 190 個經濟體中，捷克的便利度排名第 41 位 (DB score 76.3)，緊跟在維謝格拉德集團 (Visegrád Group) 的波蘭 (40, DB score 76.4) 之後，超越了斯洛伐克 (45, DB score 75.6)、匈牙利 (52, DB score 73.4)。比起 2015 年排名 44/189 的情況略好些。2009 年，「絲絨革命」之後的第二十年，捷克受評排序是 75/181；2011 年的排序是 63/183。

另外根據傳統基金會 (Heritage Foundation) 2009 年發表的「經濟自由度指數」(Index of Economic Freedom) 顯示，捷克排名 37/179，僅次於 36 的斯洛伐克，超越了匈牙利 (44) 和波蘭 (82)。2015 年捷克排名 24/178，超越波蘭 (42/178)、斯洛伐克 (50/178) 和匈牙利 (54/178)。2020 年，捷克的排名是 23/186，還是居維謝格拉德集團國家之冠。

從歷年的統計資料可知，近些年來捷克在廉能治理與改革開放的綜合表現，大致上就是維持著這樣緩進的程度。在追求自由民主發展的進程中，捷克人民渴求廉能革新政府的出現，在這種

氛圍和期待下，新的黨派勢力應運而生。儘管捷克政府有意努力改善課責制，提高防貪打腐的觀念，但改革之途漫長無止盡，非朝夕之間可蹴就全功，仍需待捷克朝野凝聚共識協力以赴。

第二節　重返歐洲

　　1918 年第一次世界大戰結束，捷克斯洛伐克共和國成立以來，至 1938 年〈慕尼黑協定〉簽訂的這二十年期間，捷克斯洛伐克一直與法國維持密切的軍事關係。1924 年，捷克斯洛伐克與法國結盟，防禦可能來自德國和匈牙利的入侵。此外，在 1920～1921 年間也與羅馬尼亞、南斯拉夫共組「小協約國」(Little Entente; Malá dohoda) 的聯盟關係。當時共同防禦的積極倡議者是捷克外交部長貝奈斯。

　　隨著德國覬覦野心的增強，捷克斯洛伐克遂加強與蘇聯的關係。1935 年 5 月 16 日在布拉格，雙方簽訂了互助條約，言明任何一方如受到侵略威脅時，應採取措施及相互支援。捷方堅持在議定書中附加一項條件，即只有在法國對被侵略國提供援助時，捷蘇雙方才有義務互相援助。然而由於法國後來對德抱持姑息的態度，致使該條約在 1938 年蘇臺德危機和 1939 年德國入侵時，皆未曾發揮作用。

　　二戰結束後，蘇聯軍事顧問進入捷克斯洛伐克軍事體系，發揮了重要的影響力。1955 年 5 月 14 日，捷克斯洛伐克加入「華沙公約組織」。從此，捷克斯洛伐克與華約之間的軍事合作關係更

加密切，捷軍體制與訓練遵循華約的準則。

1968 年 8 月，以蘇聯為首的華約成員國軍事占領捷克斯洛伐克，爆發「布拉格之春」事件。10 月 16 日，捷蘇雙方簽約允蘇軍留駐捷境。日後隨著美蘇間緊張局勢的對峙，蘇聯在捷克斯洛伐克境內增派駐軍和核武設施。直至 1989 年世界共黨陣營發生劇變之後，捷克斯洛伐克一方面著手解決蘇軍撤離問題，另一方面積極向西方靠攏，尋求與北約的軍事接觸和合作。

1990 年 2 月總統哈維爾走訪華府與莫斯科，25 日與戈巴契夫商議蘇軍撤離事宜。1991 年 6 月 27 日，最後一批蘇軍撤離，華約組織隨即在 7 月解散。捷克斯洛伐克基於安全考慮，力求成為國際性組織的一員，遂與歐盟的前身「歐洲共同體」簽訂「轉型夥伴」(Partners in Transition, PIT) 計畫，當時這可能是二戰結束以來所簽訂最重要的條約。

捷克共和國自 1993 年獨立以後，繼承了聯合國、歐洲議會 (Council of Europe, CE)、歐洲安全與合作組織會員的資格，並於 1995 年底成為經濟合作暨發展組織 (Organization for Economic Co-operation and Development, OECD) 的成員。

捷克在蘇聯解體後，新政府以「仿效西歐」為目標，迅速建構民主制度的框架。在轉型的進程上，「重返歐洲」為其重要政策，一方面謀求在北約新戰略中發揮作用，另一方面積極謀求加入歐盟。其努力成為歐洲議會成員國的重要性，等同於加入北約組織和歐盟成員國的敲門磚。在重大國際問題上，捷克力求與北約、歐盟保持一致立場。

　　在南斯拉夫內戰期間，捷克斯洛伐克聯邦還准許捷克派遣軍事單位參加聯合國維和部隊 (UNPROFOR)。在科索沃的問題上，支持北約轟炸南斯拉夫，參與對南斯拉夫的制裁，向北約開放領空，允許北約部隊越境借道。捷克在北約的同意之下，參與北約和平維持部隊 (IFOR) 和北約駐波黑多國穩定部隊 (SFOR) 的行動，強烈地顯示其未來成為組織成員的訊息。當時的捷克國防部長安德列恰克 (Imrich Andrejčák, 1941～) 不諱言捷克的參與是為將來的安全鋪路，一旦遇到威脅時才不會孤立無援。

　　北約組織成立以來，於 1994 年首度提出東擴的計畫，通過「和平夥伴關係計畫」。1997 年 7 月在北約第 14 次高峰會議上，捷克終於獲邀入盟，北約東擴計畫正式啟動。1999 年 3 月 12 日，在美國密蘇里州獨立鎮 (Independence, MO)，捷克、匈牙利和波蘭簽約正式加入北約。這是北約的第四次東擴，北約的前緣地區推進了 650～750 公里。

　　北約在美國的強勢主導之下，積極推動一連串東擴行動，使得俄羅斯在歐洲的地位更加孤立，也更加深了俄羅斯的戒懼。雖然俄羅斯抱持堅決反對的立場，但已顯露其力不從心之態。多數歐洲國家認為，北約東擴的目的，是在歐洲「留住美國、抑制德國、防範俄羅斯」。

　　對於北約的東擴，捷克人民基本上有兩種態度：一是基於集體安全的考量，希望及早入盟；另一則是來自於〈慕尼黑協定〉的歷史陰影，擔心重蹈類似的傷害。對於參與區域安全防衛的態度，捷克政府倒是一直表現得很積極。

　　2001 年 9 月 11 日美國遭受恐怖攻擊後，北約的任務又擴增打擊恐怖主義一項。捷克應美國和北約之要求，在北約框架內組建一支防範化學武器的多國部隊，因應衝突地區大規模殺傷性武器的威脅。2002 年捷克派遣生化防護部隊前往科威特。2003 年國會通過決議，同意有條件支持美國對伊拉克的軍事行動，並允許美英聯軍部隊的過境和臨時駐紮。

　　2006 年 5 月，應美方的要求，捷克反恐部隊飛赴阿富汗，參與反恐行動。2007 年初，美國正式要求捷克和波蘭政府就美方在境內設置反導彈設施開始談判，將捷克納入美國全球導彈防禦系統的一部分，這是美國本土以外的首個戰略導彈防禦基地。美國聲明該項反導設施並非針對俄羅斯，不會擴展到波蘭與捷克以外的地區，而是防禦來自於伊朗的威脅。但是俄羅斯認為美國此舉將對俄構成實質性威脅，擔心自身核子嚇阻力可能被削弱，乃堅決反對，並聲稱將採取必要的反制措施，波捷兩國甚而可能成為其導彈鎖定的目標。

　　對於是否允許美方在境內建立反導基地的考量，捷克國內也呈現意見分歧的現象 。 捷克總理托波拉內克 (Mirek Topolánek, 1956～) 認為，美國的作為是強化捷克和歐盟的安全，符合捷克的利益，在相當程度上可說是北約對捷克的回饋。但是捷克絕大多數民眾不表支持，基本上可以說是對於俄羅斯的不信任感和憂懼，以及對於歐盟協助維護其安全利益的能力深表懷疑。

　　捷克人民希望在國防上要保有多點的自主性，不宜處處以美國馬首是瞻，過度遷就美國，因此各地爆發多起示威遊行，要求

舉行全民公投。但是托波拉內克內閣一再強調，國家安全事務不能取決於全民公投，應交由政治家做決策。甚而警告，如果不接受雷達基地，失去美國和北約的保護，捷克可能不得不恢復 2005 年取消的徵兵制。

2009 年 6 月美國宣布調整在歐洲導彈防禦系統策略，9 月 17 日美方決定中止該項布署導彈防禦計畫，喧騰多時的爭議暫告一段落。後來這套陸基神盾系統 (Aegis Ashore) 改在羅馬尼亞部署，於 2016 年 12 日正式啟用。儘管美國堅稱這是為了自我防禦，捍衛歐洲免遭所謂流氓國家的攻擊，但俄方譴責此舉是企圖摧毀歐洲的戰略均勢，並表示已採取防護措施來抗衡。

捷克在加入歐盟的力度上也施力不小。1997 年 12 月，捷克被定為歐盟東擴的首選國之一，並於 1998 年開始入盟談判。

相對於進入北約組織來說，捷克在加入歐盟的過程並非那麼順遂，其中有些曲折必須要克服的。歐盟在 2000 年發布的評鑑中，雖然對捷克入盟準備工作做出肯定評價，但是強調捷克在國家機關和司法制度的改革，以及打擊組織犯罪活動等方面的成效仍然不足，並且認為捷克的市場經濟落後於波蘭和匈牙利。

捷克對於這些評價雖有不滿與意見，卻也只得全力加速提升改進。2002 年 12 月 12～13 日，哥本哈根歐盟高峰會決議，允許捷克於 2004 年 5 月 1 日入盟。2003 年，捷克國內舉辦的公民投票也獲得通過，確定了加入歐盟的政策。

2004 年捷克正式加入歐盟後，著重於發展和西方國家的關係，積極參與維謝格拉德及中歐自由貿易協定等區域合作，並注意與

本地區以外的國家建立和發展經貿合作關係。在同時入盟的八個中、東歐國家中，僅次於斯洛文尼亞，是第二個最發達的國家。

自從共黨陣營瓦解以來，世界局勢丕變。歐洲各國對於本身安全與利益自有其考量，它們在與俄羅斯關係的權衡上出現了多元化。就捷克而言，其成為北約組織和歐盟成員的進程，深深地影響著其國際視野及對外政策，其間的關係其實是一體的兩面。

2014～2015年烏克蘭爆發親俄羅斯武裝衝突，引發克里米亞危機，後來演變成為全球性政治事件，讓歐俄對峙局面更形複雜，連帶使得那些在經濟上與俄羅斯維持密切來往的歐洲國家倍感前所未有的緊張。因此在制裁俄羅斯問題的立場上，從諸多反對和支持之論戰中，反映出進退維谷的困境。

2014年8月，總理索博特卡在布魯塞爾歐盟高峰會呼籲應當改變對待烏克蘭危機的戰略。他擔憂危機可能演變為大規模軍事衝突，所以堅持要求舉行政治談判，尋求和平外交解決之途。10月，烏俄重兵對峙邊境。總統澤曼主張，若俄入侵，北約即應部署烏境。但是在考量是否支持北約強化烏克蘭武獲能力時，捷克卻表示傾向於不提供武器的立場，可見捷克政府在國家安全政策考量上的態度和選項。

所以在2015年5月，在西方國家領導人幾乎集體抵制俄羅斯舉行的戰勝納粹德國70週年慶典的時候，捷克總統澤曼早早宣布赴俄參加慶典，藉以突顯雙邊關係，雖曾引發議論，但理解其戰略思考，實在也就不足為奇了。

重返歐洲應該是捷克獨立之後的夢想，從1999年加入西方防

禦聯盟北約，2004 年進入歐盟的進程，似乎可以理解捷克人民的期待。但是在實際運作中卻出現逆轉與分歧，歸結其中原因之一是，捷克國家僅在理論上滿足成為歐盟成員國的制度條件。所以民主秩序面臨著新的挑戰：公共領域存在兩極分化，左右兩翼出現了新的公眾抗議和公民運動。

　　建構統一的歐洲是個理想境界，但是這卻已成為一個分裂的問題。雖然已經脫離蘇聯的掌控將近三十年，但中歐國家仍因為政體或者價值觀等因素，被西歐國家視為歐盟不穩定的原因；而中、東歐國內司法機構效力不彰以及政府貪腐問題等等，也都是這些國家所面臨的挑戰。因過去的經歷，中歐各國民主制度長期遭到壓抑，更造成大多數人民對於政局穩定、強調本土利益和民族認同的渴望。

　　而捷克人民也逐漸意識到，全然跟隨「西歐模式」前進並不能解決所有問題，他們開始重新思考如何走出一條屬於自己的道路。

第三節　退出歐盟

　　捷克共和國在 1993 年誕生之後，是最早開啟「重返歐洲」之路的社會主義國家之一。捷克在 2003 年的入盟公投中，高達 77.3% 的民眾支持加入歐盟。於 2004 年加入歐盟，之後至 2020 年止，一共從歐盟獲得了 1.2 萬億捷克克朗（約 450 億歐元）的發展資金，可以說是歐盟裡獲利最多的新成員，應該是沒有「脫歐」的理由。

　　現在捷克與歐盟國家的聯繫日益密切，歐盟對捷克的影響亦逐步擴大。如果歐盟國家的經濟能夠持續增長，將會為捷克的發展創造有利的外部環境，反之如果歐盟國家的經濟在未來發生困難，捷克亦不可能獨善其身。自 1990 年代中後期以後，捷克力圖朝向市場經濟轉型，活絡市場，遏止通膨，提供優惠條件吸引外資投入。但是進程不順遂，大幅影響整個復甦計畫的進度和目標。2000 年以後，經濟情況雖然開始有所轉機，不過受到世界經濟的影響以及本身赤字和貿易平衡的一些負擔，整體表現還是脆弱的。

　　但捷克國內反對加入歐盟的聲浪從未停止，在 2003 年，捷克即將要加入歐盟的前夕，總統克勞斯居然發表了加入歐盟將是場夢魘的談話，讓人十分意外，畢竟向歐盟提交入盟申請的人，正是 1996 年任職捷克總理的克勞斯。在捷克加入歐盟之後，克勞斯更是拒絕在總統府懸掛歐盟旗幟，並三不五時地抨擊歐盟，而下一任總統澤曼雖然曾是歐洲聯邦主義的擁護者，但現在也是捷克疑歐派的人士之一。

　　克勞斯多年後承認，在 2003 年入盟公投中，他是投票贊成捷克入盟的。他在 2004 年 4 月 30 日帶著數以百計的疑歐派群眾攀登布拉格以南的勃朗峰 (Mount Blaník)，夜裡燃燒了女巫莫拉娜的圖騰，象徵趨吉避凶的意思。根據捷克的傳說，聖瓦茨拉夫率領的騎士團 (Blaník Knights)，總是會在捷克人民將面臨重大危難的時候，從沉睡中醒來，擊潰敵人凱旋而歸。克勞斯喻指加入歐盟正在發生的情況，並警告參與歐盟的危險。

　　克勞斯一共擔任了六年的第一任捷克總理，然後是十年的第

二任捷克總統。儘管由於種種原因，他在 2012 年後失去了以前的影響力，遠離政治權力核心，但是他對歐盟的許多懷疑態度益愈深刻地影響著這塊土地。克勞斯長期批評歐元及歐盟，顯然改變了捷克人民最初對歐元及歐盟的美麗幻想和態度。直到今天，大部分捷克人看布魯塞爾，就像百多年前的維也納帝國議會一樣，歐盟機構甚至捷克政治人物經常傳達著盡是所謂的「布魯塞爾的指示」。

但捷克加入歐盟面臨改革成本增加以及結果不理想等問題，加上批准〈里斯本條約〉和歐債危機，都再次強化了捷克內部疑歐派的立場，也使捷克民眾降低了加入歐盟的意願，導致捷克在執行歐洲政策時遭遇不少困難。

2014 年親歐的捷克社會民主黨上臺，多少改變了原有的政策，但捷克內部疑歐主義依舊持續發展，影響了捷克加入歐元區的意願。克勞斯認為歐元是侵犯各國主權的，同時是債務危機的來源，因此大力主張捷克不要使用歐元。而前任的總理巴比斯也覺得歐元將面臨「破產」問題，主張退出歐元區，不過在其他方面，他還是要維持住歐盟的完整。另一方面，前總理索博特卡則認為，歐盟雖然沒有針對會員國何時改用歐元訂定標準，但捷克仍然必須遵守入歐時簽訂的協議，依舊會走上使用歐元一途。

其實在 2016 年英國公投「脫歐」之後，捷克一時竟也暗潮洶湧，澤曼總統就考慮以公投方式決定捷克在歐盟及北約組織的去留。澤曼除了主張「脫歐」公投的意見之外，同時還反對捷克使用歐元、反對歐盟干涉成員國內政、反對歐盟強制安置難民等，

已經引起了不小的風波。

　　捷克 1999 年加入北約和 2004 年加入歐盟的時候，這個國家還未有公投法。到了 2019 年，捷克表示已經為「無協議脫歐」(No Deal Brexit) 做好準備。到了 2020 年英國的正式「脫歐」，帶給了捷克相當大的激勵作用。

　　畢竟捷克國內社會存在的疑歐因素帶來新變數，讓未來歐洲的局勢撲朔迷離。

第四節　迎向未來

　　悠悠歲月，山河依舊，伏爾塔瓦河水潺潺，彷彿幽幽傾訴捷克的滄桑與傳奇。歷經歷史上許多為了爭取民族生存、社會正義和民主自由而不屈不撓的奮鬥歷程，新興的捷克共和國誕生即是捷克自由民主傳統發揮的至極，是捷克歷史中不可分割的一部分。

　　1968 年「布拉格之春」爆發，社會氛圍匯集成排山倒海的改革力量，形成磅礡燎原之勢，點燃邁入民主大道的聖火。生活和心靈曾經飽受摧殘的捷克人民，都試著對過去那段可懼又可悲的歷史做深刻的反省和檢討。

　　「重返歐洲」之路雖然崎嶇詭譎，但是捷克人民發揮他們的韌性和創造力，終究還是會朝著民主開放、自由經濟市場和公民社會的目標走出自己的道路來。期望他們更精采的未來早日來到！讓我們拭目以待！

附　錄

大事年表

西元前五世紀　　　凱爾特人定居今天的捷克地區，其中一支叫波伊人
　　　　　　　　　的部落較占優勢，該地區後來演變成為波希米亞。

西元前一世紀　　　日耳曼部族入侵，驅逐凱爾特人。

西元一世紀　　　　羅馬帝國入侵現今的捷克，與南下的日耳曼人進行
　　　　　　　　　激戰。

西元四至六世紀　　波希米亞和摩拉維亞等地區成為匈人聚集之所。斯
　　　　　　　　　拉夫人亦遠從喀爾巴阡山以北的地區大量遷入，後
　　　　　　　　　來波希米亞地區的斯拉夫人被稱為捷克人（波希米
　　　　　　　　　亞人），摩拉維亞地區的斯拉夫人被稱為摩拉維亞
　　　　　　　　　人，均屬於西斯拉夫民族。

西元六世紀末至　　占據現今匈牙利的阿瓦人侵入現今的捷克地區。
七世紀初

623 年　　　　　　居住在現今捷克的西斯拉夫人掀起反阿瓦人的暴
　　　　　　　　　動，625 年推舉薩摩為王，建立起一個巨大的部落
　　　　　　　　　聯盟，史稱「薩摩王國」，其領域以摩拉維亞為中
　　　　　　　　　心，包括波希米亞、斯洛伐克等地。

658 年　　　　　　薩摩死，薩摩王國解體。

805 年　　　　　　查理曼在摩拉維亞人的幫助下滅阿瓦汗國。

833 年　　　　　　莫伊米爾一世以摩拉維亞為中心，建立大摩拉維亞
　　　　　　　　　王國，並合併西斯洛伐克和尼特拉公國。

846 年	莫伊米爾一世被東法蘭克國王路易二世推翻,另立拉斯吉斯拉夫。
863 年	拜占庭派希臘傳教士聖西里爾和聖默多狄到摩拉維亞,創造了「格拉哥里」字母、「西里爾」字母,將《聖經》和儀軌典籍翻譯成古教會斯拉夫語,將基督教和古教會斯拉夫語推廣至整個大摩拉維亞地區。
870～894 年	大摩拉維亞王國統治者史瓦托普魯一世在位,國勢強盛,占領摩拉維亞、波希米亞、斯洛伐克、西里西亞和現今的奧地利、匈牙利部分地區;885 年聖默多狄死後,摩拉維亞轉向羅馬教廷,驅逐聖默多狄的弟子。
895 年	波希米亞脫離大摩拉維亞王國統治。
906 年	大摩拉維亞王國被馬札爾人所滅。
929 年	瓦茨拉夫一世國王被謀殺。
950 年	波希米亞成為神聖羅馬帝國的一部分。
973 年	波希米亞建立布拉格主教區。
1029 年	布列吉斯拉夫一世重新奪回摩拉維亞,此後波希米亞和摩拉維亞一直聯合在一起。
1085 年	波希米亞公爵弗拉吉斯拉夫二世被加冕為波希米亞的國王。
1212 年	西西里國王斐特烈二世頒布〈西西里金璽詔書〉,承認波希米亞王國的主權和奧塔卡一世及其繼承者的王權。
1253～1278 年	波希米亞國王奧塔卡二世在位期間,兼併奧地利、

施蒂利亞、卡林西亞、卡爾尼奧拉，獲得亞德里亞海出海口控制權，捷克逐漸發展為中歐大國；1278年與魯道夫一世發生戰爭，戰敗身亡，領土盡失。

1306 年	瓦茨拉夫三世去世，普列米斯王朝因絕嗣而終結。
1310 年	神聖羅馬帝國皇帝亨利七世之子盲者約翰當選波希米亞國王，開啟盧森堡家族的統治。
1344 年	布拉格主教區成立。
1346 年	盲者約翰戰死於克雷希戰役中。
1348 年	查理大學創立。
1346～1378 年	查理四世在位期間，是波希米亞歷史上的黃金時代，波希米亞王國的聲望和權力達於頂峰。
1355 年	查理四世在羅馬被加冕為帝國皇帝。
1356 年	查理四世頒布〈金璽詔書〉，確認七大選侯，波希米亞國王居其首。
1414 年	胡斯在康士坦丁宗教會議上被譴責為異端。
1415 年	胡斯被處以火刑。
1419 年	布拉格爆發革命運動，胡斯戰爭開始。
1420～1431 年	西吉蒙德和羅馬教宗先後組織五次十字軍對胡斯革命軍進行鎮壓，均遭失敗。
1437 年	西吉蒙德卒，盧森堡王朝隨之結束。
1438 年	西吉蒙德女婿、奧地利哈布斯堡家族的亞伯特二世繼任匈牙利國王和波希米亞國王，並獲選為神聖羅馬帝國皇帝。
1439 年	亞伯特二世卒，次年其遺腹子拉吉斯勞斯出生，爆發爭奪匈牙利和波希米亞王位的鬥爭。

1453 年	遺腹子拉吉斯勞斯成為波希米亞國王。
1457 年	胡斯派中的塔波爾派餘眾建立波希米亞「聯合弟兄會」。
1458 年	波希米亞貴族喬治‧波迪布萊德當選波希米亞國王,得到聖杯派的支持,但是遭到教宗和匈牙利國王馬嘉斯的反對。
1471 年	喬治‧波迪布萊德卒,雅蓋隆拉吉斯拉夫二世被大多數貴族和市民擁為捷克國王,但馬嘉斯亦爭奪王位,雙方於 1478 年簽訂合約,規定兩人互為繼承者,摩拉維亞、西里西亞和路沙奇亞歸屬匈牙利。
1490 年	馬嘉斯‧科維努斯卒,雅蓋隆拉吉斯拉夫二世成為波希米亞國王兼匈牙利國王。
1516 年	雅蓋隆拉吉斯拉夫二世卒,由其子路易二世繼位。
1526 年	路易二世殁於莫哈蚩之役,雅蓋隆王朝統治告終。奧地利哈布斯堡家族斐迪南一世兼統捷克和匈牙利,一個多民族帝國形成。此後至 1918 年捷、匈、奧同歸哈布斯堡王朝統治。
1547 年	慕爾堡之役爆發,波希米亞貴族起而反抗哈布斯堡王朝統治遭鎮壓。
1609 年	皇帝魯道夫二世頒布〈聖詔〉,承認信仰自由。
1618 年	新任波希米亞國王斐迪南(後為皇帝斐迪南二世)在波希米亞鎮壓新教徒,爆發第二次「布拉格的拋出窗外事件」,歐洲三十年戰爭由此開始。
1619 年	波希米亞國會選舉新教聯盟首領、巴拉丁選侯斐特烈五世為波希米亞國王。

1620 年	白山戰役中波希米亞公國被擊敗,波希米亞淪為哈布斯堡王朝的領地。哈布斯堡王朝繼續鞏固了中央集權制。斐迪南二世宣布羅馬天主教為國教,強迫波希米亞人民改信羅馬天主教。
1648 年	三十年戰爭結束。波希米亞被毀。
1707 年	1 月 18 日,約瑟夫一世頒令核准設立捷克工業大學,為中歐第一所科技大學。
1848 年	在歐洲革命影響下,6 月布拉格爆發爭取獨立的革命行動,歷史上稱為「布拉格六月革命」。
1867 年	奧地利帝國改為二元制的奧匈帝國,波希米亞王室領地歸屬奧地利。
1878 年	捷克斯洛伐克社會民主黨成立。
1918 年	10 月 28 日,捷克脫離奧匈帝國獨立。11 月 14 日,捷克斯洛伐克臨時國民議會在布拉格宣告成立捷克斯洛伐克共和國,馬薩里克當選總統。
1921 年	社會民主黨左翼成立捷克斯洛伐克共產黨。
1933 年	「蘇臺德日耳曼人黨」成立,奉行納粹主義。
1935 年	5 月,捷克斯洛伐克與蘇聯簽訂〈互助條約〉。12 月,馬薩里克病辭,貝奈斯繼任總統。
1938 年	9 月 30 日,德、英、法、義四國簽訂〈慕尼黑協定〉。捷克被迫將蘇臺德讓予德國。10 月 5 日,貝奈斯辭職。
1939 年	3 月 15 日至 1945 年 5 月 9 日被德國占領。納粹入侵捷克,成為德國的保護國。3 月 14 日斯洛伐克在法西斯領袖蒂索領導下,宣布為獨立國家。

1940 年	貝奈斯在倫敦成立流亡政府。
1941 年	7 月，蘇聯承認捷克斯洛伐克流亡政府，並簽訂〈互助條約〉。
1942 年	8 月，西方各國亦保證捷克斯洛伐克在〈慕尼黑協定〉前的國界內重新建國。
1944 年	8 月 29 日德國軍隊進占斯洛伐克後，斯洛伐克爆發民族起義。9 月 1 日，斯洛伐克民族議會發表〈斯洛伐克民族平等宣言〉，宣布接管政權。10 月 28 日，蘇聯軍隊與捷軍攻入捷克境內。
1945 年	5 月，美、法、蘇聯攻入捷克，布拉格民眾爆發襲擊德駐軍之反抗行動。
1946 年	5 月，舉行議會選舉，捷克斯洛伐克共產黨獲勝。6 月，貝奈斯當選總統。7 月，哥特瓦爾德出任總理。
1948 年	2 月起，共產黨人發動政變，取得執政權。貝奈斯辭總統職，哥特瓦爾德繼任，實行史達林式統治，並進行清黨。
1953 年	3 月，捷克斯洛伐克共產黨主席、共和國總統哥特瓦爾德病逝，薩波托斯基當選總統，西羅基擔任總理，諾瓦提尼擔任捷共中央第一書記。
1957 年	11 月，薩波托斯基去世，諾瓦提尼當選總統。
1960 年	7 月，國民議會根據新憲法，改國名為「捷克斯洛伐克社會主義共和國」。
1968 年	1 月，捷共黨中央第一書記諾瓦提尼被免職，杜布契克繼任。3 月，諾瓦提尼辭總統職務，斯瓦博達接任。4 月，捷共中央全會透過〈捷克斯洛伐克共

產黨行動綱領〉，著手實行自由化改革計畫，即所
謂的「布拉格之春」，以迎接人文社會主義。8 月
20 日，蘇聯領導的華沙公約國入侵捷克斯洛伐克，
終結「布拉格之春」。8 月 21 日，杜布契克被蘇軍
押往莫斯科。10 月 16 日，蘇、捷簽訂〈蘇軍暫時
留駐捷克斯洛伐克協議〉。

1969 年	1 月，學生帕拉許自殺以抗議華約組織軍隊的占領。4 月，胡薩克接替杜布契克任捷克斯洛伐克共產黨中央第一書記。
1975 年	5 月，胡薩克擔任總統。
1977 年	《七七憲章》簽署，呼籲恢復公民權利和政治權利。
1988 年	8 月，大規模示威遊行紀念 1968 年入侵的週年紀念日。
1989 年	11 月爆發「絲絨革命」。哈維爾領導的非正式政治組織「公民論壇」形成，要求共產黨下臺。12 月胡薩克辭總統職務，共產黨統治終結。29 日，「公民論壇」領導人哈維爾被聯邦議會選為總統。
1990 年	2 月，總統哈維爾走訪華府與莫斯科，25 日與戈巴契夫商議蘇軍撤離事宜。4 月 20 日，聯邦議會透過一項憲法修正案，改國名為「捷克斯洛伐克聯邦共和國」。自 1946 年以來的第一次自由選舉所建立的多黨參與的聯合政府。7 月，哈維爾再次當選總統，任期兩年。
1991 年	2 月，公民論壇解散。立法允許國有企業私有化。
1992 年	11 月，聯邦議會通過聯邦解散的法律。12 月 31

	日，捷克斯洛伐克聯邦共和國宣布解體。
1993 年	1 月 1 日，捷克斯洛伐克完成了「絲絨離異」後正式解散，產生了捷克共和國和斯洛伐克共和國兩個獨立國家。捷克共和國新的憲法生效。26 日舉行間接總統選舉，由捷克共和國議會議員選舉產生新獨立國家的第一任總統，哈維爾成為獲勝者。公民民主黨的克勞斯擔任首任總理，積極推動公共部門私有化。
1994 年	捷克加入經濟合作發展組織。
1995 年	捷克與歐盟簽署友好條約。年底成為經濟合作暨發展組織 (OECD) 的成員。
1996 年	6 月，捷克共和國自獨立以來第一次大選後，克勞斯再次當選為少數派聯合政府的總理。
1997 年	10 月，數百名吉卜賽人聲稱受迫害並在加拿大和英國尋求庇護，哈維爾總統敦促捷克人對抗社會上的「潛在種族主義」。11 月，克勞斯政府辭職。12 月，由托索夫斯基領導的看守政府接管。捷克被定為歐盟東擴的首選國之一。
1998 年	1 月，哈維爾再次當選總統，任期五年。7 月，捷克社會民主黨領導人澤曼任總理，與公民民主黨談判達成〈反對黨協議〉，以確保澤曼政府有完整的任期。
1999 年	3 月 12 日正式成為北約成員國。
2001 年	捷克對外政策進一步向歐盟傾斜，全力加速入盟談判。
2002 年	8 月 30 日，捷克派遣生化防護部隊前往科威特。12

月，歐盟在哥本哈根高峰會議正式邀請捷克入盟。

2003 年　　2 月，前總理克勞斯當選總統。6 月，捷克人民全民投票，贊成 2004 年繼續加入歐盟。

2004 年　　2 月 28 日舉行總統選舉，克勞斯獲勝。5 月 1 日，捷克成為加入歐盟的十個新國家之一。6 月～8 月，斯皮德拉辭去總理職務。格羅斯繼任總理。8 月，議會批准了由同一黨派組成的新聯合政府。

2005 年　　4 月，格羅斯因涉嫌財務問題辭去總理。聯盟夥伴同意組建一個由社會民主黨人帕魯貝克領導的新政府。12 月，美國與羅馬尼亞達成在羅建立軍事基地的協定，捷克同意美軍進駐。

2006 年　　5 月 19 日，應美國政府的要求，捷克反恐部隊飛赴阿富汗，參與反恐行動。

2007 年　　3 月，捷克政府表示，將與美國就有關美方計畫將捷克納入美國全球導彈防禦系統的一部分進行談判。6 月，美國總統布希來訪，數百人抗議美國將捷克納入其導彈防禦系統。12 月，捷克加入歐盟〈申根條約〉自由流動區。

2008 年　　2 月，克勞斯成功蟬聯總統職。7 月，捷克簽署協議，允許美國將其計畫中的導彈防禦系統的組成部分設在捷克境內。俄羅斯威脅採取報復行動。

2011 年　　12 月，哈維爾去世。捷政府宣布為期一週的哀悼，並舉行國葬。

2012 年　　2 月，參議院批准立法，允許捷克總統以普選方式選舉，而非由議會選舉。

2013 年	1 月，前總理澤曼在捷克的首次總統直選中擊敗對手保守派外交部長施瓦岑貝格，3 月份上任。7 月，新政府宣誓就職。8 月，由於魯斯諾克新政府失去了信任投票，國會議員投票決定解散議會，為早日選舉鋪路。
2014 年	1 月 29 日索博特卡當選總理。歐洲議會選舉的捷克共和國部分於 5 月 23～24 日舉行，共有 7 個政黨獲得席位。
2016 年	7 月，"Czechia" 被正式確認為捷克共和國的替代英文簡稱。10 月 1 日，總統澤曼表示反對捷克共和國退出北約和歐盟，雖然他曾主張該國應該就歐盟和北約成員資格舉行公投。
2017 年	3 月，眾議院要求 ANO 2011 領導人兼財政部長巴比斯解釋其財務狀況。4 月，巴比斯表示，其所有金融活動一切合法。眾議院議長哈馬切克認為解釋不夠充分。5 月 2 日，總理索博特卡表示巴比斯應辭職。10 日，針對巴比斯的逃漏稅事件，全國各地舉行示威遊行，導致政府陷入危機。10 月 20 至 21 日舉行議會選舉。12 月，巴比斯宣誓就任總理。
2018 年	1 月，捷克總統大選，澤曼擊敗德拉霍什，蟬聯第二個任期。3 月 22 日，總理巴比斯訪問北約。9 月 29 日，舉國人民都在紀念〈慕尼黑協定〉簽署 80 週年。這是捷克斯洛伐克歷史上的悲慘里程碑，被稱為二十世紀最重大的背叛事件之一。10 月 5 日至 6 日舉行市政選舉以及參議院選舉。

2019 年	總理巴比斯因涉腐敗醜聞，於 4 月、6 月至 11 月民眾抗議浪潮迭起，呼籲辭職。抗議活動是自絲絨革命以來規模最大的。5 月，總統澤曼拒絕任命捷克社會民主黨和巴比斯要求的文化部長提名，而是任命公認的替代人選。總統在技術上違反了憲法，該憲法迫使他必須批准總理的內閣職位任命請求。9 月，國家檢察官因涉嫌參與 Stork's Nest 案而中止了對總理巴比斯的起訴。儘管此案於 12 月重新審理，但公眾抗議感到失望。
2020 年	參議院選舉於 10 月 2 日至 3 日進行首輪投票，9 日至 10 日進行次輪投票。
2021 年	COVID-19 大流行。6 月 25 日，捷克在阿富汗的軍事派遣團降旗結束任務返國。8 月 15 日起，捷克駐喀布爾大使館因安全因素而暫時關閉。外交使團撤回捷克。9 月 13 日，捷克外交部長雅庫布・庫爾哈內克 (Jakub Kulhanek) 表示，該國不會承認阿富汗塔利班，但必須與他們保持聯繫。這位部長強調了歐盟對塔利班採取共同方法的重要性。10 月 8 日至 9 日，舉行捷克立法選舉。

參考書目

1. Derek Sayer, *The Coasts of Bohemia: A Czech History*, USA: Princeton University Press, 2000.
2. Hugh Lecaine Agnew, *The Czechs and the Lands of the Bohemian Crown*, USA: Hoover Institution Press, 2004.
3. Petr Cornej, Jiri Pokorny, and Anna Bryson, *Brief History of the Czech Lands to 2004*, Prague: Pokorny, 2003.
4. The Columbia Electronic Encyclopedia, 6th ed., *Bohemia*, USA: Columbia University Press, 2006.
5. Mikulas Teich, *Bohemia in History*, UK: University of Cambridge, 1998.

圖片出處

1, 2, 34：本局繪製；3, 4, 8, 11, 12, 13, 14, 15, 16, 17, 18, 19, 20, 21, 22, 23, 24, 26, 27, 44：Shutterstock；5, 7, 9, 10, 29, 32, 36, 37：Wikipedia；6：The Nobel Foundation；25：Travel Ink/Alamy；28, 33, 40：Getty；30：Conway Library, Courtauld Institute of Art, London；31：Wikipedia (Michal Maňas)；35：istockphoto；38, 39：Bettmann/CORBIS；41：AFP；42：Miroslav Zajíc/CORBIS；43：Alamy

波蘭史——譜寫悲壯樂章的民族

十八世紀後期波蘭被強鄰三度瓜分，波蘭之所以能復國，正顯示波蘭文化自強不息的生命力。二十世紀「團結工會」推動波蘭和平改革，又為東歐國家民主化揭開序幕。波蘭的發展與歐洲歷史緊密相連，欲了解歐洲，應先對波蘭有所認識。

奧地利史——藍色多瑙國度的興衰與重生

奧地利有著令世人屏息的絕美風光，音樂、藝術上更有登峰造極的傲人成就。這個位處「歐洲心臟」的國家，與德意志世界有著千絲萬縷的糾葛，其波瀾壯闊的歷史發展，造就了奧地利的璀璨與滄桑。讓我們嘗一口香甜濃郁的巧克力，聽一曲氣勢磅礴的交響樂，在阿爾卑斯山環繞的絕色美景中，神遊奧地利的古往今來。

國家圖書館出版品預行編目資料

捷克史：波希米亞的傳奇／周力行著.－－增訂三版
一刷.－－臺北市：三民，2022
面；　公分.－－（國別史）

ISBN 978-957-14-7378-9 （平裝）
1. 捷克史 2. 歷史

744.31　　　　　　　　　　　111000322

國別史

捷克史——波希米亞的傳奇

作　　者	周力行
發 行 人	劉振強
出 版 者	三民書局股份有限公司
地　　址	臺北市復興北路 386 號 (復北門市) 臺北市重慶南路一段 61 號 (重南門市)
電　　話	(02)25006600
網　　址	三民網路書店 https://www.sanmin.com.tw
出版日期	初版一刷 2008 年 4 月 增訂三版一刷 2022 年 3 月
書籍編號	S740550
I S B N	978-957-14-7378-9